Sœur
Anne - Marie Worm

Religieuse de la Visitation

Sœur Anne-Marie Worm

Religieuse de la Visitation

d'après ses Notes et ses Souvenirs

(1852-1925)

BESANÇON

IMPRIMERIE DE L'EST

1927

Nihil obstat

Vesuntione, die V* novembris 1926.

P. BRINGARD,
censor.

Marie WORM et sa Mère.

Lettre de S. G. Monseigneur HUMBRECHT

Archevêque de Besançon

à la Supérieure de la Visitation d'Ornans

Besançon, le 21 Novembre 1926,
en la fête de la Présentation
de la Sainte Vierge.

MA RÉVÉRENDE MÈRE,

En publiant la Vie de Sœur Anne-Marie Worm vous avez voulu mettre en relief, pour le profit de tous, les vertus et les leçons d'une admirable religieuse.

C'est ma joie de proclamer qu'elle appartient à notre diocèse à tous les titres : par sa famille et par ses œuvres, par sa vie et par sa mort.

Petite enfant, elle s'épanouit comme une fleur exquise et délicate, aux pieds de Notre-Dame du Haut, dans ce coin charmant de la Saulnaire. Autour d'elle, pour veiller sur sa jeune âme, une famille modèle : une sainte mère, un père foncièrement chrétien, venu de notre catholique Alsace. Pour la diriger, les conseils autorisés de mon vénéré prédécesseur, le cardinal Mathieu, et d'un oncle zélé, le supérieur des Sœurs de Ribeauvillé.

Le Carmel l'attire ; mais Dieu a d'autres desseins, car la Saulnaire a « une vocation ». Par ses soins, et à ses dépens, un orphelinat surgit, à l'ombre d'une élégante chapelle. C'est là que, vouée à Dieu, entre la maison de la prière, et celle de la charité, Anne-Marie donne tout sans compter : son temps, ses biens, son cœur. Elle répand les bénédictions dans toute la contrée, et devient la « mère » de nombreuses orphelines.

Mais les âmes coûtent cher, et il faut que l'apôtre soit victime. Voici les épreuves qui s'abattent sur elle : revers de fortune, deuils de famille, toujours accueillis avec un généreux acquiescement.

Maintenant solitaire, dans la maison tant aimée, elle ambitionne de se dépouiller totalement. Pour assurer la perpétuité de son orphelinat, elle en fait la cession à une famille religieuse, et vient se réfugier dans votre monastère, où s'acheva, sous le pressoir de la souffrance, l'œuvre du divin Maître. En vain, sœur Anne-Marie s'ingénie-t-elle à s'effacer, « à souffrir sans rien dire », sous les plus menus faits, son âme rayonne, lumineuse et entraînante. Heureuses les sœurs qui ont été les témoins de ses vertus ; de sa fidélité toujours égale, de sa douceur toujours souriante, de sa charité sans cesse grandissante, jusqu'au parfait abandon, dans la voie royale de la Croix !

Ç'eût été un grand dommage de garder pour vous seules le trésor de tels exemples. Votre livre est né de cette pensée.

Vous n'avez pas eu le dessein de fournir la documentation minutieuse d'une biographie, mais bien de retracer l'histoire d'une âme ; les notes intimes que vous publiez révèlent le travail mystérieux de la grâce qui la saisit, dès l'ardeur de l'enfance, pour la hausser jusqu'aux cimes du sacrifice. Et de ces pages pleines de fraîcheur, tout embaumées de citations dont on ferait un florilège, il se dégage un parfum d'holocauste joyeux. En vérité, lorsqu'on songe au poids de telles rançons, et au prix de telles âmes, on sent grandir en soi, en dépit de tout, un réconfortant espoir.

En approuvant votre livre, je souhaite ardemment qu'il répande au loin sa bienfaisance, pour éveiller les générosités de la charité, pour susciter les saintes ambitions de la vocation religieuse et les fécondes immolations du cloître. Les riches y trouveront de nobles exemples ; les parents et les éducateurs de l'enfance, de profitables leçons ; les âmes religieuses y puiseront de nouvelles énergies. D'humbles voix associées dans un même souvenir et dans une égale vénération ont proclamé que sœur Anne-Marie était une sainte. Peut-être les décisions de l'Eglise attesteront-elles un jour que la voix du peuple est aussi la voix de Dieu.

Je m'arrête à votre conclusion. L'œuvre de la

*Saulnaire a été détruite par l'ouragan de la persé-
cution. Ses religieuses ne pensaient qu'à faire le
bien. Brutalement, sans l'ombre d'un motif, elles
furent dispersées, laissant des ruines qui pleurent.
De tout cœur je fais mien votre souhait : comme je
désire que se peuplent vos cloîtres, je désire et
j'espère voir renaître l'orphelinat de la Saulnaire,
pour une moisson nouvelle.*

*Veuillez agréer, Ma Révérende Mère, l'hommage
de mon religieux respect et de mon paternel dévouement en Notre-Seigneur.*

† LOUIS,

Archevêque de Besançon.

VIVE † JÉSUS !

QUELQUES MOTS D'INTRODUCTION

De notre Monastère d'Ornans,
le 17 Octobre 1926.

Une chrétienne et généreuse famille vient de s'éteindre au pied de l'autel en la personne de notre chère Sœur Anne-Marie Worm, décédée en ce Monastère de la Visitation Sainte-Marie d'Ornans, le 14 décembre 1925. Ses parents, bien connus dans la paroisse de Malbouhans (Haute-Saône) et dans tout le pays d'alentours, y avaient exercé une influence bienfaisante, et leur fille s'était toujours montrée admirablement digne de leur héritage.

Il ne convenait pas, nous semblait-il, de laisser tomber dans l'oubli une vie si pleine de bons exemples et de précieuses leçons. Nombre de personnes nous témoignèrent le même sentiment et nous aidèrent de diverses manières à réaliser notre projet. Qu'elles veuillent bien recevoir ici l'expression de notre humble gratitude.

Les documents ne nous manquaient pas. Notre chère Sœur avait eu l'habitude d'écrire et de conserver, dès sa jeunesse, tout ce qui lui semblait devoir être utile à son âme ou à d'autres. Quand elle se présenta à notre Monastère, nos anciennes Mères, devinant dès l'abord les vertus éminentes de la postulante, lui recommandèrent d'apporter ses notes et souvenirs. Elles-mêmes conservèrent ses lettres avec le pressentiment qu'elles serviraient un jour à la gloire de Dieu et au bien des âmes.

Les âmes, celles des jeunes filles surtout, oh ! comme notre chère Sœur les aimait ! Elle eût voulu sans cesse les instruire et les entraîner vers Notre-Seigneur.

Nous croyons donc donner satisfaction à son zèle en publiant des pages pleines de charme et d'édification sorties de sa plume au printemps de sa vie. On y trouvera un gracieux mélange de candeur et de sérieux, le tout empreint d'un profond esprit de foi et de piété. Si l'on y trouve quelques incorrections, l'on voudra bien ne point s'en étonner puisque leur auteur ne songeait pas qu'elles seraient un jour livrées au public.

Qu'on veuille bien ne point s'étonner non plus du nombre de citations renfermées dans cet ouvrage ; n'est ce pas de là qu'il tire son principal mérite ? Notre Sœur Anne-Marie, tant dans sa jeunesse que dans son âge mûr et sa vieillesse, dépeint son âme en ses écrits. Comme elle écrivait, elle pensait, et comme elle pensait, elle agissait.

Le mot sainteté, ainsi que tous ses synonymes et compléments ont été employés ici dans le sens populaire, conditionnel, avec le plus vif souci de nous conformer toujours aux décrets d'Urbain VIII et de la sainte Église, de laquelle nous demeurons à jamais

Les filles profondément soumises et respectueuses.

LES SŒURS DE LA VISITATION SAINTE MARIE.

D. S. B. !

CHAPITRE PREMIER

Une famille d'autrefois

Le berceau de la famille Grézely fut le petit village de Miélin, près de Servance (Haute-Saône). Joseph-Abraham Grézely qui vivait au xviiie siècle, était un fervent chrétien. Ses livres d'heures et de méditations longtemps conservés portaient à la première page la signature de son nom suivi du titre honorifique : Gentilhomme verrier, vrai titre de noblesse, concédé par les rois de France, pour encourager l'industrie du verre.

Avant la grande Révolution, le fondateur d'une verrerie menait de front la vie du gentilhomme et du patriarche ; il allait de forêt en forêt chercher le combustible dont il avait besoin parce que l'emploi de la houille n'était pas encore en usage ; aussi construisait-il assez légèrement sa demeure et celle de ses ouvriers, sans nul souci du confortable, puisqu'il devait transporter son domicile d'un lieu à un autre. Les verriers souffleurs étaient considérés et traités par leurs maîtres plutôt comme des artistes que comme des ouvriers ; ils formaient une caste nomade qui parcourait alternativement l'Italie, l'Allemagne, la Suisse et la France. On tenait à honneur d'avoir un verrier originaire de Venise.

Les chefs d'industrie verrière s'alliaient volontiers entre eux, et chacune de leurs familles comptait de ces nobles artisans parmi ses nombreux collatéraux. Les verreries de Miélin, de Roye, de Malbouhans, de La Saulnaire, du Lyonnais, de la Chaux-de-Fonds et de Moutiers en Suisse appartenaient à des familles issues d'une même souche.

Celle de La Saulnaire fut fondée au commencement du siècle dernier par M. Célestin Grézely. La Saulnaire, c'est-à-dire la région des saules, était, avant l'année 1800, une vaste forêt où se trouvaient plusieurs étangs et où il n'y avait aucune habitation. Célestin Grézely et ses fils Justin et Narcisse firent dessécher en partie les étangs et défrichèrent quelques hectares de terrain pour y bâtir la verrerie et ses dépendances, ainsi que des habitations de maîtres et d'ouvriers ; ils créèrent des jardins, des vergers et des prairies, ce qui fit de ce domaine une agréable campagne. Elle était située entre la colline surmontée de l'antique sanctuaire de Notre-Dame du Haut, et le petit village de Malbouhans qui faisait alors partie de la paroisse de Saint-Barthélemy en attendant qu'il eut son église à lui.

Mme Célestin Grézely appartenait, elle aussi, à une famille très chrétienne. Sa mère, Mme Bolot, était connue à Miélin sous le nom de *Sainte de la Montagne*, à cause de sa piété et de sa charité pour les malades indigents.

Justin et Narcisse Grézely étaient donc définitivement fixés à La Saulnaire d'où ils dirigeaient encore la verrerie de Roye tandis que celle de Malbouhans revenait à leur cousin, M. Bolot.

M. Narcisse eut une existence assez triste. Veuf de très bonne heure et livré à l'étude de la philosophie empoisonnée du xviiie siècle, il abandonna les pratiques religieuses, et même les devoirs de société. Il vivait seul, quoique entouré des égards et des prévenances de ses nièces auxquelles il dut la grâce d'une fin chrétienne.

M. Justin, au contraire, eut le bonheur de trouver une épouse très pieuse en la personne de Mlle Lydie Ballay, de Ronchamp. Celle-ci introduisit à La Saulnaire la dévotion au Sacré-Cœur de Jésus. Elle se montra très dévouée pour les familles des ouvriers de la verrerie, ainsi que pour les pauvres et les malades de sa paroisse, s'occupant particulièrement des jeunes filles qu'elle réunissait dans une sorte de patronage. Elle exerça une heureuse influence sur son mari, réagissant contre les erreurs philosophiques dont il était, lui aussi, quelque peu imbu ; elle lui ménagea la société d'amis profondément attachés à la sainte Église, et versés dans l'érudition de l'époque. Il finit par se passionner pour la liturgie, mêlant sa voix à celle des chantres. Respectueux admirateur de la Bible, il traduisit

Job en vers français et latins. On peut dire qu'il était encyclopédiste : la littérature, la physique, la chimie, l'histoire naturelle, la médecine le captivaient tour à tour.

Dieu lui donna trois filles : Anna, Marie et Louise. Les deux dernières moururent assez jeunes ; l'aînée seule devait fournir une féconde et longue carrière. Élevée chez les Dames de Saint-Maur à Vesoul, puis dans un bon pensionnat de Strasbourg, Anna Grézely était, à quinze ans, une jeune fille accomplie, d'une maturité supérieure à son âge. Ses parents la marièrent à M. Jacques Worm, de Schelestadt, Alsace, dont les belles qualités avaient attiré l'estime de la famille Grézely. Si le jeune homme n'avait pas la fortune de sa nouvelle famille, il en avait du moins l'esprit sérieux et profondément chrétien. Sa mère, demeurée veuve avec trois enfants, avait un caractère viril et bien trempé ; son frère aîné était prêtre et supérieur de la florissante congrégation des Sœurs de la divine Providence ; sa sœur, Mᵐᵉ Metz, devait voir ses deux fils et sa fille unique se consacrer à Dieu : l'abbé Xavier Metz se fit missionnaire du Saint-Esprit, l'abbé Léon entra dans le clergé du diocèse de Besançon ; leur sœur se fit religieuse du Bon-Pasteur et gouverna longtemps son monastère de Moulins.

M. Jacques Worm vint demeurer à La Saulnaire chez ses beaux-parents pour s'initier à la direction de la verrerie. Il fut bientôt aimé et respecté de ses ouvriers. Ceux-ci n'osaient plus jurer devant lui, parce qu'il les gardait à vue pendant les travaux pénibles. Un vieux jureur en colère, voyant son maître demeurer obstinément à ses côtés, changeait son blasphème en cette oraison jaculatoire : Seigneur, Jésus ayez pitié de nous !

Très généreux, il avait la main et le cœur ouverts aux pauvres, et mêlait souvent une larme de compassion à ses aumônes. Quand il rencontrait des voleurs de bois dans sa forêt, il leur tournait le dos pour n'être pas obligé de leur adresser de justes reproches : « Ce sont des malheureux », disait-il avec pitié, et c'était tout. Il ne manquait jamais d'assister, dans l'église du village, aux plus modestes funérailles. Et quand on voulait le retenir, en cas de mauvais temps : « J'irai, disait-il d'un ton résolu. Si c'était moi que l'on enterrât, je suis sûr que ce brave H... me rendrait les derniers devoirs sans se laisser effrayer par quelques averses. »

Nullement impérieux à l'égard de ses inférieurs, il les honorait même d'attentions délicates, s'assujettissant, par exemple, à changer de chaussures autant de fois qu'il le fallait, pour ne laisser aucune trace de ses pas sur le parquet, dans la crainte d'occasionner inutilement une fatigue à ses domestiques.

Jamais il ne lui échappa une parole contraire à la charité. Il excusait les torts d'autrui avec une humeur si conciliante que son curé le surnommait en riant : « Monsieur le Juge de paix. »

Cependant sa jeune épouse lui était unie plutôt

par une profonde estime que par une sympathie naturelle, ou par une similitude d'idées et de goûts. Mais on peut affirmer qu'en tout ce qui touchait aux principes moraux et religieux ils n'avaient qu'un cœur et qu'une âme.

Voici le portrait de Mme Worm esquissé par sa fille elle-même. « C'était une grande âme dont la beauté se reflétait dans un regard énergique, doux et profond, qui commandait le respect et attirait la confiance. D'une intelligence supérieure, elle saisissait en un clin d'œil tout ce qui était matière à comprendre, et passait de la théorie à la pratique avec autant d'aisance que de sagesse.

Le trait caractéristique de sa vertu consistait dans un empire absolu de la raison et de la foi sur les impressions de la nature. « Dieu veut-Il telle chose qui me déplaît naturellement ? Je la veux de toute l'énergie de ma volonté. — Permet-Il telle autre chose qui semble contraire au bien ? Puisqu'Il la permet, je ne m'en troublerai pas. — Suis-je en butte à l'épreuve sous toutes ses formes, contradictions, maladies, etc ?... Pas de mélancolie, pas de défaillance, le cœur en haut ! l'âme constamment maîtresse de ses sens extérieurs et intérieurs. — Ai-je une certaine préoccupation qui dénote une attache naturelle aux personnes ou aux choses ?... Vite l'éloignement de l'occasion qui pourrait engluer mes ailes ! — Suis-je faible, abattue ? Ce n est pas un motif suffisant pour m'arrêter, c'est le moment de redoubler d'efforts. On peut plus qu'on ne croit, on peut tout avec Dieu. — Je vois autour de moi des caractères pusillanimes, de pauvres cœurs inclinés au mal... Je les aiderai avec indulgence, mais avec une fermeté qui les empêchera de tomber. Je ne me contenterai pas d'aller au ciel, je m'efforcerai d'y conduire le plus d'âmes que je pourrai. »

Voilà ma mère avec son énergie, sa charité, son zèle.

Son abord était un peu froid ; elle choisissait parmi les personnes qui sollicitaient son amitié un nombre très restreint d'intimes. Elle me disait : « Tu es ma grande amie. »

Elle aimait la littérature, les sciences, la poésie et la musique, mais elle ne dérobait jamais au profit de ses goûts intellectuels le moindre des instants requis par les travaux du ménage.

Sa piété juste, sa ferveur pratique et soutenue avaient pour bases les grands principes de saint Ignace et de saint François de Sales. Chaque année, le 29 janvier, elle faisait célébrer une messe en l'honneur du saint Évêque de Genève pour attirer des grâces sur sa famille. Comme lui, elle avait fait du Combat spirituel un *vade mecum* où elle puisait force et consolation. »

Mme Worm eut pour directeur de son âme, durant bien des années, le cardinal Mathieu qui lui écrivait fréquemment. Dans un voyage qu'elle fit en 1873, son vénérable Archevêque la pourvut d'une lettre de recommandation à l'adresse d'un prêtre qui ne la connaissait pas. « Je vous recommande, lui disait-il, la femme la plus distinguée que je connaisse dans mon diocèse. »

Le prêtre à qui s'adressait cette lettre devait devenir, à son tour, le directeur de cette âme d'élite et l'ami de sa famille. Il aimait à raconter comment Dieu l'avait aidé dans sa vocation sacerdotale. Devant l'opposition de ses parents, il était allé consulter le saint Curé d'Ars. Il entra à la sacristie au moment où celui-ci mettait l'aube pour dire la sainte Messe et s'approcha de lui. Avant même qu'il eût le temps de se faire connaître, M. Vianney lui frappa sur l'épaule et lui dit : « Eh bien, mon cher ami, vous voudriez savoir si vous devez suivre votre attrait, votre vocation, malgré vos parents ?... oui, faites-le, soyez prêtre. »

Voilà les âmes qui devaient entourer de leur sollicitude l'enfance et la jeunesse de notre future Sœur Anne-Marie. Se peut-il trouver un milieu plus propre à développer les dons que Dieu se plaira à lui départir ?

Ne nous attendons pas, néanmoins, à trouver dans le modeste récit de sa vie des faits merveilleux capables de flatter notre curiosité. Non, mais nous y verrons une extraordinaire fidélité à la grâce, et une générosité peu commune dans la pratique des vertus chrétiennes et religieuses.

CHAPITRE II

L'Enfant

____

Le 20 juin 1852, alors que la procession de la Fête-Dieu se déroulait dans l'humble village de Malbouhans, un Ange gardien regardait avec amour une petite fleur qui venait d'éclore à La Saulnaire et devait embaumer de son parfum le divin Prisonnier du Tabernacle. C'est à l'ombre du Tabernacle qu'elle s'épanouira, près de Lui qu'elle trouvera le secret de rendre sa vie féconde ; c'est encore là qu'elle s'immolera, et là aussi qu'elle demandera à faire son Ciel.

Portée à l'église paroissiale dès le lendemain pour y recevoir le saint baptême et les doux noms d'Anne-Marie, l'enfant se retrouva ensuite dans les bras de sa pieuse mère comme sur un autel où elle était sans cesse offerte au Seigneur. « Mon Dieu, disait souvent Mme Worm, voilà que j'ai deux cœurs pour vous aimer. Que leurs battements réunis vous soient une seule et même prière ! » Avec quelle sollicitude ne veilla-t-elle pas sur les premiers mouvements de cette petite âme pour les diriger vers Celui à qui nous devons tout ! Quand son enfant la couvrait de ses naïves caresses, elle lui montrait le crucifix suspendu à la muraille et lui disait : « Mon enfant, aime le bon Dieu plus que moi !... Si je t'aime avec un dévouement sans bornes et si tu le sens, pense que ce n'est qu'un simple reflet de l'amour infini qu'a eu pour toi le Sauveur. » Et ces paroles se gravaient dans le cœur de l'enfant.

La petite Marie était d'une complexion délicate. Un médecin avait conseillé de ne pas la contrarier afin d'éviter des crises de palpitations ; mais la jeune mère, comprenant mieux son devoir d'éducatrice chrétienne, eût préféré perdre son enfant que de la laisser se livrer à tous ses caprices. D'une manière douce et ferme elle lui apprit au contraire à se dominer si bien qu'elle en fit une personne de rare énergie. Et cela n'empêcha point la plus vive tendresse réciproque entre la mère et la fille, tendresse d'autant plus forte et constante qu'elle était dégagée de tout égoïsme.

Ne voit-on pas malheureusement de nos jours des parents qui ne savent rien refuser à leurs enfants, et qui ne reçoivent de leur part qu'ingratitude et déshonneur ? Que ne leur ont-ils enseigné, quand il en était temps, les avantages du renoncement chrétien !

M. Worm, lui aussi, n'épargnait pas les recommandations à sa chère enfant ; il ne l'embrassait pas le matin sans lui avoir demandé : « As-tu fait ta prière ? » et loin de la flatter par des compliments exagérés, il lui disait souvent, avant qu'elle fût en âge de savoir lire ou écrire : « Tu ne seras jamais qu'un petit âne. »

On s'efforçait néanmoins de donner à la petite Marie toutes les distractions innocentes que réclamait son jeune âge. Les poupées ne lui plaisaient guère ; elle leur préférait un canari qui couvrait de son ramage la voix de sa petite maîtresse quand elle récitait ses leçons ; elle affectionnait sa poule blanche qui venait becqueter à sa fenêtre pour demander la permission de déposer son œuf dans la cachette réservée à cet effet, et son coq doré qui perché sur son poing, attendait ses ordres pour lancer aux échos son joyeux kikiriki ! C'est que la campagne avait tant d'attraits pour cette âme pure éprise d'admiration devant les œuvres du Créateur !

Le 6 décembre de chaque année, saint Nicolas venait visiter la fillette qui croyait très sincèrement à une apparition céleste ; mais un jour, hélas ! ne reconnut-elle pas sous le costume épiscopal sa chère tante Louise ! Quelle déception ! L'enfant ne l'oublia jamais.

Ce n'était d'ailleurs pas la première fois que l'on abusait innocemment de sa naïve crédulité. Elle avait appris de bonne heure la salutation angélique. Mais bien avant qu'elle fût capable de réciter une dizaine d'*Ave Maria*, elle vint un jour toute joyeuse annoncer à sa mère étonnée qu'elle savait

dire son chapelet. Docile aux instructions de sa
bonne, elle faisait doucement glisser entre ses
doigts les petits grains d'un chapelet en disant à
chacun : « Passe petit, passe petit... » puis saisissant vivement le *Gloria Patri* : « Gros, tu es pris ! »

Un autre jour, une dame croyant lui faire plaisir
s'avisa de lui dire que les murailles du paradis
étaient de sucre, et que les élus les lècheraient toute
l'éternité. La petite fille se mit à pleurer à l'idée
d'un tel paradis si contraire à ses goûts. Et quand sa
mère l'eut rassurée, elle se promit bien de ne jamais
tromper une enfant, fût-ce pour l'amuser.

Heureusement que sa mère, ayant le même principe, avait su captiver sa confiance : « La confiance
absolue avec laquelle tu me découvres tes pensées,
lui écrit-elle, m'a pour ainsi dire placée comme au
milieu de toi-même ; je me plais dans ce parterre que
toutes les deux nous cultivons pour le même Maître.
Cette confiance est un des moyens les plus sûrs pour
t'aider à devenir bien sage. »

Mme Worm était heureuse d'avoir à faire l'éducation de cette âme docile ; mais, défiante d'elle-
même, elle consultait souvent à son sujet son guide
vénéré le cardinal Mathieu : « C'est une bonne
chose, lui répondit-il un jour, que votre chère enfant
s'ouvre ainsi à vous ; c'est pour elle une sécurité et
un abri. »

Une autre fois, voulant prémunir la jeune mère
contre une sollicitude inquiète, il lui dit en lui
parlant de sa fille : « Il faut la prendre doucement,

mais sans trop s'occuper d'elle ni avoir trop l'air
de faire attention à elle. Car ces prévenances exces-
sives affaiblissent l'âme, lui ôtent de son énergie et
de son ressort, et troublent en elle l'œuvre de Dieu. »

C'est que la chère petite, dans son vif désir d'être
agréable au bon Dieu, avait horreur des moindres
fautes et quelquefois la délicatesse de sa conscience
allait jusqu'au scrupule. Un jour que, dans une colère
enfantine, elle avait lancé, par-dessous la table,
des boulettes de papier contre sa grand'mère, elle
en eut un tel remords qu'elle croyait avoir commis
un crime. « Comment ferai-je pour me confesser de
cela, se disait-elle ; personne n'a sans doute jamais
eu de telles fautes à accuser ! »

Le jour où elle atteignit sa septième année, sa
pieuse mère la voua conditionnellement à l'Époux
des vierges, mais sans le lui faire connaître. Elle ne
lui révéla ce secret que longtemps après, quand elle
fut bien assurée de sa détermination libre et personnelle. Elle ne craignit pas d'enseigner dès lors
à son enfant la prière mentale pour laquelle d'ailleurs celle-ci avait un précoce attrait. Surtout elle la
formait aux vertus de son âge : obéissance, humilité,
mortification. Lui donnait-elle à lire quelque histoire
très intéressante, elle avait soin de lui dire : « Tu
t'arrêteras à tel mot » et la petite fille fermait
courageusement son livre quand elle était arrivée
à l'endroit indiqué.

Sa mère lui défendait aussi de franchir la haie
qui séparait l'habitation familiale de la cour des

ouvriers, et la porte qui conduisait à l'étang, et jamais la fillette n'enfreignit la défense. « Pourquoi ne vas-tu pas vers l'étang ? lui dit un jour pour l'éprouver son oncle prêtre, ta maman n'en saurait rien. » — « Le bon Dieu me verrait » répondit l'enfant.

Cette pensée du regard divin la suivait déjà partout. « J'aimais bien, disait-elle plus tard, à balayer soigneusement les petits coins, en songeant que le bon Dieu seul les voyait. »

Pour la former peu à peu aux soucis domestiques, sa mère lui faisait visiter les mouchoirs qui revenaient de la lessive et mettre de côté ceux qui avaient besoin d'être raccommodés. Comme parmi ces derniers, Mme Worm s'étonnait un jour d'en trouver qui n'avaient point de mal : « Je les y ai mis exprès, lui dit sa petite Marie, pour te faire une surprise. » Et la mère souriait de cette idée plus ingénue que pratique.

Mme Worm n'était pas seule à s'occuper de l'éducation de sa fille. Sa tante Marie l'initiait aux travaux à l'aiguille où elle excellait elle-même, et encourageait son élève par la perspective d'offrir quelque ouvrage à ses parents au jour de leur fête. Mais comment ménager une surprise à une maman qui voyait tout ? « Quand mon ouvrage sera fini, disait alors l'enfant avec une charmante simplicité, tu le cacheras dans un tiroir, maman, et tu l'oublieras d'ici à ta fête. »

Tante Louise avait les préférences de la petite

Marie à cause de son caractère enjoué ; elle se plaisait à illustrer de fines miniatures ses petits livres
de prières et à lui communiquer sa tendre dévotion
envers la sainte Vierge et saint Louis de Gonzague.

Cependant quelque chose manquait au bonheur
de l'enfant. Elle aurait voulu partager les soins
dont elle était l'objet avec des frères et sœurs.
Elle portait envie aux enfants des ouvriers qu'elle
apercevait s'amusant ensemble, alors qu'il ne lui
était pas permis d'aller prendre part à leurs jeux.
Quand on invitait pour elle ses petites amies de
Lure ou de Ronchamp, elle en avait tant de plaisir
et se dévouait tellement pour leur être agréable
qu'elle en prenait la fièvre.

Un jour elle adressa par écrit une requête à sa
mère afin qu'elle adoptât une enfant pauvre pour
l'élever avec elle. Celle-ci lui répondit : « Ma chère
enfant, tu n'as fait, en me faisant part de ton désir,
que suivre l'inspiration de ton ange gardien qu'il
faut remercier des pieuses pensées qu'il te donne.
Quant à ce que réclame ta petite lettre, je ne puis
t'accorder pour le moment qu'une chose, c'est de
faire quelque travail pour les pauvres avec lesquels
tu voudrais partager tes repas et dont tu voudrais
te faire l'institutrice. Je comprends quel serait ton
bonheur ; qui ne trouverait pas le sien à faire celui
des autres ? Mais, ma fille, il faut, avant de pouvoir
être utile aux autres, être un peu maîtresse de soi-
même. Tu es déjà assez raisonnable pour me comprendre et je te parle en conséquence. Je crois que

le bon Dieu a voulu, en t'inspirant le désir dont tu m'as fait part, te rendre l'étude plus facile, l'obéissance plus douce, le travail plus agréable. Écoute-moi bien : Pour apprendre aux autres, il faut savoir soi-même. C'est bien ennuyeux quelquefois de lire et de relire encore une longue leçon ; eh bien, ma fille, que ton bon petit cœur en remplissant ce devoir pour obéir à Dieu, d'abord, et pour l'amour de Lui, le fasse encore avec l'espoir de pouvoir, lorsque tu seras plus grande, apprendre à ces pauvres petits enfants à connaître, à aimer, à servir notre Père qui est dans les cieux.

Il me semble donc que pour le moment tu dois t'appliquer à devenir bien studieuse, bien obéissante, et surtout moins étourdie. Tu quittes et tu reprends capricieusement jeux et travail, commençant tout, n'achevant rien, tâche d'être plus persévérante.

Vois à combien de *serviteurs*, à combien d'ignorants tu as à commander ; il te faudra même parfois gronder les rebelles. Quand le démon de l'amour-propre voudra te visiter, chasse-le d'un signe ; quand la paresse te donnera un mauvais conseil, alors, ma fille, apprends-lui que tu ne l'écouteras pas, et ainsi tu peux continuellement exercer ta charité ; tu seras *ton petit pauvre* en attendant que le bon Dieu t'ait fait grandir en âge, en science et en sagesse. Oh ! alors, ma chère enfant, je ne te refuserai plus ce que tu me demandes aujourd'hui, et nous ferons ensemble ce qui sera possible. »

Non contente d'adresser à sa petite Marie ces

sages avis, Mme Worm lui donna une compagne
d'études préparatoires à la première communion,
choisie parmi les enfants des ouvriers, et les deux
fillettes s'approchèrent ensemble de la Table sainte.

Mais le vrai Compagnon de son existence, l'intime
Confident de son âme devait être Jésus au Saint-
Sacrement. Marie n'avait encore que neuf ans
lorsque ses parents obtinrent de Mgr Mathieu la
faveur d'ériger une chapelle domestique dans leur
demeure à cause de l'éloignement de la paroisse.
Ce sanctuaire était une chambre silencieuse de
l'étage supérieur, décorée avec goût et simplicité.
Les fenêtres surmontées d'un ornement ogival
étaient garnies de stores imitant des vitraux ; les
saints Cœurs de Jésus et de Marie étaient peints
dans la double ogive de la fenêtre du chœur. Un
autel en chêne sculpté, orné de statues représentant
le bon Pasteur et les quatre Évangélistes, supportait un tabernacle dont la porte dorée fascinait
l'angélique regard de notre chère enfant. Son oncle,
M. l'abbé Worm, vint bénir cet oratoire et y célébrer
la première Messe le 22 décembre 1861. A cette occasion il adressa à la jeune enfant une touchante
exhortation qui la frappa beaucoup, puisque nous
la trouvons reproduite quelques années plus tard
dans son journal. Il l'engagea surtout à écouter la
voix de Jésus, et son cœur docile lia dès lors une
intime conversation avec son bon Maître.

Peu après, l'état maladif de Mme Grézely s'aggrava
douloureusement. « Notre-Seigneur vous paie son

loyer » lui disait en esprit de foi l'abbé Worm. La respectable aïeule avait demandé à Dieu la grâce de ne pas mourir avant d'avoir vu sa petite-fille s'approcher de la sainte Table. Ce bonheur lui fut accordé dans le nouveau sanctuaire le 23 mars 1862, et elle quittait cette terre le 10 mai suivant.

Mme Worm devenait alors maîtresse de maison mais sans rien retrancher de sa sollicitude maternelle pour son plus précieux trésor, l'âme de sa chère enfant.

CHAPITRE III

La jeune fille

———

C'est au foyer paternel que Marie Worm devait faire épanouir dans toutes leur grâce les belles qualités dont elle était douée. « Il faut mettre votre chère enfant sous la main de Dieu et la laisser se développer à votre ombre qui lui sera plus avantageuse que tous les rameaux étrangers, écrivait à sa mère le cardinal Mathieu. En voulant la faire autrement cultiver, vous courriez bien des risques dont le plus grand serait de lui faire perdre son aimable simplicité. » La frêle santé de la jeune fille se serait d'ailleurs mal accommodée de la vie de pension. Son instruction fut néanmoins des plus complètes. Aux études ordinaires, son grand-père, M. Grézely, voulut ajouter des cours de latin que sa mère suivait avec elle. Marie y prit un goût extraordinaire, d'autant plus que cette étude lui faisait mieux comprendre les beautés de l'Écriture sainte et des prières de l'Église. Elle apprit aussi les arts d'agrément : musique, dessin, ouvrages de toutes sortes.

C'est pour la poésie surtout qu'elle manifesta un talent remarquable. Elle avait à peine dix-sept ans que déjà sa mère envoyait à Mgr Mathieu les gracieuses pièces de vers de l'adolescente en même temps que ses propres compositions. L'une d'elles avait pour titre : Le petit enfant au pied du Crucifix. « J'ai fort goûté vos vers, écrivit à Mme Worm l'éminent Prélat, et dussé-je vous donner de la jalousie, ceux de Mademoiselle votre fille tout autant que les vôtres, si ce n'est même un peu plus. Je voudrais bien être à la place du petit enfant qui embrasse le Crucifix ! »

Nos lecteurs aimeront peut-être à s'édifier aussi de cette naïve prière :

« Toi que j'aimais à voir souriant dans l'étable,
D'un sourire du ciel, ô mon divin Jésus,
A présent sur la Croix, ton visage adorable
    Hélas ! ne sourit plus.

O mon Dieu, c'est en vain que je couvre ta face
De ces tendres baisers qui tarissent les pleurs ;
Tu souffres donc beaucoup, car aucun d'eux n'efface
    Tes cuisantes douleurs.

Les roses du jardin que me cueille ma mère,
En couronnant mon front ne l'ont jamais blessé :
Que n'en est-il ainsi des roses du Calvaire
    Sur ton front transpercé !...

Mais Jésus, n'es-tu pas ce Dieu bon qui nous donne
Les fleurs au doux parfum, aux riantes couleurs ?...
Ah ! qu'il est donc cruel de t'offrir pour couronne
          Des épines sans fleurs !

Aux deux bras de la Croix tes mains sont retenues,
Ce doit être, Seigneur, bien fatigant pour toi :
Depuis assez longtemps tu les tiens étendues,
          Referme-les sur moi.

Jésus, à ton côté, je vois une ouverture...
Serait-ce encor, hélas ! un surcroît de douleur ?
De ton Cœur, ô mon Dieu, si large est la blessure
          Que j'y mettrais mon cœur...

Je le sais, pour avoir un cœur qui te comprenne,
Il ne faudrait rien moins que le cœur d'un martyr
Moi je suis un enfant et je n'ai d'autre peine
          Que de te voir souffrir.

Des enfants, il est vrai, Dieu chérit l'innocence...
On peut, quand on est grand, offenser Jésus-Christ :
Ah ! si je dois un jour augmenter ta souffrance
          Plutôt rester petit !

Si ses plaies ont l'éclat de la rose vermeille
Son visage est semblable au lis éblouissant :
Oui, Jésus, sois la fleur, je veux être l'abeille,
          Le miel sera ton sang.

Mais Il reste immobile et garde le silence...
Sur le lit de la Croix Jésus peut-Il dormir ?...
Non, les clous dans ses pieds et dans ses mains... j'y
          Le feraient trop souffrir.   [pense...

Ah ! que ne puis-je ôter ses clous et sa couronne !
Je Lui dirais alors en tombant à genoux :
« Viens donc en mon berceau, mon Dieu, je te le donne,
Il sera bien plus doux ! »

« Votre enfant a une imagination vive, nuan-
cée et féconde, écrivait encore Mgr Mathieu à
Mme Worm, et les mots la servent à souhait. Mais,
ajoutait-il, pour sauvegarder son humilité, il ne
faut pas qu'elle le sache. »

Toutes sortes de circonstances inspiraient la
muse de la jeune fille : les fêtes de ses parents et
grands-parents, les joies et les peines de ses amies
faisaient jaillir de son cœur, en expressions charmantes, les plus délicats sentiments. Les sujets
pieux surtout avaient ses préférences ; d'ailleurs
sa profonde piété était la source vive d'où jaillissait
spontanément son inspiration poétique.

La jeunesse de Mlle Marie ne fut pas exempte de
souffrances. Peu après la mort de sa grand'mère,
sa chère tante Louise tomba gravement malade.
Elle n'avait que vingt-quatre ans et se proposait
d'aller solliciter la cornette des Filles de Saint-Vin-
cent de Paul, mais Dieu la trouvait mûre pour le
ciel. Quelques semaines avant son trépas, Mgr Mathieu encourageait ainsi Mme Worm à accomplir
une douloureuse mission. « Mon cœur s'afflige avec
vous de l'état de votre chère sœur, mais je n'approuve point que vous ne lui en fassiez pas con-
noître la gravité. Le passage du temps à l'éternité

est trop considérable pour qu'il soit bon de le faire
sans s'en douter. Votre devoir est donc d'articuler
la vérité toute pure à la chère sœur. Il n'y aura que
le premier moment de dur : tous les autres seront
bien doux. Comment ne pas nous réjouir à la pensée que nous allons à notre Père et à ceux que nous
avons aimés et qui nous ont précédés avec le signe
de la foi ? »

Quand, après la consommation du sacrifice,
Mme Worm exprimait ses regrets de n'avoir pas
reçu les confidences de la pieuse mourante, le saint
prélat répondait : « Il faut respecter les voies de
Dieu sur les âmes, et la disposition de silence où
était votre chère sœur me semble une grande faveur
que Dieu lui a faite ainsi qu'à vous. Pour ce qui la
concerne, l'indifférence à tout, le détachement
des créatures, et par suite, la rareté des confidences
et des mots par lesquels on s'épanche, est une indice
très considérable de la perfection d'une âme, et
je crois que votre chère sœur y était arrivée sans
s'en douter, ni personne autour d'elle. Qu'avait-elle
à faire en ce monde ? Elle s'était offerte à Dieu,
voulait se consacrer à Lui, l'avait déjà fait avec une
simplicité entière et un courage surhumain. C'était
la maturité du fruit. Réjouissez-vous donc de ce
qu'au lieu de le laisser se gâter en ce monde, Dieu
l'a promptement transporté dans les greniers du
Père de famille où il se conservera. »

La jeune Marie Worm fut vivement impressionnée
du décès de sa bien-aimée tante. Elle écrivit alors

dans son petit recueil de pieuses affections : « C'est
à vos pieds, mon Jésus crucifié, que je viens chercher les consolations et les grâces dont j'ai besoin...
j'apporte mon fardeau de peines pour le déposer
entre vos mains percées de clous... Quand je vois
combien vous souffrez sur la croix, mon Dieu, je
n'ose pas trouver grande celle que vous m'envoyez !
J'accepte tout, Seigneur, parce que ce que vous
voulez est toujours meilleur que ce que je désire... »

Elle ne tarda pas à sentir le secours des prières
de sa chère disparue. C'est de cette époque qu'elle
fait dater ce qu'elle appelle sa conversion, c'est-à-
dire un travail sérieux contre son amour-propre.
Quelle guerre acharnée ne lui fit-elle pas ! Elle se
reproche amèrement d'avoir fait quelquefois ses
actions par vanité, afin que l'on pensât d'elle :
« Voilà une enfant plus sage que les autres » et elle
se jette à corps perdu dans la pratique de l'humilité
qu'elle reconnaît être la gardienne de toutes les
autres vertus.

« Mon Jésus, écrit-elle en son journal spirituel,
permettez que je note ici, afin de bien m'en souvenir
cette importante maxime : Jamais vous ne **serez**
rien devant Dieu par l'endroit où vous serez quelque chose en vous-même. »

Approfondissant ses dispositions dans son examen particulier elle se demande : « Pourquoi suis-
je si souvent indécise sur ce que je dois dire ou faire ?

N'est-ce point l'amour-propre qui m'empêche d'entendre la voix du devoir, en me criant qu'il veut sa part dans mes paroles et mes actions ?... Pourquoi suis-je timide et sauvage dans mes devoirs sociaux ?... Parce que l'amour-propre est là pour me dire : Que pensera-t-on de toi ?... Tais-toi... retire-toi... non par recueillement et détachement, mais pour éviter l'humiliation. Pourquoi enfin changé-je si souvent d'idée après avoir pris une décision ? C'est encore l'amour-propre qui accourt pour me mettre les bâtons dans les roues au moment où il voit que je cherche à accomplir un acte humble et généreux, me le faisant manquer sous un prétexte quelconque... Je veux que mon petit édifice intérieur repose sur le très solide fondement de la confiance en Dieu jointe à la défiance de moi-même, autrement dite l'humilité. »

« Je désire, écrit-elle encore gracieusement, passer inaperçue, être comme un humble petit tapis bien doux sous les pieds de tous, sans attirer l'attention de personne. »

A l'exemple des saints, malgré l'innocence de sa vie, elle aimait à se considérer comme l'objet des miséricordes divines. « O Jésus, dit-elle, lorsque vous descendez au fond de l'âme, soit par la sainte communion, soit dans l'oraison, qu'il est doux de vous recevoir comme un Médecin charitable qui apporte l'huile et le vin pour guérir toutes les plaies ! Mais laissez-moi vous le dire comme je le pense, ô mon Jésus, il y a une plaie dans le cœur que jamais vous ne refermerez, et qui deviendra, au contraire, toujours plus profonde. C'est le regret, la douleur de vous avoir offensé. O mon Seigneur bien-aimé, comment pourrait-on se consoler jamais de vous avoir fait de la peine !.. Vous entrez... on vous montre cette blessure. « Voyez, mon Dieu, quelle douleur j'éprouve de vous avoir déplu par le passé ! » — « Confiance, répondez-vous ô tendre Père du prodigue, confiance, mon enfant, sois bien sûre que je te pardonne tout. » Puis vous posez la main sur cette plaie en ajoutant : « J'ai tout oublié ! » Sans doute, c'est un baume, mais ce baume la rend plus profonde encore, car plus vous témoignez de miséricorde et de tendresse à une âme, plus elle se désole d'avoir eu le malheur de vous déplaire, et elle ne voudrait certainement point que cette blessure se fermât ! Laissez-la donc toujours ouverte, ô mon Dieu, dans le cœur pénitent, la plaie qu'y a faite le glaive à deux tranchants de la componction et de l'amour : c'est la source de ses plus ineffables consolations, c'est la porte par laquelle vous pénétrez au plus intime de l'âme, et par laquelle aussi l'âme s'écoule en vous ; c'est enfin un trait de ressemblance avec vous, ô mon Jésus, qui avez voulu conserver dans votre adorable Cœur la cicatrice de la blessure qu'y ont creusée nos ingratitudes et votre amour. »

De cette profonde humilité naissait tout naturellement la simplicité du cœur qui ne cherche que
Dieu. « Mon Jésus, lisons-nous dans ses notes, lorsqu'on fait tout ce qu'on peut pour vous plaire,
lorsqu'on vous a pris pour Ami, quelle consolation
de savoir que vous connaissez tout ce qu'on pense,
tout ce qu'on sent ! Rien ne vous échappe donc,
ô mon Dieu : le plus secret acte d'amour, un soupir
vers vous... une bonne intention... vous voyez
tout.

Je considère mes devoirs de la journée comme
autant de voiles sous lesquels se cache Jésus et à
travers lesquels Il me regarde. Je me pénètre de
cette idée qu'on trouve sûrement le bon Dieu au fond
d'un acte que l'on accomplit avec droiture d'intention, et cela me donne plus d'ardeur... Quand une
action coûte, quel encouragement de se dire qu'on
trouvera Jésus au fond ! On l'y sent d'avance par
je ne sais quel parfum de myrrhe que sa présence
exhale, et on se porte avec plus de courage à cet
acte mortifiant, car Jésus est la rose mystique que
notre âme doit cueillir à travers les épines... Pour
monter l'échelle de la prière, quelle ardeur cela
donne de penser que le bon Dieu est au-dessus, et
pour descendre dans l'abîme de l'humiliation, quel
meilleur soutien que de se dire : Je trouverai Jésus
tout au bas. En effet, plus on s'humilie, plus on se
rapproche de Jésus qui s'est tant humilié pour
nous... Lorsqu'une âme cherche Dieu avec ardeur

et se sert de tout pour monter à Lui, Dieu, de son côté recherche l'âme et se sert de tout pour descendre à elle... Quand Dieu nous cherche et que nous le cherchons, la rencontre ne peut manquer d'avoir lieu... »

C'est aussi par Marie que cette jeune âme cherchait son Dieu. Elle professait pour la très sainte Vierge un culte filial dont celui qu'elle avait pour sa mère d'ici-bas n'était qu'une faible image. « Marie, écrit-elle naïvement, que ce nom de ma Mère est délicieux ! Je ne me lasse point de le répéter. Quelquefois un petit enfant qui est entre les bras de sa mère joue avec ses bijoux, les tourne et les retourne, les embrasse... et la mère le laisse faire en souriant... Bonne sainte Vierge, vous aussi vous laisserez faire mon âme lorsqu'elle joue saintement avec votre doux nom, la belle parure dont le Seigneur vous a ornée... Et profitant de cette liberté que vous lui laissez, elle saisit ce nom bien-aimé, le contemple, le prononce, le baise et le serre si fortement qu'elle ne veut plus s'en séparer... Je voudrais l'entourer d'une couronne... si j'avais la plus belle couronne qui puisse exister sur la terre, je vous l'offrirais...

Maintenant, si je décompose votre Nom, qu'est-ce que je trouve ? Oh ! bonheur ! Voilà qu'avec toutes ses lettres qui sont un vrai trésor, je puis écrire le mot *Amie*. Eh bien oui, elle est l'Amie, la bien-aimée du bon Dieu et de tous ceux qui veulent être au bon Dieu. O Marie, si j'osais... mais oui, j'oserai, je voudrais vous choisir pour mon unique Amie, pour une Amie intime, comme on n'en prend jamais sur la terre, à qui je pourrais ouvrir mon cœur tout entier... Le voudriez-vous, ô Marie ? Oui, j'ose le faire, parce que vous m'y attirez intérieurement en ce jour d'une façon irrésistible et que je n'ai jamais sentie.

Marie ! je puis encore avec les lettres de votre saint Nom former le mot *Rame*... Eh ! votre protection, votre secours, ne sont-ils point comme une rame contre le flot des passions ?...

Je puis donc aussi écrire *Arme*. Oh ! oui, Marie sera toujours l'arme dont je me servirai pour terrasser les ennemis de mon salut. Oh ! propriété toute divine de ce Nom sacré : si je le prononce dans la tentation, il est en même temps un rayon de miel sur mes lèvres et un glaive contre mon ennemi. *Marie* pour l'âme, *arme* pour le démon.

Votre Nom, ô ma Mère, fait encore le mot *Aimer*. Ainsi vous avez un nom qui vous crie sans cesse : « Aime tous ceux que Jésus a aimés. » Et en même temps il nous dit à chacun de nous qui sommes vos enfants : « Aime ta Mère. »

Mais je trouve encore dans Marie le mot *Ame*. Qui pourrait dire la beauté de l'âme de **Marie** ? C'est le chef-d'œuvre du Tout-Puissant... J'y pense tout à coup ! Quel bonheur que le mot *âme* entre dans le nom de Marie ! O ma tendre Mère, voici ma pauvre âme, je viens la jeter entre vos bras et la

remettre pour jamais dans le sein de votre miséricorde. Je me consacre totalement à vous, comme je
ne l'ai pas encore fait jusqu'à présent, en ce jour
de l'Immaculée Conception 1869. »

Le jour suivant la pieuse enfant confiait encore
une de ses joies à son cher manuscrit : « Vous savez,
mon Jésus, que pour la fête de l'Immaculée Conception je me suis consacrée à Marie d'une manière
spéciale, et après cet acte je me disais : Je voudrais
bien savoir si elle m'a acceptée, si elle me veut.
Oh ! oui, j'en ai la confiance, ajoutai-je, elle est si
bonne ! » Et dans ces dispositions je lui offris la
confession que j'allais faire, écoutant les avis qui
m'étaient adressés comme la parole de Marie. Et
qu'entends-je ? « Il faut que vous vous consacriez
à la sainte Vierge d'une manière si spéciale que vous
soyez désormais son enfant privilégiée... Pour
pénitence une Consécration à Marie. » ...O Marie,
comme j'ai été heureuse et reconnaissante de cette
pénitence ! Mon âme tressaillait de joie ! Ainsi,
pensai-je, pour me prouver que je dois me consacrer
à elle, la sainte Vierge m'oblige à le faire. Ah ! c'est
une douce pénitence ! Merci ,merci, ma bonne Mère !
Je suis donc à Vous ! Je vous veux ! Vous me voulez !
Amen ! »

Reproduisons encore cette page intitulée : Souvenir d'une visite à Marie. « Je reviens du pèlerinage de Notre-Dame du Haut. La foule y était

compacte... pas moyen d'entrer au Sanctuaire...
Je me suis tenue à la porte ; c'est bien la place qui
convient aux pauvres mendiants. De là j'ai vu la
statue miraculeuse dont la pure auréole dominait
la foule. Les pèlerins arrivaient, arrivaient toujours ;
bientôt je me suis sentie serrée de toutes parts.
Puis le silence s'est fait et la sainte Messe a commencé . «Ah ! m'écriai-je alors intérieurement, ah !
bonne Mère, comment remarquerez-vous la dernière
de vos servantes, au milieu de tout ce monde ?...
Je suis pourtant venue vous voir et je voudrais
bien avoir, moi aussi, une petite audience. » Alors
il m'a semblé qu'outre l'audience générale, la bonne
Vierge se plaisait à en donner de particulières et à
parcourir en quelque sorte l'assemblée pour faire
la part de chacun... Oh ! oui, Marie, pour sûr,
vous passerez aussi près de moi !... » Eh ! bien,
effectivement, j'ai cru la sentir passer... tout à coup
un souffle de recueillement s'est emparé de moi, et
m'a obligée à courber la tête... Je me suis crue
seule à la chapelle avec Marie, et le front dans
mes mains, sans rien dire, et malgré moi, j'ai senti
couler mes larmes. Cela n'a duré qu'une petite
minute, puis j'ai relevé la tête ; mais j'ai bien senti
que la sainte Vierge avait passé auprès de moi, en
parcourant les rangs, et qu'elle avait daigné me
donner sa main à baiser, et que, pendant ce temps-
là, cette divine main avait jeté une goutte de rosée
sur moi... Oh ! doux souvenir ! Oh ! bonne Marie ! »

Il nous est impossible de citer toutes les amoureuses considérations de cette véritable Enfant de Marie. La suite de notre récit nous permettra d'en offrir encore quelques-unes à la dévotion de nos pieux lecteurs. Mais que dirons-nous de son amour pour Dieu, tout à la fois tendre et généreux ? Écoutons-la.

« Mon Dieu et mon Tout, s'écrie-t-elle, lorsque vous visitez l'âme, soit dans la Méditation, soit dans la sainte Communion, vous vous présentez à elle de diverses manières, sous diverses figures : tantôt comme un Maître qui instruit, tantôt comme un Ami qui fait entendre sa douce voix, tantôt comme une Mère qui caresse, quelquefois comme un Médecin qui guérit ; mais ce qu'il y a de meilleur et de plus délicieux pour l'âme, c'est lorsque vous vous présentez à elle, non plus sous une forme ou sous une autre, mais comme son *Tout !* C'est quelque chose qui peut se sentir, mais non s'exprimer... L'âme découvre alors en vous tous les titres, toutes les qualités, toutes les perfections qui répondent à ses besoins. Mais pour que Dieu devienne le *Tout* de l'âme, il faut aussi que l'âme le choisisse pour son *Unique.* Mon Dieu, soyez toujours mon *Unicum* et mon *Omnia !* »

...« Ce matin, lorsque je me suis agenouillée pour l'oraison, j'ai tâché de me pénétrer profondément de la présence de Dieu. Alors j'ai été saisie subitement par cette pensée : Pourquoi chercher Dieu à côté de moi ? C'est au-dedans de moi que je Le trouverai, puisque l'adorable Trinité choisit notre âme pour sanctuaire. Alors je me suis arrêtée, reposée sur cette pensée de la présence intime de Dieu, j'ai porté instinctivement la main à mon cœur pour l'y serrer davantage, et je suis demeurée anéantie et heureuse à ses genoux. Peu à peu cependant, j'ai senti qu'un secret entretien s'engageait entre mon âme et Lui. O mon Dieu, me pris-je à lui dire, comme signe que vous êtes vivant en moi, que ne puis-je vous y sentir respirer !... Et aussitôt il m'est venu à la pensée qu'il existe en effet une double opération de Dieu sur l'âme, et que cette double opération est comme le double mouvement de son souffle en nous. N'est-il pas vrai que, si nous sommes attentifs à ce qui se passe dans notre inté- rieur, nous y sentirons une sorte de puissante Aspi- ration au moyen de laquelle Dieu attire notre âme toujours davantage à Lui, par le recueillement, par l'oraison, par le besoin pressant de l'aimer ? Nous y sentirons aussi une Respiration ineffable par laquelle il pousse notre âme, en lui imprimant la force de tout accomplir pour son amour.

L'unique secret de la vie intérieure est de suivre ces deux impulsions que le souffle divin imprime à notre âme : à mesure que nous nous laissons entraî- ner plus avant dans son sein, nous y puisons de nouvelles forces pour voler ensuite à nos devoirs ; et à mesure que nous accomplissons plus généreusement ceux-ci, nous méritons d'être attirés plus irrésistiblement à Dieu et de lui être unis d'une manière plus intime.

Je devrai donc m'appliquer à être bien fidèle à la grâce... Oh ! bonheur ! oh ! bonheur que de se sentir continuellement sous le souffle de l'Adorable Bien-Aimé, Hôte de notre âme ! ...Quelquefois il est même plus doux de l'entendre respirer que de l'entendre parler, car c'est quelque chose de continu, d'intime, de pénétrant... Tant que nous entendons son souffle divin nous nous disons : « Il est là !... » et cela suffit. »

Voici une page pleine de foi dans laquelle nous contemplerons une âme attentive à recevoir la grâce de l'Absolution.

« Il importe de se bien convaincre que le sacrement de Pénitence est non seulement un remède pour le passé , mais encore un antidote pour l'avenir. Il efface les fautes commises et préserve de celles que l'on pourrait commettre ensuite. Aussi, en s'approchant de ce sacrement, l'on doit avoir bien soin d'insister sur les actes de ferme propos, sans lesquels la contrition ne pourrait être ni réelle ni efficace.

Lorsque Jésus-Christ était sur la terre, il ne demandait qu'une chose aux malades qu'il voulait guérir : une foi vive et confiante en son divin pouvoir. « Croyez, leur disait-Il, ayez confiance, et vous serez guéris. » Or, au saint Tribunal, où par le ministère du prêtre, Notre-Seigneur se fait le Médecin de nos âmes, il doit mettre notre guérison spirituelle à la même condition ; aussi est-ce en esprit de foi et de confiance que nous devons nous en approcher. Au moment de l'Absolution surtout, à ce moment où un miracle s'opère dans l'âme, il faut nous pénétrer profondément de la certitude de notre guérison. Rien de plus délicieux, rien de plus efficace qu'une telle certitude basée sur la miséricorde de Dieu.

Après avoir fait ces réflexions, je me suis approchée, l'autre jour, du sacrement de Pénitence et j'ai résolu de concentrer et d'enflammer tous mes sentiments au fond de mon cœur, quand viendrait le moment de l'Absolution, afin de la recevoir mieux que je ne l'avais jamais reçue. Aussi je sens le besoin de noter ici le pieux souvenir que cette Absolution m'a laissé.

Je me suis confessée avec le désir ardent et le ferme propos de ne plus commettre aucune faute jusqu'à ma confession suivante ; mais sentant mon extrême faiblesse, j'ai mis toute ma confiance dans le remède et préservatif de l'Absolution. Le moment solennel est venu : « *Absolvo te...* » Je vous délie... Quel meilleur instant que celui-là pourrait-on choisir pour demander une grâce au Seigneur, puisque c'est l'instant où Il nous ouvre les bras, nous presse contre son sein et nous donne le baiser de paix ?... Profitant de ce rapide et ineffable moment, je me suis plongée en Dieu et j'ai poussé intérieurement ce cri de supplication : « Mon Dieu, faites donc que je passe la semaine entière sans commettre de fautes ! Je crois, j'espère, j'aime, je me repens ! O Bien-Aimé, oui vous m'exaucerez !...

Ah ! que cette Absolution m'a fait de bien ! Son effet a continué en moi toute la semaine, et malgré ma faiblesse, je ne suis pas retombée dans les fautes que j'avais accusées.

Absolvo te... Ce premier mot dégage l'âme de ses liens et lui applique les ailes de la colombe... Au moment où elle s'envole elle entend le mot *Passio Domini nostri*, etc..., cette seconde parole lui ouvre le cœur de Jésus, elle s'y enfonce et n'a plus qu'à recevoir en toute simplicité la dernière parole : « Allez en paix ! »

Notons que s'il y a dans cette page quelques termes imprécis, c'est qu'ils ont échappé à la plume d'une jeune fille. La certitude de notre guérison dépend, non seulement de la vivacité de notre foi, mais encore, avec l'aide de Dieu de la perfection de nos dispositions.

Sa dévotion envers le Très Saint Sacrement fut toujours très ardente.

« Je voudrais faire un reposoir pour mon Jésus, écrit-elle en une semaine de la Fête-Dieu... Mes actions journalières accomplies le plus parfaitement possible et reliées entre elles par des actes d'amour et de soumission à la volonté divine, voilà ma guirlande... Savez-vous, Jésus, pourquoi je suis si contente de vous élever un petit reposoir au fond de mon âme ? C'est parce que je puis le faire sans que personne le remarque, sinon Vous. Oh ! qu'il est bon d'avoir des secrets avec Vous, mon Jésus !...

Bons saints du Paradis, aidez-moi je vous prie, à achever mon reposoir. Saint François d'Assise, un peu de feu, s'il vous plaît, pour brûler l'encens au pied de mon reposoir... Sainte Madeleine, un peu d'eau pour arroser mes fleurs... Oui, componction et amour, voilà ce que Jésus aimera à trouver dans mon âme...

Marie, ma bonne Mère, venez, s'il vous plaît, mettre la dernière main à mon reposoir ; aidez-moi à former beaucoup d'actes d'amour et de désir : ce sera comme une petite procession qui ira au-devant de Jésus...

Après la Communion : Il est enfin venu, et Il s'est arrêté dans mon cœur comme sur un reposoir : cela représente bien l'état de l'âme, et son oraison, pendant l'action de grâces, car Dieu repose alors en elle et elle repose en Dieu ; voilà en quoi consiste tout son bonheur.

Ah ! mon Jésus, n'est-ce pas, si les reposoirs qu'on vous élève au dehors avaient des cœurs pour vous embrasser et vous retenir, vous ne sauriez pas vous en détacher... Eh bien, mon Dieu, votre pauvre petit reposoir d'aujourd'hui vous serre, vous presse, vous embrasse et vous conjure de demeurer avec lui, en sorte que vous êtes comme son prisonnier... mais non, je me trompe, c'est vous plutôt, ô mon Dieu, qui me captivez par votre amour... Mon Jésus, est-ce vous qui ne voulez pas me quitter, ou bien moi qui ne veux pas vous laisser partir ?... Voilà, Seigneur, voilà, je trouve, une des plus délicieuses impressions que produise votre sainte présence : ne plus savoir, ne plus sentir, en quelque sorte, si c'est vous qui retenez l'âme, ou si c'est l'âme qui vous retient. Oh ! que cette union est étroite, quand on peut en confondre les chaînes !...

Jésus, Jésus, serrez-moi bien ; je sais que si vous m'abandonniez un instant, je cesserais aussitôt d'être à vous, car il faut que l'âme devienne votre captive avant qu'il lui soit possible de captiver elle-même votre divin Cœur : elle doit acquérir une telle gloire au prix de sa liberté !

O Jésus, oui je vous reconnais pour mon vainqueur et je me déclare votre prisonnière. C'est vous qui avez commencé, continué, achevé ce combat d'amour contre mon âme, sans qu'elle puisse lutter dignement en tendresse et en générosité avec vous... que lui reste-t-il à faire, sinon à s'anéantir et à vous abandonner la Victoire.

Écoutons encore les plaintes de cette âme assoiffée de Jésus, au pied d'un tabernacle fermé, après huit jours sans Communion :

« Oui, Seigneur, je le sens, il ne saurait y avoir ici-bas de privation égale à celle de la Communion, et c'est une peine que vous seul pouvez comprendre.

Oui, vous seul !... Et qui pourrait mesurer le vide pour ainsi dire infini que fait dans un cœur l'absence de son Dieu !... qui pourrait le mesurer, sinon Celui-là seul qui le peut remplir ?... Mais je le comprends, Seigneur, quand vous permettez qu'une âme soit privée de la Communion, c'est pour lui faire mieux sentir quel bonheur c'est de communier, car le poids de la privation, ce me semble, donne une plus juste idée du poids de la jouissance.

O mon Jésus, tous ces jours derniers, aujourd'hui surtout, je suis descendue dans mon cœur, où j'ai coutume de trouver presque quotidiennement votre divine et réelle présence ; j'y suis descendue, et, hélas ! ne vous y trouvant point, c'était absolument comme si j'étais tombée, avec une sorte de stupeur, dans un abîme sans fond... et je vous appelais, Seigneur, car si vous m'aviez répondu, un seul accent de votre voix aurait immédiatement comblé le vide, mais au contraire ce vide s'est agrandi chaque fois que, lorsque je criais : Jésus ! tous les mouvements de mon cœur répétaient, comme autant d'échos : Jésus ! Jésus ! et redoublaient ainsi mon désir. *De profundis clamavi ad te Domine ! Domine exaudi vocem meam !*... Eh bien, mon Jésus, permettez-moi de vous l'avouer ingénuement ; aussi bien vous lisez toutes mes pensées avant que je vous les exprime... oui, je l'avoue, au sein de cet abîme sans fond je me suis dit : « Jusqu'à présent, je ne savais pas que le bon Dieu tenait tant de place ! » Pourtant, Seigneur, la foi m'avait depuis longtemps appris que la petite Hostie du tabernacle est bien réellement le Dieu que le ciel et la terre ne peuvent contenir, le Dieu qui peut seul contenter notre cœur, mais ce que je savais par la foi, je le sais maintenant par l'expérience.

Eh ! oui, mon pauvre cœur, je t'entends, tu me demandes à grands cris Jésus, tu me demandes ce que je ne puis te donner... Pourtant, si tu veux, nous allons tâcher de le poursuivre ensemble. Voici donc l'arrangement que je fais avec toi : dès ce moment je vais accomplir mes actions le mieux possible, afin d'attirer Jésus en toi, mais il faut que de ton côté tu ne me trahisses pas et que tu m'aides, au contraire, en disant par chacun de tes battements : « Pour vous seul, Seigneur Jésus ! Venez, Seigneur Jésus ! » Et si tu m'objectes que tu trouves le temps trop long, je te dirai : tant mieux ! Plus tu le trouveras long, meilleur ; car Jésus au Saint-Sacrement *désire d'être désiré*, et puis, tu peux bien aussi expier, par là, les délais que tant de fois tu lui as fait subir.

J'ai encore un conseil à te donner : Saisis cette occasion pour compatir vivement et efficacement aux peines des âmes du purgatoire. Elles aussi désirent le bon Dieu ! N'est-ce pas ? maintenant tu comprends mieux leur tourment? Unis tes mouvements à leurs soupirs.

Et puis, quand Jésus viendra, à la prochaine Communion, il te faudra lui dire avec tendresse et simplicité : « Mon bon Jésus, vous m'avez bien fait

attendre. » Cela lui fera plaisir de voir que tu ne veux
que Lui. »

Voyons maintenant comme le souvenir de la
Passion de Jésus s'unissait à celui de la divine Hostie
dans ce cœur aimant.

« *Et expiravit !...* Lorsqu'une âme a suivi Jésus
par la méditation jusqu'au Calvaire, et que, toute
pénétrée de douleur et d'amour, elle a entendu les
dernières paroles de son Dieu mourant, vient enfin
le moment suprême où elle le voit expirer !...
Quelle est, à ce moment, l'impression la plus naturelle et la plus profonde dans une âme qui déteste
ses péchés et aime Jésus ?... Cette impression,
Notre-Seigneur lui-même l'a caractérisée d'avance
en disant que lorsqu'il serait élevé de terre il atti-
rerait tout à Lui : en effet, ne sent-on pas alors
un pressant besoin d'union avec Lui, et n'est-ce
point en cet instant que l'on s'écrie : Mon Jésus !
mon Jésus ! puisque tout est consommé de votre
côté, ah ! que tout soit aussi consommé du mien !
Consommatum est !... Eh ! que désiré-je maintenant, au ciel ou sur la terre, sinon vous, ô Jésus
crucifié, mon Dieu et mon Tout ! O mon Dieu,
souffrez que j'ose vous exprimer dans toute sa
vivacité le désir que j'éprouve de m'unir intimement
à vous... Eh bien, je voudrais... (ah ! Seigneur,
est-ce trop désirer et puis-je bien vous le dire ?...)
oui, je voudrais que votre dernier soupir passât en
quelque sorte dans mon cœur pour me transformer

toute en Vous. Ah ! si mon pauvre cœur pouvait devenir le sanctuaire de votre Ame adorable lorsqu'elle sortira de votre sacré corps !... O sainte Ame de Jésus, où allez-vous ?... Voulez-vous descendre aux enfers !... eh bien !, venez, venez dans mon cœur, car il n'est pas d'abîme plus profond et plus sombre que lui. Voulez-vous aller au Ciel !... ah ! laissez-moi vous le dire encore, oui, venez dans mon cœur, car vous avez assuré vous-même que demeurer parmi les enfants des hommes c'est pour Vous un Paradis de délices. *Deliciæ meæ esse cum filiis hominum.*

Ah ! Seigneur, ce désir que mon âme éprouve n'est-il point téméraire, et peut-elle s'y abandonner ?... Mais comment pourrait-elle le repousser, ô mon Dieu, lorsque vous-même lui exprimez du haut de la croix le désir de vous unir à elle par ce mot *Sitio !* et que vous inclinez vers elle votre visage adorable, avec un indicible mélange de tendresse et de douleur, comme si vous lui demandiez de recevoir le dernier soupir de cette vie que vous avez entièrement livrée pour elle ! Non, ce désir n'est pas téméraire, et Jésus l'a deviné, l'a compris, bien plus, Il l'a réalisé par l'institution de la sainte Eucharistie. Au moment de mourir, Il nous a laissé un souvenir de Lui, et ce souvenir n'est autre que Lui-même ; en sorte que non seulement nous pouvons recueillir le dernier souffle de notre Dieu au fond de notre poitrine, mais il nous est donné de l'y recevoir tout Entier, et de presser bien réellement sur notre cœur ce corps adorable, couvert de plaies pour notre amour. Voilà ce qui s'opère chaque jour sur l'autel : Jésus y expire d'une manière mystique et passe réellement en nous, pour nous changer en Lui.

On n'est jamais mieux préparé à la Communion qu'après avoir médité au pied du Crucifix.

O Jésus, je veux toujours unir, ainsi que vous l'avez recommandé, le souvenir de votre Passion à la réception de votre Corps sacré. Dès le matin des jours de communion, je tournerai mon regard intérieur vers le Crucifix. Je considérerai alors avec amour la sainte Ame de mon doux Sauveur prête à s'échapper de ses lèvres expirantes, et en songeant qu'Il meurt pour me donner la vie, je m'entretiendrai dans des sentiments de reconnaissance, de repentir et de tendresse. A la Communion je lui ouvrirai mon cœur et le laisserai doucement passer en moi, et dès lors je pourrai m'écrier : *Ce n'est plus moi qui vis, c'est Jésus crucifié qui vit en moi !* »

Où notre chère enfant puisait-elle cette remarquable intensité de vie intérieure ? Était-ce dans la lecture de la Vie des Saints ? Sa mère lui interdisait la lecture de toutes celles qui auraient pu exalter son imagination. Nous croyons que Dieu agissait directement sur son âme dans l'oraison de chaque matin, et spécialement le jour de sa retraite mensuelle. Écoutons comme elle envisageait ce dernier exercice.

« La retraite du mois, quel heureux jour ! Pour l'âme qui y va bonnement avec Jésus et qui a la volonté sincère d'être à Lui, il n'y a, dans cet Exercice, ni pénible contention d'esprit, ni difficulté à rentrer en soi-même, ni terreur à la pensée de la mort. C'est un jour passé dans une intime conversation avec Jésus. Dès la veille au soir, on entend la douce voix de Notre-Seigneur : « Mon enfant, dit-il tout bas, je viendrai demain passer la journée avec toi. Je sais que tu dois avoir bien des choses à me dire... recueille-toi, car moi aussi j'ai des secrets pour l'âme solitaire et silencieuse. Reste donc dans la solitude et je te parlerai au cœur. Je veux passer ce jour tout seul avec toi ; rassemble toute les puissances de ton âme, ferme toutes les portes de tes sens, et attends... » On s'endort dans cette pensée et dès qu'on ouvre les yeux, quoique la joie de passer un jour avec le divin Ami ait hâté le réveil, on sent que Jésus a été le premier au rendez-vous et qu'Il est déjà installé dans le cœur. On se jette à ses pieds, et lui, Il prend doucement par la main pour faire asseoir à la sainte Table. O festin délicieux où Jésus est tout à la fois hôte, nourriture et convive ! Ce jour-là, on communie en *viatique*, c'est-à-dire qu'on parle tout bas du ciel avec Jésus, et qu'on lui demande des grâces et des forces pour s'en rapprocher chaque jour davantage. Mon Dieu, quel bonheur ! on ne vous offensera plus !

La céleste rosée que la prière et la sainte Com-

munion ont fait couler dans l'âme, on la conserve en
fermant, par le recueillement, le calice de son cœur.

Mais ce qu'il y a d'essentiel, c'est de profiter de
la visite de Jésus pour lui demander des conseils :
on implore ses lumières, puis on considère les réfor-
mes à opérer... puis on prend des résolutions... puis
Il les bénit... Et dès le lendemain, à l'œuvre !
car il faut qu'à sa visite du mois prochain, Jésus
trouve d'heureux changements et beaucoup d'em-
bellissements dans le jardin de l'âme ! »

La retraite du mois est ordinairement accompagnée de la préparation à la mort. Voyons de quelle
manière la pieuse jeune fille considérait le dernier
passage.

« Mon Dieu, dit-elle, lorsqu'une âme s'est donnée
entièrement à vous, et qu'elle ne désire plus autre
chose que de vous plaire et de vous aimer, je crois
que la pensée de la Mort ne doit plus faire partie,
pour elle, des vérités terribles, mais plutôt des
vérités consolantes. Voilà, Seigneur, ce dont je
suis convaincue : daignez me désabuser si je me
trompe, et si cette douceur que j'éprouve en songeant à la Mort porte quelque préjudice à la crainte
salutaire que doit m'inspirer votre Justice. Non, mon
âme, ce n'est pas le bon Dieu qui veut te reprocher
d'avoir trop de confiance en Lui !... et même tu ne
pourras jamais en avoir assez.

O mon Dieu, je sens que je rougirais de craindre

la mort ; et lorsque je raisonne un tel sentiment, il
me semble qu'il doit être juste et qu'il ne saurait
vous déplaire.

En effet, puisque Dieu se fait appeler et qu'Il
est vraiment notre Père, notre Mère, notre Frère,
notre Ami, et bien plus que tout cela, notre Tout,
comment donc redouter l'instant qui nous unira
éternellement à Lui ?... Par exemple, si une Mère
disait à son enfant dont elle aurait été longtemps
séparée, si elle lui disait avec tendresse : « Mon
cher enfant, bientôt tu reviendras pour toujours
auprès de moi » est-ce que cet enfant se mettrait à
pleurer, à trembler ?... ne se jetterait-il pas, au
contraire, entre les bras de sa mère chérie en s'é-
criant : « Quel bonheur ! voici le plus beau jour de
ma vie ! » Et comme la mère, alors, serait contente !
« Je vois qu'il m'aime bien » penserait-elle. Or quoique on trouve dans la tendresse maternelle la moins
faible comparaison de la charité divine, l'amour
de Dieu est bien autre chose que l'amour d'une
mère. Je suppose encore que le meilleur des amis
dise à son ami : « Viens avec moi ! » et que ce dernier
hésite et témoigne de la répugnance à le suivre...
« Il ne m'aime donc pas du tout ! » se dirait-il tristement. Eh ! bien, le bon Dieu n'aurait-Il point
lieu de se plaindre, Lui, d'une âme qui craindrait de
répondre à sa voix, lorsqu'Il l'appelle afin qu'elle
lui soit inséparablement unie ?... Cela ne peut donc
lui déplaire qu'on sourie de loin à la mort. Et puis,
encore une fois, ces comparaisons sont extrêmement

faibles, car nous avons pour justifier le désir de la mort, des motifs puissants qui ne se rencontrent nulle part ailleurs : ainsi, un enfant, quand il est séparé de sa mère, ne risque pas pour cela de l'offenser, tandis que, hélas ! tant que nous serons sur cette terre, nous risquerons de vous offenser, ô mon Dieu ; mais au Ciel, plus de péchés ! Quelle consolante perspective ! Quel aimant pour attirer notre âme en dehors de sa prison !

« Comme le cerf altéré soupire après l'eau des fontaines, ainsi mon âme soupire vers vous, mon Dieu. (*Ps.*, XLI)... Cette image du cerf haletant que poursuivent les chasseurs et qui gagne la source d'eau vive afin d'y baigner ses blessures et d'y étancher sa soif, est employée ordinairement pour donner une idée de la sainte Communion. Elle peut donc aussi être appliquée au désir du Ciel, puisque le Ciel est une Communion qui dure toujours.

O bonne sainte Vierge, laissez-moi vous le dire, quand je goûte la pensée de la mort, je songe à Vous aussi, car votre intervention doit s'allier d'une manière plus nécessaire et plus consolante encore à la dernière Communion qu'à la première. Ah ! mon âme, écrions-nous donc avec un grand serviteur de la sainte Vierge : « *Cupio dissolvi et esse cum Maria !*»

En effet, combien la dévotion envers Vous, ô Marie, est puissante pour exciter en nous le désir du Ciel ! Ainsi moi qui suis la plus petite et la plus infirme de vos servantes, j'ai déjà senti cela, surtout en récitant le Rosaire au pied de votre autel. Te rappelles-tu, ma pauvre âme, ce que tu as éprouvé tant de fois en te livrant à la méditation des deux derniers mystères glorieux ?... Je voyais à travers un voile la Vierge Marie montant au Ciel en triomphe, je voyais le bon Dieu poser la couronne de gloire sur sa tête, je voyais cette bonne Mère me tendre les bras et m'appeler à elle. Oh ! que j'aurais voulu la suivre, la voir telle qu'elle est, m'unir à elle pour toujours ! Et depuis ce temps-là, j'ai gardé rancune à mon corps... le cruel, il me retient ici-bas tandis que je m'élance vers Marie, et quand je veux voir son visage, il me jette un voile sur les yeux !

Eh ! ma chère âme, sans doute, c'est chose excellente de désirer le Ciel, pour s'y unir à Jésus et à Marie, mais vois-tu, il faut surtout t'appliquer à mériter ce que tu désires. Tu te plains avec amertume de ce que ton corps est un tyran, mais rentre un peu en toi-même et dis-toi humblement : « A qui la faute ?... N'ai-je point fait autrefois à ce dangereux ennemi des concessions funestes ?... Vois-tu, ma chère âme, je ne te dis point cela pour t'abattre, mais plutôt pour ranimer ton ardeur. C'est peut-être par ta faute que tu n'es point encore au ciel ; tu y serais peut-être déjà depuis longtemps si tu avais profité de toutes les grâces que le Seigneur t'a faites pour le mériter. Allons, répare une bonne

fois le temps perdu et prépare-toi avec plus de soin
à ce grand jour de la mort qui est vraiment le plus
beau jour de la vie.

Les citations que nous venons de faire ont peut-
être paru longues ; mais on ne saurait manquer de
s'en édifier, surtout en songeant qu'elles sont sorties
de la plume d'une jeune fille de dix-sept ou dix-huit
ans qui préférait aux vains discours du monde la
conversation de son âme avec son Jésus. Que de
lumières elle recevait dans ces doux entretiens !

Voici ce qu'elle nous dit encore de sa manière de
faire l'oraison : « Poussée par un ardent désir
d'arriver à accomplir le mieux possible la volonté
du bon Dieu, et entendant dire que l'oraison bien
faite est la première condition pour se corriger et
se perfectionner, je me suis mise à étudier la
méthode de saint Ignace. Depuis que je m'applique
à cette méthode, je remarque que mes résolutions
sont plus précises et plus fermes, et mes répugnances
pour le bien moins vives et moins insurmontables.
Je fais de mon oraison ma principale affaire, ayant
soin qu'elle étende son influence sur tous les actes
de ma vie, et lorsque je m'y livre, il faut, pour
qu'elle me fasse du bien et réponde aux besoins de
mon âme, il faut que je me laisse entièrement absorber par elle. Je ne suis pas à l'aise tandis que je ne
puis pas me dire en priant : « Il n'y a que Dieu et
moi au monde. » Ce qu'il y a d'absorbant dans

l'exercice successif des trois puissances de l'âme a donc été l'un des principaux motifs qui m'y ont attachée. »

Mais la pieuse enfant s'adonnait à ce saint Exercice avec une telle ardeur que sa mère devait intervenir pour la modérer, car sa santé en était parfois compromise. Son vénéré Guide lui écrit à ce sujet : « Je prends part à vos inquiétudes maternelles, et je sens qu'il faut user de précautions avec votre chère fille. Il est évident qu'il faut tempérer pour elle la contrainte d'esprit. Cependant, il ne faut rien outrer, et si on voulait trop l'éloigner de son doux et grand attrait qui est l'union à Dieu et sa présence, on lui ferait beaucoup de mal. Seulement, je crois qu'au lieu de réfléchir, elle fera mieux de s'endormir en Dieu, car ce sommeil vaut mieux que la réflexion et il comprend tout, puisqu'il n'est autre chose que le repos en Dieu. Ce sommeil n'est point un repos d'indifférence ni de paresse, c'est un sommeil très attaché à Dieu et très fructueux en Lui. Il consiste à se tenir doucement et humblement en sa présence sans avoir d'autre pensée ni d'autre affection, ni, pour ainsi parler, d'autres mouvements que ceux qu'il veut bien nous donner. »

Docile à ces sages conseils, la jeune fille prend note de la méthode suivante qui lui est proposée : « Après les actes préparatoires, considérez attentivement ces trois points : Jésus sait tout ; Jésus peut tout ; Il m'aime. Demeurez ensuite en silence devant Celui

qui connaît toutes vos nécessités et qui peut y
pourvoir efficacement. Qu'il vous suffise que Dieu
vous regarde. Contentez-vous de vous exposer à ses
yeux et de vous tenir devant Lui avec un profond
respect et une amoureuse confiance, vous abandon-
nant aux dispositions de sa volonté sans rien demander, sans rien souhaiter, sans rien vouloir en particulier.

Déposez tous vos intérêts entre les mains de
Dieu, déchargez-vous de tous vos soins sur la
Providence. Réunissez tous vos désirs en un seul,
savoir d'être tout entière à Dieu et de mourir
entièrement à vous-même et aux créatures. »

CHAPITRE IV

La vie de famille

Après avoir admiré les dons de Dieu dans l'âme fidèle, nous allons maintenant contempler les fruits de toutes les lumières si abondamment départies à notre fervente jeune fille. Son *Journal* de 1870 à 1871 va nous la dépeindre dans la vie pratique, au milieu de sa famille et parmi les tragiques événements qui endeuillèrent la France. Nous verrons que sa piété, loin d'être austère pour les autres, ne faisait que rendre plus aimables les qualités de son esprit et de son cœur. Elle nous les révèle, sans s'en douter, dans des pages pleines de charme et de simplicité.

* * *

Samedi, 15 Janvier 1870.

Voici un nouveau cahier de journal que je commence aujourd'hui. Combien de pages à remplir !... Eh bien ! je veux inaugurer ce petit recueil par un acte de confiance et d'amour envers la sainte Vierge ;

bonne Mère, c'est aujourd'hui samedi, le jour qui
vous est spécialement consacré ; je commence donc
mon journal sous votre protection et je prends à
l'avance de votre divine Main, et les yeux fermés,
tous les événements que j'aurai à inscrire sur ces
pages.

J'ai peu de chose à dire cette semaine : maman
s'est trouvée indisposée, comme cela lui arrive
encore souvent, hélas, à cette chère Mère ; moi j'ai
eu fortement le rhume, de sorte que nous avons
gardé la chambre et nous n'avons vu et entendu
que ce qu'on peut voir et entendre au coin du feu,
où l'on regarde voltiger les étincelles et où l'on
écoute sonner l'heure. Cela porte, je trouve, à la
méditation et à une méditation salutaire... J'ai
déjà lu dans la vie des Saints que de bons frères
cuisiniers s'étaient élevés au plus haut degré de
la perfection en contemplant dans les flammes
qu'ils avaient sous les yeux une image des feux de
l'enfer. Cette pratique doit sans doute être très
salutaire, puisqu'on la cite comme exemple, mais
pour moi je l'avoue, il y a une chose qui me frappe
et me touche plus encore lorsque je regarde brûler
le feu. Je ne puis m'empêcher de me dire intérieurement : « Quoi ! un morceau de bois sur lequel
tombe une étincelle se consume ainsi, et nous,
chrétiens, nous ne laisserions pas notre âme se
consumer au milieu des flammes de l'amour divin,
dont nous sommes tout entourés !... » Il fait bon,
je trouve, nourrir en soi cette impression, dans

quelque appartement silencieux, devant une sombre
cheminée qui laisse pétiller la flamme librement
dans son sein, servant en même temps de piédestal
à quelque vieille pendule de bronze, ancienne amie
de la famille, qui lui est demeurée assez fidèle
pour sonner toutes ses heures de joie et de peine.
J'exprime mal mon impression, et cependant c'est
une impression toute naturelle et très profonde :
ce rapprochement de l'heure et de la flamme sous
un regard chrétien n'est-il pas, en quelque sorte
l'expression de la parole de l'Apôtre : « La charité
de Jésus-Christ nous presse. »... ? Quand on les
regarde à ce point de vue, chaque coup du balancier
fait battre le cœur pour le bon Dieu, chaque pétille-
ment du foyer trouve un pieux écho dans l'âme.
Enfin, on sent que ce double spectacle établit au-
dedans de soi, comme une sorte de sablier mystérieux, marqué au chiffre de Jésus-Christ, et dont
tous les grains de sable sont des étincelles.

Nous avons reçu hier, la triste nouvelle de la
mort de M. L... Papa et tante Marie sont en ce moment à Lure pour l'enterrement. Une grande consolation pour sa famille, c'est qu'il s'est préparé à
l'heure suprême en parfait chrétien.

* * *

Samedi, 22 Janvier.

Je lis en ce moment, comme lecture de piété, un
petit ouvrage qui me touche beaucoup : « La vie

d'union avec Marie, Mère de Dieu. » Avant-hier
soir, je ne pouvais me détacher de cette lecture, j'ai
posé le volume sur ma table, tout près de mon lit,
en sorte que mes regards puissent se jeter sur le
nom de Marie, à mon réveil. Aussi, en m'endormant
avec cette pensée, j'ai fait un rêve délicieux. Je la
vois encore, ma grande statue de la sainte Vierge,
placée sur un trône et entourée de guirlandes de
mousse !... je m'occupais à l'orner et après avoir
tressé deux couronnes, j'en achevais une troisième
avec des roses blanches et rouges entremêlées de
verdure, quand malheureusement je me suis réveillée
et je me suis aperçue, en levant les yeux vers la
fenêtre, que nous n'étions pas au mois de mai !
Je dis que *malheureusement* le doux rêve a cessé,
mais cet adverbe n'est pas à sa place, car au contraire, je devais être très heureuse de commencer
une journée pendant laquelle je pourrais offrir à la
sainte Vierge de vraies couronnes, composées de
prières et de bonnes actions, ce qu'elle préfère aux
fleurs. Rien n'empêche de faire durer perpétuelle-
ment le mois de Marie, au fond du cœur.

J'ai reçu mercredi une lettre de Léonie C., qui
m'a fait grand plaisir car elle m'envoie sa photographie. Je connais maintenant cette cousine que
j'aimais déjà sans la connaître. L'expression de sa
physionomie dit beaucoup, c'est un mélange de
douceur, de finesse, de sincérité qui attire à première
vue. A ce propos, je vais faire à mon journal une
naïve confidence dont ma bonne Mère sourira, j'en

suis sûre. Lorsque maman tenait à la main la photographie de Léonie et que je voyais se lever sur elle
le doux et spirituel regard de cette jeune fille, je
ne pouvais m'empêcher de me dire secrètement :
« Tiens !... cette chère maman, peut-être a-t-elle
regret de ne point posséder une gentille enfant
comme celle-là, qui doit être accomplie... » Mais j'ai
repoussé ensuite une telle idée en me disant : « Non !
non ! de la manière dont le bon Dieu a fait le cœur
des mères, il n'est pas possible qu'elles soient jalouses les unes des autres. Je n'ai donc qu'à repousser
une telle crainte, qui pouvait bien être un vain
mouvement du petit amour-propre, et à m'efforcer
de toujours contenter cette bonne Mère, selon les
moyens que Dieu m'a donnés pour cela. » Dans la
journée, j'ai redoublé d'application à mes devoirs,
le soir maman m'a embrassée en me disant qu'elle
était contente de mon travail : « O ! maman, lui
ai-je dit, en posant alors ma broderie, vois-tu je veux
toujours être ta *petite machine à coudre !* » Elle a
accepté ma promesse en souriant, et à condition
que je ne mériterais pas, comme cet utile instru-
ment, le titre de *silencieuse.*

Combien j'ai été surprise, l'autre jour, en recevant
moi, simple enfant, une lettre latine venant de
Rome, d'un Père du Concile ! Monseigneur a bien
voulu me répondre quelques lignes à la pièce de
vers latins que je lui ai adressée au nouvel an. Mais
voilà la page qui va être achevée, et comme j'ai
déjà écrit assez longuement, je ne veux pas céder à

la tentation de tourner cette feuille, sans cela je ne finirais pas. A un autre jour.

* * *

29 Janvier, fête de saint François de Sales.

Je parlais dans mon dernier journal du plaisir que m'a causé la réception de la photographie de Léonie C. ; il y a un petit détail qui se rattache à cette bonne surprise, et dont je n'ai encore rien dit dans mon journal, qui est pourtant le recueil des petits détails. Eh bien ! en recevant si souvent les lettres de cette aimable jeune fille, je me suis beaucoup attachée à elle et à son caractère franc et affectueux ; mais bien des fois je me disais, depuis quelque temps, que je voudrais arriver à connaître ses sentiments religieux, qui, avec un bon cœur comme le sien, doivent être profonds et excellents. La religion est en effet la base d'une solide amitié ; voilà pourquoi, tout en écrivant à cette amie inconnue, mon imagination m'entraînait souvent à une pieuse curiosité sur son compte et j'aimais beaucoup me donner la satisfaction de l'entourer, dans ma pensée, du cordon des Enfants de Marie. Comme elle a été élevée au Sacré-Cœur, il n'y aurait rien d'étonnant à cela. Me laissant donc occuper par de telles réflexions, je traçais l'autre jour quel-ques lignes pour elle, dans ma petite chambre silencieuse, protégée par une blanche statue de la sainte Vierge. Tout à coup, une idée m'est venue je me suis levée immédiatement, j'ai pris ma lettre et je l'ai posée entre les deux mains de la statuette, en disant : « Bonne Mère, tenez, je vous consacre cette amitié, maman me dit qu'il est bon d'avoir des amies, je la crois, mais je sais aussi qu'il faut les aimer en vous, pour vous, sous votre maternelle protection : donnez je vous prie vos faveurs à cette jeune fille à laquelle j'écris. » Je suis ensuite demeurée avec une joie d'enfant devant la statue que je regardais sous toutes ses faces. En effet, aucune image de Marie n'aurait pu mieux convenir à ma prière, à mon offrande du moment. Cette statuette représente la Vierge assise et tenant à la main un livre ouvert sur lequel elle fixe attentivement les yeux. Que de fois, étant encore enfant, j'ai passé de longs instants là pour voir si la bonne Vierge ne tournerait pas enfin la page ! Eh bien ! j'avais déposé ma lettre sur le livre ouvert, en sorte que ma céleste Protectrice paraissait jeter un regard bienveillant sur les lignes soumises à son examen. Après cela, j'ai repris la lettre et je l'ai expédiée joyeusement. Le lendemain, avant même que mes lignes fussent parvenues à destination, Léonie m'envoyait sa photographie. D'abord, j'ai étudié avec bonheur cette physionomie, miroir d'une âme comme la sainte Vierge les aime, mais tout à coup mon regard a rencontré avec une joyeuse surprise quelque chose qui m'a semblé vraiment être une réponse tacite et maternelle de Marie à la filiale et enfantine confidence que je m'étais permis de lui adresser. Au cou de Léonie, se tient suspendue une petite, toute petite statuette de la sainte Vierge ! J'ai longtemps étudié ce détail si intéressant pour moi, et j'ai contemplé avec bonheur cette imperceptible image, si bien placée à mon avis. Quelques personnes m'ont dit : « C'est une petite croix » mais en regardant de près, j'ai reconnu à ne m'y pas tromper, une statuette de l'Immaculée Conception ; l'un des bras de la Vierge se cache sous le corsage de la jeune fille, et l'autre s'en échappe comme pour montrer le chemin de son bon cœur. Mais voilà bientôt trois pages sur ce pieux enfantillage... N'importe, il y a certains détails qui sont mes mignons et que j'aime à conserver ici. Je viens d'être interrompue dans mon journal pour ouvrir une petite lettre d'Aurélie L... Cela m'a d'abord serré le cœur de voir cette écriture d'enfant sur du papier de deuil, mais j'ai été très heureuse ensuite de remarquer les bons sentiments dont ces lignes sont remplies. Jamais la chère petite ne m'a écrit une aussi bonne lettre : ses regrets à la mémoire de son père, son désir, sa résolution de consoler sa mère par une bonne conduite, sont d'un naturel qui prouve leur sincérité. J'y ai remarqué également un mélange indéfinissable de peine et de joie, car Aurélie va toujours rester avec sa mère, dont elle avait été éloignée durant la maladie de M. L... De sorte qu'elle m'écrit : Mon Dieu, quel malheur !... puis deux lignes après : Pense quel bonheur !... Il me semblait en lisant cette lettre voir tout à la fois un arc-en-ciel et de la pluie dans cette pensée d'enfant. Voilà comme le bon Dieu dispense avec sagesse et miséricorde les joies et les peines.

Aujourd'hui, nous sommes allés nous promener dans la forêt ; une épaisse couche de feuilles sèches la tapisse entièrement ; je me suis beaucoup amusée d'entendre le bruit que faisait toute cette armée de feuilles, qui semblait tout étonnée d'être troublée dans sa solitude par nos pas. C'était un fracas absolument semblable à celui que produit l'eau qui coule, et cela me semblait d'autant plus extraordinaire que j'avais sous les yeux, durant toute la promenade, la glace terne et immobile de l'étang ; je me suis longtemps occupée de ce contraste ; il me semblait qu'à ma place un poète eut tiré parti de sa promenade. Toutefois, n'ayant pas l'oreille d'un poète pour écouter le mystérieux frémissement de ces feuilles sèches, j'avais au moins les deux yeux d'une enfant chrétienne, pour y voir, comme dans tous les spectacles de la nature, une image de quelque sérieuse vérité. Sans raisonner les impressions que j'éprouvais alors, j'ai senti que je foulais avec mépris tout cet amas qui me représentait les choses de la terre, et que je levais instinctivement les yeux vers le Ciel, très pur ce jour-là.

Au premier coup de vent, ai-je pensé, toutes ces feuilles qui font tant de tapage aujourd'hui, seront balayées, sans qu'il y paraisse plus rien.

* * *

Samedi, 5 Février.

Au commencement de cette semaine, je me suis hâtée pour terminer une petite broderie, destinée à notre chapelle. Oh ! combien j'ai eu de plaisir à faire cette garniture d'étole. D'habitude, c'est tante Marie qui s'occupe des ornements et du linge d'autel, mais depuis quelque temps, maman m'avait promis que je ferais un petit ouvrage pour la chapelle, en récompense de l'application qu'elle attendait de moi pour un autre ouvrage un peu long. Lorsque celui-ci a été terminé, tante Marie m'a présenté une longue bande de jaconas bien blanc, sur lequel elle avait tracé de distance en distance, les chiffres de Notre-Seigneur et de la Vierge Marie. Oh ! que cet ouvrage m'a fait passer de bons moments ! J'ai eu le bonheur d'avoir ces noms bien aimés sous les yeux et entre les mains pendant huit jours, et chaque fois que je recommençais un autre chiffre, c'était avec un nouveau plaisir. J'attends aussi, chaque semaine, avec impatience, le beau jour du samedi, parce qu'on me permet, ce jour-là, d'aider tante Marie à préparer la chapelle pour le lendemain. Quel bonheur pour moi de faire la petite chambre du bon Dieu ! Oh ! comme je voudrais imiter les dispositions dans lesquelles la vierge Marie servait son divin Fils et soignait le modeste intérieur de Nazareth !

Voilà donc que nous commençons la neuvième année, depuis la bénédiction de notre chapelle.

Durant ces huit ans, des vides douloureux se sont faits dans notre famille, mais notre bon Dieu nous reste. Ce n'est point sur un calendrier que j'aime à compter les jours, les mois, les années de notre bonheur... mais je regarde l'humble petite lampe allumée devant le tabernacle, et je lui demande : « Depuis quand brûles-tu là ?... » « Pourquoi y brûles-tu ?... » Et sa réponse me transporte de reconnaissance. Et puis, en voyant cette huile surnager au-dessus de l'eau, c'est encore tout un sujet de méditation, car Jésus a en quelque sorte recouvert nos larmes par le baume de sa présence, et nous a bien fait comprendre que son amour devait toujours demeurer au-dessus de nos affections qu'emporte le fleuve du temps. Je me le rappelle encore, le jour de la bénédiction de notre chapelle, l'oncle abbé, qui était venu assister à cette fête de famille, l'oncle abbé m'a fait appeler dans sa chambre tout au matin. J'étais alors une enfant de neuf ans, et je prenais part à la joie de mes parents, sans pouvoir la bien comprendre. Le soleil n'était pas encore levé lorsque j'entrai dans la chambre de mon oncle : cet appartement sombre, dans lequel je me trouvais seule avec le Ministre de Jésus-Christ prêt à monter pour la première fois à notre petit autel, m'a laissé une impression profonde et a contribué peut-être à graver davantage dans ma mémoire les paroles qui me furent adressées alors. Après m'avoir interrogée sur l'étude du catéchisme, mon oncle prit un ton plus solennel et me dit : « Tu es encore bien jeune, mon enfant, pour comprendre la grâce que Dieu fait aujourd'hui à ta famille, et toutes celles qu'il te prépare à toi-même par sa divine présence. Mais plus tard, quand tu auras fait ta première communion surtout, tu sentiras combien tu lui dois de reconnaissance. Tâche seulement de bien te persuader, aujourd'hui que Notre-Seigneur t'appelle désormais à une vie d'union et de conversation intime avec lui. Oui mon enfant, je dis *conversation* intime ; ce mot que tu ne saisis probablement pas encore bien maintenant, l'expérience te le fera goûter plus tard ; plus tard, tu sauras que, de son tabernacle, Jésus parle aux âmes. Peut-être même s'est-il déjà fait entendre doucement à la tienne ; oh ! alors, profite bien de ces premiers accents, sois fidèle à l'école du taber-nacle et docile aux leçons du divin Maître. »

Mais je reviens sur le temps passé, et je ne dis rien de cette semaine... Nous avons maintenant à la chapelle, une suite d'instructions pour lesquelles je me réjouis beaucoup : M. l'abbé nous paraphrase et nous explique le *Credo*. L'autre dimanche, j'étais enthousiasmée de ce que j'avais entendu à l'ins-truction, parce que le *Credo* nous avait été repré-senté comme l'étendard des chrétiens. Toute la journée je me rappelais cette parole du matin : « O mes frères, soyons fidèles à notre drapeau » et j'aurais voulu, comme pieuse récréation, fabriquer quelque petit drapeau en papier ou en ruban de couleur vive, sur lequel j'aurais écrit tout mon

Credo, pour le suspendre ensuite triomphalement à la cime de mon bénitier, au chevet de mon petit lit bleu. C'est que j'éprouve ordinairement en moi un vif désir d'exprimer au dehors ce qui m'impressionne le plus au dedans ; je ne sais si c'est un bien, ou un mal, chère maman ?... Toutefois en ce dernier cas, j'ai laissé de côté mon pieux enfantillage et puisque mon imagination demandait à se récréer saintement sur ce touchant sujet, je l'ai satisfaite, et je me suis mise à lui montrer des images, dans le livre de la pensée : je lui ai représenté le cœur chrétien comme une forteresse et j'ai fait flotter tout au-dessus l'étendard du *Credo* ; enfin cette pensée m'a tellement impressionnée tout le jour qu'instinctivement, je me sentais portée à lever les yeux sur tous les fronts : il me semblait que le symbole des Apôtres y devait être écrit. J'aime extrêmement assister aux instructions religieuses, surtout dans notre sanctuaire. Presque chaque fois que je vois le Prêtre se préparer à prêcher au milieu de ce petit et intime auditoire, et dans cette sombre chapelle ; je me reporte au temps des catacombes, et dans cette disposition j'écoute avec plus de recueillement la parole de Dieu. L'instruction dont je viens de parler a augmenté encore en moi une telle impression, parce qu'elle a rappelé la ferveur des premiers chrétiens, et qu'elle s'est terminée par le récit touchant d'un martyre. Il faut encore que je dise deux mots de ce récit : « C'est un petit enfant, un tout petit enfant de sept ans qui comparaît au tribunal d'un tyran. « Qui es-tu ? » lui demande le juge païen « Je suis chrétien catholique » répond le courageux enfant, qui se met à réciter d'un bout à l'autre le *Credo* qu'il avait appris au catéchisme. Le tyran appelle la Mère du jeune héros et le fait rudement fouetter sous ses yeux. Mais l'enfant soutenu par la grâce d'en haut, et animé par les exhortations de sa courageuse Mère, supporte le martyre en bénissant le nom de Jésus. Enfin, il n'a plus qu'un souffle de vie ; tournant vers sa mère un tendre regard : « Mère, lui dit-il, j'ai bien soif ! » — « Courage, mon petit enfant, dans un instant vous allez être auprès de Jésus ; il vous donnera à boire de cette eau qui rejaillit jusqu'à la vie éternelle. » Puis ayant pris le jeune athlète entre ses bras pour lui donner un baiser aussi religieux que tendre, elle le rend ensuite à son bourreau qui lui tranche la tête. » La petite instruction s'est donc terminée, en laissant la parole au sang de ce jeune martyr, dont le courage fut plus éloquent que tous les discours. Oh ! comme il faisait bon ensuite réciter le *Credo* de la Messe ! « Ah ! me disais-je, nous avons pourtant la même profession de foi que les premiers chrétiens, et le *Credo* ne les obligeait pas plus que nous. Pourquoi donc ne nous y attachons-nous point comme eux ?... Il ne s'agit plus pour nous, sans doute, de braver la fureur des tyrans païens, mais nous avons tous à lutter contre les fureurs de l'enfer et des passions, si nous voulons demeurer fidèles à Jésus-Christ. Eh bien ! oui, nous sommes les soldats

de Jésus-Christ, et le *Credo* sera notre étendard ;
ah ! au moins puisqu'en sortant des catacombes les
premiers chrétiens mouraient pour Dieu, en quittant l'église ne vivons que pour lui. » Voilà ce qui
m'a occupée durant l'Offertoire ; au *Sursum corda*
c'était comme le ciel entr'ouvert au-dessus de nous,
et nous laissant voir la glorieuse cohorte des martyrs,
au milieu desquels resplendissait la blanche tunique
du petit Saint dont nous avait parlé auparavant
le Prêtre. Ce petit saint se penchait vers nous, et
nous jetait goutte à goutte une douce pluie de cette
eau qui rejaillit à la vie éternelle. Je n'ai point su
son nom, mais je me suis promis que malgré cela,
je le saurais bien reconnaître, en arrivant au Ciel.
Je demanderai alors à la sainte Vierge comment
elle appelle cet enfant privilégié. Mais je laisse bien
courir ma plume et il est plus que temps de m'arrêter. J'ai écrit, en telle hâte, tout ce que me dictait
ma mémoire, que je ne sais même ce que j'ai dit.

* * *

Mardi, 8 Février.

Je veux ici raconter la bonne visite de dimanche.
C'est celle de cette pauvre vieille à laquelle une fois
déjà maman a pansé le pied et donné des chaussons.
Oh ! que cela m'a fait plaisir de la revoir !... Avez-
vous encore mal au pied ?... lui dit maman en la
revoyant. Non, Madame, c'est vous qui *m'a* guérie.
Entrez à la cuisine vous avez froid ici. Oh ! laissez-

moi, allez, il faut bien que je souffre pour gagner le
Paradis. — Maman lui a donné des bas, et agenouillée à ses pieds l'aidait à les mettre. — Oh !
le bon Dieu vous bénira, Madame, le bon Dieu
vous bénira. — Je vois encore ma chère maman,
tenant à la main pour cette vieille une assiette de
soupe. Elle qui avait commencé son chapelet disait :
« Attendez que j'aie fini ma dizaine. » Je garde ici
une place pour faire le dessin de cette bonne vieille,
récitant pieusement et lentement sa dernière dizaine,
tandis que, debout auprès d'elle, maman attend
avec bonté que sa dévotion soit satisfaite. Je garde
le pieux souvenir de cette visite. Dans celle qui
recevait les secours et dans celle qui les donnait,
j'ai tâché de vénérer de mon mieux l'image de Notre-
Seigneur Jésus-Christ.

* * *

Samedi, 12 Février.

Je n'ai plus brodé, comme la semaine précédente,
les chiffres de Notre-Seigneur et de la sainte Vierge
pour une garniture d'étole : de douces tâches comme
celles-là ne doivent se rencontrer que rarement et
à titre de récompense, sous l'aiguille d'une petite
ouvrière. Je me suis occupée, cette semaine, à une
simple garniture de lingerie, toute parsemée de
petits pois. Voilà, peut-être, un détail bien inutile
dans mon journal, et pourtant, je ne sais comment
cela a pu se faire... mes meilleures pensées de tous

Attendez que j'aie fini ma dizaine.

ces jours derniers m'ont été inspirées par cet humble
feston, auquel, depuis ce temps-là, je tiens un peu
par le cœur. La semaine précédente, j'avais pris la
douce habitude de songer au bon Dieu en brodant
mes chers chiffres d'étole : j'ai rendu la broderie, et
j'ai gardé l'habitude. Une des premières idées qui
me vint, en considérant ma nouvelle tâche, ce
fut le souvenir de la parabole du grain de sénevé,
à cause de tous ces imperceptibles petits pois... Je
me suis laissée entraîner à cette méditation d'autant
plus aisée qu'elle était naturelle. Or, comme toute
méditation doit avoir une conclusion pratique, voici
celle que j'en ai tirée : « Suivant la parabole de
Notre-Seigneur, le grain de sénevé deviendra bientôt un grand arbre sur les rameaux duquel viendront
s'ébattre les oiseaux du ciel. Eh bien ! je veux faire
cette broderie par obéissance, par amour de Dieu,
avec application, avec recueillement, en sorte que
chacun de ces humbles petits pois devienne un des
rameaux de la couronne promise au serviteur fidèle
dans les moindres choses. »

Voilà à quelles considérations cette broderie
m'a conduite. Chaque fois que j'achevais un pois,
il me semblait donc que c'était un grain de semence
qui tombait dans mon cœur : là, il prenait racine,
puis s'élevait jusqu'à mon esprit, fournissant un
appui aux bonnes pensées, qui peuvent, je pense,
être considérées comme les oiseaux du ciel, puisque
nous ne pouvons en avoir aucune sans que Dieu
nous l'envoie, depuis là-haut.

Chaque dimanche soir, je vais passer une bonne demi-heure à la cuisine, pour faire une lecture à Marie et à Fanny. Je leur lis, en ce moment, les plus beaux passages de l'ouvrage sur Notre-Dame de Lourdes par H. Lasserre. Je craignais d'abord que ce livre si bien écrit ne fût point goûté par des personnes sachant à peine lire. Mais je me suis dit ensuite : « Non, il ne faut pas croire que les esprits simples n'ont point le sentiment du beau, puisqu'il n'y a rien de si beau que la simplicité ! Ce serait manquer à une œuvre de charité que de résister au désir que j'éprouve de communiquer à ces bonnes filles un ouvrage tant apprécié par tous les cœurs catholiques. A elles aussi, cela fera du bien, cela leur fera connaître et aimer davantage la sainte Vierge. Et puis le sujet de ce récit n'est-il point l'apparition de cette divine Vierge à une pauvre et ignorante bergère à laquelle elle se montrait avec amour, en se cachant, au même moment, à des milliers de savants, qui assistaient à l'extase. Eh bien ! j'ai eu idée que la même chose se reproduira souvent pour la lecture de ce récit. Un esprit ignorant, doué d'un œil simple, y découvrira clairement toutes les beautés que ne sauraient y voir, peut-être, beaucoup de personnes instruites mais moins bien disposées. » Voilà ce que je me suis dit, et je suis toute contente de voir combien nos deux bonnes filles goûtent cette lecture. De temps en temps, à la fin de quelque paragraphe, je me plais à lever les yeux sur leur regard, pour interroger ce miroir de leur âme et pour y lire les impressions qu'elles ressentent. Il me semble alors voir à découvert le travail de leur esprit, qui *tamise* en quelque sorte ce que je leur lis, laissant passer, sans même chercher à les comprendre, les beautés de la forme, mais conservant soigneusement les beautés plus solides et plus vraies du fond. C'est ainsi qu'après avoir passé au crible, cette bonne semence tombe dans leur cœur, séparée de toute écorce inutile, tandis que peut-être une foule de personnes habituées à beaucoup lire, se laissent arrêter aux charmes et à la délicatesse du style, et ainsi n'arrivent pas droit à la sainte Vierge. L'autre jour, Fanny m'a fait une singulière question. A propos des douleurs *physiques* que causait à Bernadette l'oppression de son asthme, elle m'a demandé si avoir une douleur *physique*, c'était souffrir à la *figure*. J'ai d'abord souri de cette question, mais j'ai été frappée ensuite de voir qu'elle était *raisonnée*. « Pour dire figure, on dit physionomie, et physique ça ressemble à physionomie. » C'est ainsi que par la voie du raisonnement, elle cherchait à parvenir à la vérité.

Il fait froid, oh ! bien froid cette semaine. Et les *pauvres pauvres !* que deviennent-ils dans leurs mansardes par ce temps ?... Cela fait mal d'y penser ! Il me semble voir tant de pauvres petits enfants pleurer de froid... et ce qui me fait le plus gémir, c'est qu'il me semble que leurs larmes doivent geler sur leurs joues à mesure qu'elles tombent. Mais sans doute leurs Anges gardiens recueillent alors ces précieuses perles, car ce n'est pas en vain que Jésus-Christ a dit : « *Beati qui lugent !* »

* * *

Samedi, 19 Février.

Dimanche dernier, il a fait le temps le plus froid et le plus effrayant qu'on puisse imaginer. Une bise furieuse s'est mise à amonceler la neige tout autour de nous, de sorte que notre maison semblait entourée de remparts, et sur ces remparts, on croyait voir de distance en distance quelque sentinelle pétrifiée ou quelque bizarre statue de marbre blanc. Aussi, de telles fortifications ont-elles protégé notre solitude, en interrompant toute communication avec le dehors. Cependant, tant agréable que soit cet isolement, il ne nous a pas moins privés de la Messe, durant toute la semaine, et nous craignions fort de ne la point avoir dimanche. Mais malgré la rigueur de cette tempête d'hiver, M. l'abbé est venu, de Malbouhans, nous dire une basse Messe. « Ah ! lui a dit papa en le voyant arriver, ah ! M. l'abbé, vous avez bien mérité de la Patrie ! » J'ai bien prié à cette messe, parce que je prévoyais que nous n'en aurions plus de si tôt !... J'ai senti alors toute la justesse d'une comparaison que j'ai entendu faire un jour par un respectable vieillard, quoique la forme de cette comparaison m'ait paru d'abord un peu rustique : « La messe du dimanche, s'écriait-il, c'est un marché spirituel et l'âme, comme une vigilante ménagère, y fait ses provisions pour toute la semaine. »

C'est surtout par des temps comme cela que nous apprécions l'immense avantage d'avoir une chapelle à demeure ; car combien de fois nous serions privés forcément, sinon des offices du dimanche, au moins des visites au Saint-Sacrement, durant la semaine ! Aussi, j'aime à me représenter la chapelle comme le cœur de notre maison, et quand je la vois, cette pauvre maison, toute couverte, au dehors, de neige glacée, je m'émerveille de ce qu'elle garde toujours, au dedans, un cœur si brûlant.

Pendant l'hiver, on étudie mieux que jamais ; on est si tranquille au coin du feu ! L'autre jour, seule dans ma chambre, je me suis mise avec ardeur à une leçon de géographie, pour faire une agréable surprise à maman, en lui récitant de longs détails sur l'Amérique. Jamais je n'ai eu tant de plaisir à étudier ; il n'y avait aucun bruit autour de moi, et sur mon pupitre, j'avais placé, ce jour-là, une petite statuette en bronze représentant le Sacré-Cœur de Jésus. J'aime beaucoup les statues, elles parlent à l'âme peut-être mieux encore que les images. Mon atlas était donc déployé sur mon pupitre que dominait la statuette, en sorte que Notre-Seigneur semblait jeter un regard d'amour sur ce tableau du monde qu'il aime tant, et il envoyait les rayons de son Cœur, jusque sur les contrées les plus reculées. J'aimais à regarder ce touchant spectacle ; et puis en suivant le cours des fleuves, je me sentais entraînée à de pieuses comparaisons ; il me semblait voir les fleuves de la grâce vivifier le monde, en sortant du Sacré-Cœur comme de leur source. Que diras-tu, chère maman, en lisant ce journal, ne te plaindras-tu pas de ce que je m'amuse en étudiant ?... Oh ! non ! tu ne pourras me gronder ; je t'assure que cela m'a aidée à étudier, au lieu de me distraire. Et puis, très souvent tu me reproches de ne pas m'amuser, et de me livrer trop au travail ; j'ai voulu ce jour-là éviter un tel reproche. Quand j'étais enfant, je quittais mes livres d'étude pour courir à mes joujoux ; devenue grande, je n'aime plus, depuis longtemps, les poupées, mais j'aime extrêmement les images qui sont, ce me semble, les joujoux du Ciel, quand elles représentent des sujets pieux. J'ai voulu, ce jour-là, m'amuser en enfant de Marie, tout en travaillant. Et puis, même, je me suis livrée à un réel enfantillage mais à un enfantillage innocent... Je voyais les pieds de la statuette reposer doucement sur mon pupitre, cela m'a fait songer à une lecture que j'avais faite, les jours précédents, sur le baume de la femme de l'Évangile. Je me suis dit tout à coup : « Je voudrais bien avoir un peu des parfums de Madeleine ! Alors je me suis souvenue que nous avions, dans notre chambre, un composé de parfums formant un baume assez onctueux ; toute joyeuse, j'en ai pris une petite parcelle que j'ai déposée humblement au pied de la statuette, et puis je l'ai remise à sa place et j'ai achevé bien vite ma leçon.

Tu vois bien, maman, je m'amuse plus que tu ne le supposes.

* * *

Samedi, 5 mars.

Voilà quinze jours que je n'ai pas ouvert ce cahier. J'ai eu d'autres occupations.

Nous sommes maintenant en Carême. Mercredi, j'ai eu le bonheur d'assister à la touchante cérémonie des cendres. Que je l'aime ! C'est le jour où chacun assiste à son propre enterrement. Au moment où je m'approchais émue et recueillie de la table de communion, pour y recevoir les cendres, j'ai aperçu devant moi une vieille personne, serrant à côté d'elle une toute petite fille, et tandis que celle-là courbait son front ridé sous la main du Prêtre, celle-ci se redressait autant que possible, afin que sa petite tête arrivât jusqu'au-dessus de la balustrade, et ne passât point inaperçue. J'ai été bien aise d'avoir un tel contraste sous les yeux, car j'ai trouvé qu'il renfermait une leçon salutaire : à l'une comme à l'autre, l'Église a adressé ces paroles : « *Memento quia pulvis es et in pulverem reverteris.* » Vieillards, enfants, riches, pauvres, nous sommes tous destinés à retourner dans la poussière dont nous sommes tous sortis. Quand mon tour est venu, je ne puis exprimer ce qui s'est passé en moi : j'ai été tout étonnée que la cendre me rappelant de si graves vérités, ne fût pas très lourde sur mon front ; j'ai senti, au contraire, en revenant à ma place que j'étais plus légère de tout le poids de l'amour-propre, qu'on jette nécessairement aux pieds du bon Dieu, à ce moment-là. Je trouve que cette cérémonie rappelle en quelque sorte le Sacrement de Confirmation, et nous imprime un caractère de détachement et d'humilité, qui distingue les vrais chrétiens. Lorsque je suis sortie de l'église pour revenir à la maison, il me semblait devoir être fière de mes cendres, comme si j'avais reçu un sacre royal, et je serrais instinctivement mon voile de crainte que le vent ne me les enlevât ; du reste s'il me les avait enlevées, il n'y aurait encore pas eu de mal... ce que l'on doit craindre surtout c'est que quelque mauvais vent de vanité ne vienne à dissiper l'impression salutaire produite par ce signe extérieur d'humiliation et de pénitence. Mais il me semble difficile de laisser échapper une impression aussi profonde. Comme il est énergique, pourtant, le langage de l'Église : « *Memento !* nous dit-elle « *Souviens-toi !* » et en même temps, voilà qu'elle nous grave sur le front ce qu'elle nous veut rappeler, et comme sa main est une main maternelle, le souvenir qu'elle fait entrer de cette manière dans notre esprit descend bientôt au fond de notre cœur qu'il gagne doucement par les charmes de la pénitence.

Quand j'ai embrassé ma chère maman, au retour,

elle m'a annoncé que Mme L... nous arriverait l'après-midi, avec sa sœur Valentine et sa fille Aurélie. Quand on attend une visite, il y a toujours quelques préparatifs à faire dans une maison. Moi, j'ai presque sauté de joie, quoique je sois grande, lorsque maman m'a permis de balayer, pour ma part, nos deux chambres et la salle à manger. Pendant que j'étais à l'œuvre, bonne Mère est entrée et m'a dit en souriant : « Comme tu fais de la poussière ! » C'est vrai, j'avais un vrai plaisir à soulever tout ce nuage gris autour de moi, et je m'occupais à répéter à voix basse : « *Memento quia pulvis es !* » Quand je sentais que toute cette poussière allait rejoindre sur ma tête les cendres du matin, je me réjouissais de tout cœur et je ne pouvais m'empêcher de m'écrier intérieurement : « Que je suis bien ! » Pourtant, c'était assez s'amuser, surtout pour une journée de pénitence ; j'ai secoué tout cela, et je me suis mise à faire ma petite toilette, parce que la voiture allait bientôt arriver. Ensuite, comme je passais à la cuisine, j'ai aperçu sur la table un pauvre poisson qui respirait encore quoique hors de l'eau, mais quelle respiration forcée ! Je ne sais comment cela se fait, les détails les plus vulgaires nous rappellent parfois des souvenirs profonds, intimes, et nous donnent des pensées d'un ordre tout spirituel. Rien de plus ordinaire qu'un poisson qu'on va frire, et en le voyant j'aurais tout au plus pensé un instant à la fable de La Fontaine. Pourtant mon Ange gardien était avec moi ; ces bons Anges ils nous suivent donc partout !... Le voilà donc qui me dit intérieurement : « Te rappelles-tu encore un jour où cette parole, qui t'a été adressée par un confesseur, t'a tant frappée : « Mon enfant, souvenez-vous toujours que le Ciel est notre élément, comme l'eau est l'élément du poisson... Or, voyez ce que fait un poisson, lorsqu'il n'est pas dans l'eau... » J'ai été reconnaissante envers mon bon Ange, puis repassant ces mots : « Voyez ce qu'un poisson fait hors de l'eau... » je me suis penchée vers celui que j'avais sous les yeux et je me suis mise à étudier attentivement sa respiration. Ce n'était pas une étude d'histoire naturelle, c'était une étude de vie intérieure, et j'ai tâché d'en tirer des conclusions efficaces et pratiques.

La voiture est arrivée. Ces dames en sont descendues toutes couvertes des vêtements d'un deuil sévère. Au moment où j'ai embrassé avec respect et affection ces trois fronts couverts de voiles noirs, le souvenir de la cérémonie du matin m'est encore revenu ; il me semblait qu'après avoir reçu les cendres on devait être bien plus disposé à pleurer, comme le recommande saint Paul, à pleurer avec ceux qui pleurent. Ma petite amie était silencieuse devant moi, et tandis que maman accueillait sa pauvre mère avec les égards délicats que réclame la douleur, je cherchais à déposer un gros baiser sur les joues roses d'Aurélie. Ce qui m'a serré le cœur un instant, c'est de voir que cette enfant n'était pas habituée encore à porter le poids du deuil : elle avait laissé son voile de crêpe retomber en gros plis sur sa figure que je distinguais à peine ; j'ai écarté tout cela, mais je touchais le voile noir avec une sorte de respect, car, je le sais, le deuil est la livrée des serviteurs privilégiés du bon Dieu, puisque le bon Dieu afflige ceux qu'il aime.

Ces dames sont reparties hier vendredi. Pour ma part, j'ai été chargée d'Aurélie, tandis que maman et ma tante tenaient compagnie à la mère et à la tante de ma petite amie. C'est une bonne et douce enfant : je n'ai eu qu'à la surveiller tout doucement pendant qu'elle jouait dans ma chambre. Ici, un aveu... Ce que c'est pourtant que le vilain amour-propre ! Eh bien oui ! je me sentais humiliée de ce que cette enfant me prenait pour une petite fille et m'accablait de questions de ce genre : « Laquelle aimes-tu le mieux de tes poupées ?... Pourquoi est-ce que tu ne t'amuses plus jamais avec elles... jamais ! jamais ! moi qui les aime tant !... Est-ce que tu préférerais jouer à la cachette, dis, Marie Worm ?... ou bien peut-être faire une dînette !... » A ces questions, je sentais en moi un certain froissement bien blâmable, qui m'aurait presque entraînée à lui répondre un peu vivement : « Mais tu vois bien que je ne suis pas une enfant. » Pourtant je me suis raisonnée et je me suis dit : « Allons ! est-ce donc le fruit que tu as retiré de la réception des cendres ?... Et d'ailleurs, pourquoi avoir honte de passer pour une petite enfant, puisque le royaume des cieux est promis à ceux qui leur ressemblent ? Oui, mon Dieu, pour vous plaire, je vais me mêler de tout cœur aux jeux de la chère petite. » Alors je me suis assise sur un tabouret très bas, de manière à me trouver comme à ses pieds, et tout en habillant gravement ses poupées, je lui ai répondu : « Vois-tu, ma bonne petite, il ne faut pas t'étonner de trouver un peu de désordre dans les toilettes de ces demoiselles ; depuis que je suis grande, j'ai pris d'autres récréations, et puis c'est bien rarement que j'ai le plaisir de recevoir la visite de gentilles enfants comme toi. Mais tu vas être ma maîtresse, entends-tu, je serai bien docile, et tu m'apprendras ce que j'ai oublié, peut-être, c'est-à-dire comment l'on fait pour jouer aux poupées. » Pendant ce temps-là, j'entendais comme un écho de la causerie sérieuse et intéressante que faisaient ces Dames assises un peu plus loin, et je me disais secrètement « Ce serait pourtant plus amusant de travailler avec elles. » Mais je me suis encore humiliée de ce mouvement et j'ai porté la main à mon front pour sentir si la trace des cendres n'était au moins pas effacée. Tout à coup ma petite amie me dit d'un air tout sérieux : « Écoute, Marie Worm, donne-moi ton avis ; tous les soirs, j'ai une grande frayeur en me couchant, parce que j'ai peur que le diable fasse comme il a fait avec M. le Curé d'Ars... qu'il mette le feu à mon lit. » J'ai compris qu'Aurélie avait entendu parler ou lu quelques fragments de la vie du saint Prêtre, et que les circonstances extraordinaires de cette vie l'avaient frappée. « Ce que j'en pense, ma chère amie, c'est que c'est une chose très extraordinaire qui est arrivée au vénérable curé d'Ars, parce qu'il était un grand saint, et que le diable cherchait à tourmenter ce cher ami du bon Dieu. » — « Ah ! oui, je pense bien que je ne suis pas assez sainte pour que cela m'arrive, mais quand je n'ai pas peur pour mon lit, j'ai peur pour le lit de maman, elle est si sage, elle !... Dis-moi, ajoute-t-elle avec gravité et en baissant la voix, crois-tu que cela puisse arriver ! » J'ai pris la main de la petite théologienne et je lui ai répondu : « Vois-tu, Aurélie, quand le démon veut faire un mauvais coup, il faut qu'il en demande la permission au bon Dieu : sans cette permission il ne peut faire quoi que ce soit. Eh bien ! imagine-toi qu'il aille demander au bon Dieu la permission de brûler le lit de ta maman, tu penses bien qu'il ne l'obtiendrait pas » — « Mais il l'a bien obtenue pour M. Vianney... » J'ai pensé que la discussion pourrait aller loin, et après m'être informée si ma petite amie dormait bien, comme elle m'a répondu qu'aussitôt sur l'oreiller elle dormait profondément jusqu'au lendemain, je n'ai plus eu grande inquiétude sur l'influence que pouvait produire sur elle la crainte dont elle venait de m'entretenir.

Mais j'écris trop ! Ce qui m'excuse un peu, c'est que je n'avais pas fait mon journal depuis dix-neuf jours.

* * *

Samedi, 12 Mars.

Papa a été absent trois jours, pour un voyage dans les environs de Reims. Nous attendions son retour pour mercredi dernier seulement, mais il est arrivé à l'improviste, lundi soir. Nous étions tous retirés, j'entendais que ma chère maman était déjà endormie, mais comme j'étais un peu souffrante ces jours-ci, je n'avais pas encore pu en faire autant. Tout à coup, j'entends des pas sur le sable de l'allée. « On va sonner, me dis-je, qui est-ce ? » On n'a pas sonné, on a seulement frappé tout doucement à la porte... puis un second coup aussi léger aux volets du rez-de-chaussée. « Maman, ai-je crié aussitôt, voici papa. » En effet, c'était bien lui, il est monté sans bruit, nous a dit bonsoir tout bas, et on a été bien étonné le lendemain, à la maison, de le voir installé dès le matin.

Lorsqu'il a été retiré dans sa chambre, et que tout est rentré dans un plus profond silence encore, je me suis mise à songer à l'émotion que je venais de ressentir en entendant frapper à la porte si tard ; et tout naturellement cela m'a fait méditer sur cette parabole de l'Évangile dans laquelle Notre-Seigneur se compare au père de famille, revenant durant la nuit, quand les serviteurs devaient s'y attendre le moins. Je ne pouvais m'arracher à la méditation de cette parabole que le petit incident de la soirée venait de me rendre vraiment sensible. « Ainsi, pensais-je, voilà ce qu'est la mort pour qui-

conque y est bien préparé : un Père de famille qui
rentre tout doucement, qui trouve tout prêt ; ce
n'est pas plus effrayant que cela. »

J'ai pensé aussi à cette parole de l'Écriture
sainte : « *Je me tiens à la porte et je frappe* », et je me
suis arrêtée davantage encore à cette idée qu'à la
première. J'ai fait dans mon esprit une foule de
rapprochements pour développer cette pensée : *Je
me tiens à la porte et je frappe*. C'est le bon Dieu
qui cherche à s'introduire dans une âme, soit que
cette âme, neuve dans la vie, se trouve encore au
milieu des nuages de l'ignorance, soit qu'après avoir
vieilli dans le péché, elle se soit plongée volontairement au sein des ténèbres de l'indifférence, et
pire encore, du désespoir. Notre maison, dans mon
esprit, représentait cette âme ; du cher voyageur
je faisais l'image du bon Dieu. Or je me suis mise à
examiner les précautions qu'il avait prises pour
arriver ici, à cette heure du silence et du repos. Afin
de n'effrayer personne, il s'est bien gardé d'ébranler la sonnette : un tout petit coup à la porte, c'était
assez. Voilà comment le Seigneur s'insinue doucement dans une jeune âme par les premières bonnes
inspirations, par les pieux avis d'une mère, par tout
ce qui va au cœur et qui le touche sans le rebuter.
Voilà de même comme il poursuit le pécheur par
de suaves avertissements, lui faisant sentir que s'il
le ménage ainsi, c'est parce qu'il est toujours son
Père.

Ensuite j'ai réfléchi à une autre circonstance de

l'arrivée de papa, et j'ai fait la remarque qu'après avoir frappé une fois à la porte sans qu'on lui ouvrît il était venu donner un second coup précisément sous notre fenêtre, parce qu'il y voyait briller la lumière d'une veilleuse. Et le bon Dieu donc ! comme il sait frapper aux bons côtés ! Vous croyez que toute lueur de foi et de charité est éteinte à jamais dans une âme, et qu'elle est plongée dans le sommeil d'une mort éternelle, mais le bon Dieu, lui, qui n'éteint pas la mèche qui fume encore, il sait bien distinguer, à travers quelque fissure ouverte par le remords ou la douleur, il sait bien distinguer une lueur imperceptible qui prouve que tout n'est pas perdu : c'est alors qu'il frappe plus que jamais et sans se lasser.

Mais à toutes ces considérations, il fallait une conclusion pratique : voici celle qui m'a paru la meilleure. « Qu'ai-je fait, me suis-je dit, qu'ai-je fait dès que j'ai entendu notre cher voyageur frapper à la fenêtre ? Ai-je eu l'idée de le laisser attendre et de m'endormir sans faire attention à ce qui se passait au dehors ? Mais c'eût été vraiment impossible, j'allais même dire monstrueux ! laisser papa coucher dehors ! Et pourtant, est-ce que je réponds toujours aux inspirations du bon Dieu ?... Ah ! si je ne l'ai pas toujours fait, il faut le faire désormais et tourner au profit de mon âme cette confusion que j'eusse éprouvée au cas impossible, où, par ma faute, la porte de notre maison serait restée close.

* * *

Samedi, 19 Mars.

Dimanche dernier, nous avons eu une instruction sur les premières paroles du *Credo : Je crois en Dieu.* Preuves de l'existence de Dieu tirées : 1º de l'Écriture Sainte ; 2º de la raison ; 3º de la nature. La plus touchante partie, je trouve, c'était la dernière. Et puis, tandis que le prêtre déroulait à nos regards le majestueux spectacle de la création, nous le présentant comme un miroir de la Divinité, le soleil, ce roi de la nature, semblait répondre à sa voix : ses rayons traversaient doucement les stores et venaient dorer le crucifix du tabernacle. Que j'aimais cela ! Mais ce qui m'a réellement frappée, c'est une petite coïncidence que je n'oublierai jamais. Une fauvette, perchée sans doute sur un arbre voisin de la chapelle, mêlait son gazouillement léger aux accents de la parole de Dieu. Puis vient un moment où le prédicateur s'écrie : « Voyez, mes frères, cette multitude d'oiseaux qui peuplent la nature et publient la gloire du Créateur ! » A ces mots, la fauvette se rapproche, elle est à la fenêtre et se met à chanter de tout son petit cœur. Oh ! que cela m'a touchée ! Il me semble que je ne l'aurais pas été davantage si j'avais tout à coup entendu les Anges entonner le *Te Deum.* Oui, tandis que les Anges, prosternés autour de l'autel, gardaient un respectueux silence en entendant parler de leur Roi, cet humble petit oiseau élevait naïvement la voix pour célébrer la puissance et la bonté de Dieu. Quand le sermon a été fini, il s'est discrètement éloigné, pour ne plus nous laisser entendre, à la chapelle, que le son de la clochette.

Je parle de la clochette ; cela me fait songer que, l'autre jour, j'ai été tout particulièrement frappée par le son de la cloche de Notre-Dame du Haut. C'était tout au matin, je me trouvais dans notre chapelle, et l'on sonnait au pèlerinage les trois coups d'un trépas. J'aime extrêmement à entendre sonner les trépas au sanctuaire de Notre-Dame ; là-haut ce glas funèbre a en quelque sorte des accents joyeux : on dirait que la voix même de Marie annonce à toute la contrée qu'un de ses enfants vient de la rejoindre au ciel, et cette douce voix doit porter comme un baume dans le cœur de ceux qui pleurent une personne chère.

Je préfère à la plus belle musique du monde le son monotone d'une cloche qui prend des nuances si diverses, si délicates, quand on l'écoute avec les oreilles de l'âme. J'aime beaucoup aussi contempler une cloche dans sa tour, surtout quand elle se balance… ce mouvement qu'elle fait pour se tourner vers le ciel, puis cet autre par lequel elle obéit au lien qui la retient captive représentent parfaitement, ce me semble, les aspirations d'une âme vers sa patrie par la prière, et sa soumission à la volonté divine par le devoir.

Cette semaine nous travaillons pour habiller les enfants d'une pauvre veuve poitrinaire du village ; elles vont venir tantôt essayer leurs robes, il faut que je cesse mon journal pour m'occuper des deux petits bonnets que j'ai l'intention de leur faire. Qu'il fait donc bon travailler pour les pauvres ! Quelquefois je me suis déjà dit : « Quand on a une immense fortune, quelle douce consolation de la répandre en charités ! » Mais en y réfléchissant bien, il me semble que les grands goûtent peut-être moins que nous les fruits de l'aumône, parce qu'ils ne peuvent pas toujours la faire par eux-mêmes, et puis, parce qu'ils ont tant de superflu qu'ils ne connaissent pas le bonheur qu'on éprouve à se passer de l'utile, pour procurer aux pauvres le nécessaire. Avant-hier, maman m'a dit, en jetant un coup d'œil sur ma toilette : « Demain tu mettras un autre costume, voici une jupe que nous allons arranger pour la plus jeune des enfants. » Mon Dieu, quel bonheur d'ôter ma robe pour la donner à cette petite fille ! un bonheur incomparablement plus grand que si j'étais allée lui choisir un costume au milieu d'une garde-robe richement montée. Aussi le cœur me battait de plaisir, hier soir, à la veillée, car j'ai commencé à enlever la ceinture que je portais sur moi, j'ai décousu toutes les ruches, ôté tout le velours ; cela servira au corsage de la petite robe. Encore une fois j'étais si contente d'enlever ma ceinture que je n'avais pas la patience de détacher les épingles ; je n'avais encore rien senti de pareil.

* * *

Mercredi, 6 Avril.

Ce serait trop long d'attendre à samedi pour écrire mon journal, car il y aurait alors trois semaines que je ne l'aurais plus fait.

Nous avons eu encore des journées très froides, de la neige même. La veille de l'Annonciation, la campagne était toute blanche ; j'ai été contente de voir cela à pareil jour, car la terre semblait se revêtir de cette parure immaculée pour célébrer l'anniversaire de son alliance avec le Ciel. Je ne suis pas de l'avis de ces personnes qui trouvent la neige attristante, et qui l'appellent le linceul de la terre. Pourquoi donc voir toujours les choses du côté mélancolique ?... Moi, j'aime mieux la comparer à une robe de baptême, surtout quand le soleil verse sur elle un vrai baptême de lumière... ou bien encore, la terre peut être comparée à un berceau dans lequel la nature dort pendant l'hiver ; la neige devient alors la blanche couverture de cet immense berceau.

Voici maintenant un vrai soleil de printemps ; nous en avons profité lundi pour aller à Vesoul, maman et moi. Nous y avons reçu la bénédiction de Monseigneur, revenu de Rome pour quelques semaines. Nous nous sommes promenées dans la ville presque toute la journée, car c'était vraiment très engageant, très gai ; on voyait circuler en tous sens une foule de promeneurs, absolument comme

ces grandes nuées de moucherons qu'on remarque
à La Saulnaire quand il y a un beau soleil. Voilà
une comparaison peut-être peu respectueuse pour
les Vésuliens... c'est qu'on se plaît à retrouver
partout l'image de ce qu'on aime. Ainsi pour moi,
qui aime tant notre solitude, je trouve que les plus
grands attraits de la ville viennent des quelques
points de ressemblance qu'elle peut avoir avec la
campagne. Nous sommes restées longtemps à
l'église ; nous y étions seules, il y faisait bien bon.
Après que j'ai eu prié de tout mon cœur, je me suis
mise à considérer l'autel, et je me suis demandé
lequel était le plus heureux des cierges qui l'ornaient:
je m'étonnais d'abord que le sixième restât à sa
place, loin du tabernacle, sans envier le sort de
celui qui était tout près. Mais ensuite, j'ai pensé que
les anges eux-mêmes n'enviaient point la place des
séraphins auprès du bon Dieu, et j'en ai tiré des
conclusions pratiques applicables aux diverses
occasions où le chrétien doit se soumettre à la volonté divine.

En entrant à l'église, j'ai vu sous le portail une
pauvre femme naine, bossue, affreuse... à côté
d'elles passaient d'élégantes dames, de charmantes
jeunes filles ; elle était toute couverte de mauvaises
hardes. Je me suis arrêtée auprès d'elle, mais
n'osant pas lui offrir l'aumône, je lui ai souri.
« Tiens, me suis-je dit, peut-être que peu de personnes aiment cette pauvre créature ; moi je
veux lui montrer en passant que je l'aime et que je

prends intérêt à elle. Cette infirme étonnée m'a
souri à son tour et m'a fait un signe de tête pour
s'incliner ; j'en ai été bien aise.

* * *

Lundi, 2 Mai.

Mon journal va presque devenir un journal
mensuel. N'importe, j'écrirai quand j'aurai le
temps. Depuis quinze jours j'ai été occupée à des
travaux de couture ; mon petit bureau ne m'a servi
qu'à déposer ma boîte à ouvrage ; j'avoue même
que ma plume étant tombée à terre je l'y ai laissée
pendant quelque temps afin de ne point céder à la
tentation d'écrire, car une fois qu'on est à un ouvrage un peu long, il faut s'y appliquer exclusive-
ment si l'on veut avancer.

Je vais tout d'abord noter le plus grand événement qui soit arrivé depuis le 6 avril. A partir de
dimanche dernier, 1er mai, M. l'abbé Cheviet devient
définitivement notre Pasteur, par sa nomination
au poste qui, depuis tant d'années, était pour ainsi
dire vacant, à cause de la maladie de M. Leduc.
Notre petite paroisse n'est donc plus orpheline, et
c'est la sainte Vierge qui lui donne, le premier jour
de son mois, celui qui doit représenter auprès d'elle
le bon Dieu. J'ai toujours remarqué que les événements les plus importants nous sont arrivés pendant
le mois de Marie.

Jeudi, nous sommes allées, maman et moi, à
Lure, chez Mlles de C... qui nous avaient invitées à
assister aux exercices que l'on fait en ce moment
pour le grand Jubilé. Je voudrais noter au moins
quelques-unes de mes impressions. C'est un Père
capucin, le P. Raphaël qui prêche. Vers huit heures
du soir nous sommes entrées à l'église. L'austère
disciple de saint François montait en chaire, avec
ses pieds nus, sa grosse robe brune, sa grande barbe,
son brillant crucifix. J'ai été profondément touchée
de son exhortation, tout à la fois brûlante et onctueuse. Le mouvement qui m'a le plus impressionnée, c'est quand le prédicateur a développé la
réflexion suivante : « Nous sommes des pierres
destinées à la construction du temple céleste ; mais
comme il faut une machine pour transporter les
matériaux jusqu'au faîte d'un édifice, de même
nous avons besoin d'un secours puissant pour arriver au ciel. Eh bien ! mes frères, s'est-il écrié tout à
coup avec un geste énergique, oui, nous avons une
machine qui nous tire irrésistiblement à Dieu.
Cette machine, c'est la Croix de Jésus notre Sauveur. » En disant cela, il appuyait une main sur le
crucifix qui brillait sur sa poitrine : captif lui-même
de la divine charité, il semblait crier à tous les
hommes de venir partager un si doux esclavage.
Au moment où il a crié : « Oui, la voilà cette machine
qui nous tire à Dieu ! » j'ai fait instinctivement un
geste pour savoir si j'étais encore bien à ma place
et si rien ne me tirait, mais ensuite j'ai senti que

c'était mon cœur qui faisait un pas en avant, et je
me suis bien gardée de le retenir.

Autres impressions, maintenant. Nous avons
rencontré, chez Mlles de C..., Mme et Mlle P... qui
ont été invitées à dîner avec nous pour le soir.
Ces dames sont très distinguées. Mais je veux dire
mes impressions sur ce petit dîner de cérémonie.
Non que je veuille donner ici le résultat de mon
examen sur les convives, ce qui, après tout, n'aurait
aucun inconvénient, puisque j'ai remarqué seulement que ces dames étaient parfaitement élevées,
mais au lieu d'étudier les convives, je me suis, à
ce moment, étudiée moi-même. Quand Mlle P...
s'est assise auprès de moi, à table, mes yeux sont
tombés par hasard sur les volants de la charmante
jupe qui retombait à côté de la mienne, et j'ai vu
que c'était une toilette très soignée. Tout à coup,
je me dis : « C'est ennuyeux, peut-être voit-on la
doublure de ma poche que j'ai oublié de repasser
avant de partir. » Mais ensuite j'ai souri de moi-
même : « Ce que c'est pourtant, ai-je pensé, que ce
penchant qui nous fait toujours redouter les censures
d'autrui ! Dans quels enfantillages on peut tomber
si on ne se surveille ! Allons donc, non seulement
il ne faut pas songer à ce futile détail, mais me persuader qu'on ne fera pas plus attention à moi que
si j'étais cachée au fond de ma poche.

Après cela, comme je m'avançais un peu pour
répondre à une question de Mme P..., j'ai aperçu
de magnifiques guipures disposées sur son corsage

autour d'une jolie broche. Portant ensuite les regards sur ma bonne mère, j'ai pensé aussitôt qu'elle avait oublié de mettre la sienne, et chaque fois que je levais les yeux sur elle, ils étaient en quelque sorte choqués de voir seulement un petit bouton fermer son col. Pourtant je n'ai pas souffert ce mouvement, mais il m'a instruite, parce que jusqu'à présent, je croyais que le respect humain était chose impossible... or c'était du respect humain en petit, que j'aurais éprouvé alors si je ne m'étais surveillée au début.

Voici un bien beau mois, celui des fleurs. Nous avons eu quantité de violettes; j'en ai recueilli, plusieurs jours, pour des infusions. Le premier jour, il y avait je ne sais combien d'abeilles qui me les disputaient; j'ai engagé la discussion avec celles-ci, prétendant que mes tisanes étaient encore plus utiles que leur miel, parce que je travaillais pour les malades, tandis qu'elles butinaient pour les gourmands. Mais elles m'ont fait comprendre, ces aimables travailleuses, que parfois rien n'est plus salutaire aux malades qu'un doux rayon de miel sur leurs lèvres. Après tout, mes amies, ai-je fini par leur dire, il y a de la place pour vous et pour moi... voyez avec quelle profusion le bon Dieu a semé ces charmantes fleurs.

Oh! que j'ai écrit longuement! Je babille, il faut me taire!

* * *

Samedi, 14 Mai.

Si on me demandait quel est mon plus grand plaisir, je répondrais que je le trouve à cueillir des fleurs, par ce beau soleil de printemps, et à les déposer ensuite au pied d'une statue de la sainte Vierge. Une fois à la promenade, je m'amuse comme une enfant. Comme je faisais l'autre jour, un beau bouquet pour mettre sur la commode de maman, je me suis approchée d'une fenêtre ouverte et j'ai vu, dans la chambre de Marie la cuisinière, une statue de la sainte Vierge qui n'avait pas de fleurs. Pas de fleurs pendant le mois de mai ! J'ai couru à mon petit jardin, j'ai cueilli de belles pensées, je les ai entourées de verdure, placées dans un vase d'eau fraîche, et je suis allée sans bruit les déposer dans la chambre de Marie. J'ai pensé qu'elle serait surprise et contente, cette bonne fille, de trouver cela quand elle rentrerait le soir, et qu'elle déposerait, comme un bouquet, aux genoux de sa Patronne, la réunion de ses travaux du jour. Il me semble, et je le remarque par l'exemple de maman, qu'il faut chercher à avoir certaines attentions délicates pour les domestiques, et je pense que c'est là surtout le devoir d'une jeune fille envers les inférieures. On les trouve quelquefois plus sensibles que toute autre personne au moindre témoignage d'intérêt.

Et puis, s'il doit entrer quelque chose de maternel dans les rapports de la maîtresse de maison avec une domestique, afin de lui adoucir le service, nous autres, enfants, ne faut-il point nous rappeler que nous devons, en quelque manière, exercer le rôle de sœurs vis-à-vis d'elles. Il se présente mille petites occasions... Par exemple, on sait que la bonne est plus occupée que de coutume, qu'il y aura du monde, ou bien qu'elle aimerait à être débarrassée de son ouvrage pour aller à la messe, recevoir les sacrements... vite, on fait soi-même son lit, on arrange soigneusement sa chambre, afin que lorsqu'elle y viendra, une agréable petite surprise lui soit ménagée. Ces menus soins pris en temps opportun habituent, je trouve, à la prévoyance, et préservent de l'étourderie.

L'étourderie, c'est un vilain défaut, qui empêche d'avoir des attentions, même envers ses parents. Une attention, c'est pourtant quelque chose de si doux à offrir et à recevoir! Mais pour être agréable à la personne qui en est l'objet, il lui faut mille délicates nuances dont la combinaison en fait tout le charme. Je crois que la principale qualité d'une attention consiste dans le naturel. Et puis, les moins apparentes sont les meilleures. Ainsi, entre mère et fille, il faut que cela soit tellement simple qu'il n'y ait aucun effort, ni d'un côté ni de l'autre, comme une petite violette du cœur qu'on offre à sa chère maman, en ayant bien soin de la lui poser juste sous la main, sans qu'elle soit même obligée de se baisser pour la cueillir. Une seconde qualité des bonnes attentions, c'est l'opportunité. Enfin, je leur reconnais une nouvelle grâce quand elles s'étendent aux menus détails, parce qu'elles empruntent à ceux-ci je ne sais quoi de mignon qui les rend plus aimables.

Tiens ! quelle idée me prend donc ce matin de faire une analyse des attentions ! D'autant plus que c'est beaucoup plus difficile qu'une analyse grammaticale ou logique, ou même chimique... C'est égal, je trouve le sujet intéressant, et si j'étais philosophe, j'aimerais à décomposer une attention pour connaître tous les éléments qui la constituent.

Ce qui m'a fait penser et réfléchir à cela, c'est que, tout au matin, je suis allée comme une étourdie mêler les papiers de papa, au bureau, pour y chercher quelques timbres. Ensuite j'ai eu comme des remords, et en rangeant tout de nouveau je me disais : « Une enfant attentionnée ne doit jamais déranger les objets qui se trouvent sous la main de ses parents ; elle doit avoir bien soin que les ciseaux de bonne mère soient à la même place, sur la boîte à ouvrage, que la plume de papa ne quitte jamais l'endroit du bureau où il la met d'habitude, que les lunettes de grand-père ne se trouvent point cachées par quelque broderie posée étourdiment sur l'étui etc., etc... » Et en me faisant tous ces raisonnements, j'ai remis les timbres-poste bien soigneusement en place, pour commencer à accomplir mes bonnes résolutions.

Depuis longtemps je n'avais pas vu Mlles S... ; ces fillettes sont venues passer un jeudi avec moi. J'ai eu surtout du plaisir à revoir l'aînée qui a conservé toute la franchise qui me plaisait tant en elle quand elle était très jeune. Elle a treize ans maintenant. Comme ces trois enfants se sont donc amusées ici ! Nous avons joué à la cachette, ce que je n'avais plus fait depuis longtemps. Lorsque je me trouvais blottie derrière quelque buisson, et qu'après avoir crié *coucou !* j'avais le temps de réfléchir pendant qu'on me cherchait, je me mettais à chercher moi-même dans mon esprit quel charme les enfants peuvent trouver dans ce jeu... Je me rappelle tout ce qu'il avait d'attrayant pour moi, il y a quelques années, et je comprends encore aujourd'hui qu'il doive plaire à mes petites amies parce qu'il flatte, d'une manière bien innocente, un penchant très précieux quand on n'en abuse pas : la curiosité. Il me semble que cette inclination de l'esprit qui le porte à chercher ce qu'il ne connaît pas encore se développe dans un si salutaire exercice. Il me semble qu'après avoir bien couru à travers les jardins et les bosquets, pour découvrir la broussaille où se cache la petite sœur, on emploie ensuite la même ardeur à vaincre les difficultés qui, comme autant de broussailles, entourent les fruits de l'étude. Oh ! oui, c'est une bonne chose que les jeux vifs et animés !

Mardi et mercredi, c'étaient les anniversaires de bonne-maman et de tante Louise ; j'ai demandé à papa de me conduire au cimetière. J'en ai rapporté un bouquet de violettes et de cyprès. Si j'avais été seule, oh ! que j'aurais aimé à déposer un baiser

sur cette chère petite tombe d'Enfant de Marie,
avec sa croix blanche et sa guirlande de violettes !
Mais j'ai seulement montré mon bouquet à papa,
en lui disant tout bas : « Quelle bonne odeur ! »
Alors, comme pour en respirer le parfum, je l'ai
baisé sous le regard de nos deux saintes qui nous
contemplaient sans doute du haut du ciel. J'ai
prié papa de me laisser entrer à l'église ; j'ai pris
juste le temps de m'agenouiller devant l'autel pour
prier Notre Seigneur de bénir mon bouquet... Tout
le reste du jour, ce parfum de cyprès m'a entourée,
quand même j'avais déposé la branche au-dessus
d'une statuette de maman. Chaque fois que je
reprends mes gants pour sortir, j'y trouve le même
parfum. C'est un parfum qui fortifie le cœur au
milieu de ses regrets, puisqu'il est un symbole
d'immortalité.

* * *

Samedi, 21 Mai.

Depuis deux semaines, notre maison a servi de
presbytère : notre Pasteur y est demeuré, pendant
qu'on faisait des réparations chez lui. Il est naturel
que la présence du prêtre dans une demeure y
répande je ne sais quel doux parfum de recueillement, semblable à celui qui régnait dans la retraite
de Béthanie, quand le divin Maître allait s'y reposer.
Mais ici, où nous possédons le bon Dieu en personne,
dans le Saint Sacrement, nous avons continuelle-

ment la source même de ce parfum céleste, en sorte
que, mieux que partout ailleurs, le prêtre y trouve
l'atmosphère qui lui convient. Ce qu'il y avait de
meilleur, c'était nos soirées. A la nuit tombante,
nous nous réunissions tous à la chapelle pour le
mois de Marie : M. le Curé faisait la lecture spirituelle suivie de la bénédiction du Saint Sacrement.
Nous chantions des cantiques à la sainte Vierge.
Mon bonheur alors, c'était de m'asseoir sur le tout
petit tabouret à côté de l'harmonium, et d'écouter,
de là, les trois points de la lecture. J'avais, depuis
cette place, un coup d'œil vraiment délicieux : je
voyais d'abord le modeste auditoire qui m'édifiait
par son recueillement ; vis-à-vis, je contemplais le
petit autel de Marie tout brillant de lumière ; puis à
ses pieds, le prêtre, nous annonçant en son nom la
parole de Dieu. Après le mois de Marie, nous descen-
dions, pour prendre, plus joyeusement que de coutume, le repas du soir que bénissait notre Pasteur.
Enfin nous terminions le jour par une bonne veillée
autour de la table. Pendant que nous travaillions,
M. le Curé feuilletait des volumes de gravures religieuses, ne manquant pas de faire sur chacune d'elles
quelques saintes réflexions : j'aimais beaucoup
l'entendre ; c'était comme un bon catéchisme et cela
valait bien une homélie.

Je n'ai rien de particulier à signaler pour cette
semaine, si ce n'est le délicieux printemps qu'il
fait. Mais j'aurais tant de choses à dire là-dessus, que
je n'en finirais pas. Pourtant, je ne puis résister à

l'envie de placer ici tout simplement les mots *fleurs,
verdure, rossignols, nids, hirondelles, pâquerettes,
plus je vous vois, lilas,* parce que j'aime tant tout
cela, que leurs noms seuls me semblent charmants.
En tout, huit mots... cela ne tient pas trop de place.
Puis en les réunissant, on y trouve de quoi faire
un magnifique printemps, sans avoir besoin de
description : les fleurs dans la verdure, les rossignols
au bord des nids, les nids sur les lilas, les hirondelles
un peu partout... elles sont si gaies, si agiles... Que
faire des pâquerettes et des plus je vous vois ?
...Les mettre en couronne aux pieds de la sainte
Vierge à qui sont consacrés tous les charmes de
cette délicieuse saison que son culte embellit
encore !

* * *

Samedi, 18 Juin.

Est-ce que, par hasard, je perdrais les bonnes
habitudes ? Je ne sais comment il se fait, mais il
me coûte presque de reprendre ce cahier où je n'ai
rien noté depuis près d'un mois. C'est qu'un silence
d'un mois est trop long, et je ne puis dire tout ce
qui s'est passé pendant ce temps-là : ma tâche me
semble donc plus difficile que les autres semaines,
parce qu'elle restera incomplète.

Qu'est-ce qu'un journal, sinon le recueil des
impressions journalières ? Or, une impression doit
être écrite dans le temps même où on l'éprouve,

de même que le cachet doit être appliqué sur la cire pendant qu'elle est encore chaude. J'ai souvent remarqué qu'un délai efface ou du moins atténue une impression. Mais, est-ce choses bien précieuses que les diverses impressions produites par les événements de chaque semaine ou de chaque jour ? Est-ce chose assez précieuse pour se donner la peine de les recueillir ? Oui, certainement ; quant à moi, j'en suis avare. J'aime à les placer toutes bien soigneusement dans mon journal comme au fond d'une tire-lire... il me semble que ce sont autant de pièces d'une monnaie intellectuelle qui peuvent aider à acquérir l'expérience, et à se procurer plus tard de doux souvenirs.

Je dis que j'aime à les fixer toutes... il faut bien, cependant, l'une ou l'autre exception. Il en est de cela comme des fleurs : malgré la satisfaction que j'éprouve à les cueillir, il y en a quelques-unes que je préfère voir rester sur pied ; ou bien comme des oiseaux qui passent... ils ne sembleraient plus les mêmes si on les enfermait en cage.

Je veux noter ici la bonne visite que nous avons eue dimanche et dont je me souviendrai toujours. Une pauvre femme d'un hameau voisin est venue avec sa petite fille, pour voir maman. Sa reconnaissance si délicate et si franche, pour les aumônes qu'elle a reçues autrefois, était vraiment remarquable. Et puis, quels bons sentiments ! quelle idée juste de l'action exercée par la Providence dans tous les événements de la vie, peines et joies. Quand elle a été partie, maman était dans l'admiration, et elle appelait cette femme une perle inconnue. Ce qu'il y a de beau, surtout dans son caractère, ce sont certains contrastes de naïveté et de sagesse, de douceur et de vaillance, de grâce et de rusticité qui, au lieu de se nuire l'un à l'autre, s'embellissent mutuellement. Sous ses pauvres hardes, il me semblait la voir revêtue de la foi d'Abraham.

* * *

Samedi, 25 Juin.

Je suis gaie et réjouie, rien qu'en jetant les yeux du côté de la fenêtre, et je viens d'interrompre mon ouvrage de couture pour remercier le bon Dieu, car depuis si longtemps on demandait la pluie, et il fait une délicieuse ondée ce matin. J'entends quelqu'un dire auprès de moi : « Cela ne durera pas... cela ne sera pas suffisant. » Je n'aime guère qu'on fasse un tel accueil aux dons du bon Dieu... n'est-ce point arrêter le cours de ses largesses que de mettre d'avance en doute sa générosité ?... Cela n'est pas suffisant !... Eh bien, oui, voilà comment sont les hommes... jamais contents. Il me semble voir en même temps, la satisfaction de tous ces milliers de plantes qui couvrent la campagne, et je partage leur joie... elles ne sont pas si exigeantes, elles, au moins !... à chaque calice suffit sa goutte d'eau. Elles ne se donnent pas d'inquiétude en pensant que cela durera trop peu ; petites fleurs d'un jour, comment aurait-elles du souci au sujet du lendemain ?...

Maintenant, voici que la pluie s'arrête, et la campagne offre un tableau ravissant, parce qu'elle semble absorbée dans un hymne muet de gratitude envers le bon Dieu. Et s'il y a des hommes assez ingrats pour se plaindre encore, je me dis que le bon Dieu doit être un peu dédommagé en ayant sous les yeux ces milliers de petites fleurs qui ferment chacune leur calice pour y conserver avec un soin religieux la part que la rosée lui a faite. Une fleur qui se ferme après la pluie afin de ne point laisser échapper son trésor a, je ne sais quoi de recueilli et de pénétré qui dépeint bien la reconnaissance.

Quant aux feuilles, elles témoignent leur gratitude avec plus d'expansion. Rien de si joli que d'examiner un arbre tout ruisselant ; chaque petite feuille se penche sous le poids de sa goutte d'eau et la laisse tomber à terre comme si c'était une larme de joie, ou comme si le bienfait du ciel était trop abondant pour qu'elle puisse le supporter. Hélas ! nous en portons bien d'autres, parfois, sans que cela nous fasse tomber aux genoux de notre Bienfaiteur !

* * *

Samedi, 2 Juillet.

La plus belle partie de l'année est passée maintenant : Quelle bonne semaine de la Fête-Dieu nous avons eue ! Le premier dimanche, le Saint

Sacrement est resté exposé ici toute la journée ;
j'étais si contente que j'ai embrassé ma montre pour
lui demander de faire couler les heures plus lentement.

J'ai fait une petite couronne de boutons de roses
qui a touché l'ostensoir. Maman l'a suspendue à un
portrait du saint Curé d'Ars. Chaque fois que je
passe là, j'aime à fixer les yeux sur ce visage austère
entouré d'une fraîche guirlande de fleurs ; il me
semble y voir l'image des charmes de la vertu s'al-
liant dans la vie du saint Prêtre aux rigueurs de la
pénitence. Lorsque je m'approche pour contempler
de plus près l'expression de ces traits vénérés, je
crois y remarquer parfois une nuance d'étonnement
et de doux reproche, comme s'il voulait dire : « Otez-
moi cette guirlande... quoi, une couronne de roses
sur mon front !... Eh ! ne suis-je pas le ministre
d'un Dieu couronné d'épines ?... D'ailleurs j'ai
méprisé toutes les douceurs et toutes les jouissances
du monde dont les roses sont l'emblème. » Mais
pour cette fois, je n'écoute point le Curé d'Ars et
je lui réponds : « Saint Prêtre, lorsque vous étiez
ici-bas, vous n'aimiez, il est vrai, que la couronne
d'épines, mais depuis que vous êtes au ciel, vous
devez être habitué à en porter une mille fois plus
belle que toutes celles de la terre. Souriez donc à
mes roses, qui ne sont point des roses profanes, mais
des roses mystiques : vous y trouverez ce qui vous
est le plus cher, un baiser du bon Dieu. »

Lorsque le Curé d'Ars faisait la procession de la

Fête-Dieu, on rapporte qu'il disait aux enfants de sa paroisse : « Mes chers enfants, cachez votre cœur dans vos corbeilles, et envoyez-le parmi les roses à Notre Seigneur. » Je pensais à cela pendant l'office de dimanche dernier, et je me disais. « Le bon Dieu serait bien content si on jetait sur ses pas une pluie de cœurs, au lieu d'une pluie de feuilles de roses. C'est bien dommage de n'en avoir qu'un, mais on peut se dédommager en le lui offrant mille et mille fois, avec un amour toujours nouveau ».

* * *

Samedi, 16 Juillet.

Nous avons célébré, dimanche, la fête patronale de notre petite chapelle. Le plus doux souvenir qui m'en reste, c'est que nous avons eu deux sermons, l'un à la messe, l'autre à vêpres. Si les réjouissances profanes ont leurs festins, les fêtes religieuses ne doivent-elles pas avoir leurs banquets où l'on vienne se nourrir de la parole de Dieu ?... Pour moi, j'aime tant à écouter un sermon que je trouve dans ce bonheur une image frappante de celui du Paradis. Cette même parole qui peut s'introduire à la fois dans des milliers d'oreilles et qui produit dans chaque âme un effet différent, me fait comprendre la jouissance des élus qui sont tous remplis du même Dieu, chacun selon sa capacité.

C'est M. le Curé de Saint-Germain qui a prêché à vêpres ; nous avions eu, à la messe, une instruction de notre Pasteur. Les nuances diverses, les rapprochements, les contrastes même qu'on trouve entre deux sermons sur le même sujet ont un intérêt et une utilité dont je ne me suis jamais mieux aperçue que ce jour-là. Un prédicateur vous persuade, un autre vous entraîne; celui-ci vous prend par la raison, celui-là par le sentiment... qu'importe, pourvu qu'on soit pris... il y a des filets de toutes sortes.

Nous avons eu, l'autre jour, un orage effrayant. C'était vers neuf heures du soir. Nous étions à la chapelle... on entendait la cloche de Notre-Dame du Haut sonner d'une voix suppliante ; avec le tonnerre, cela faisait un dialogue touchant... la cloche a eu le dernier mot. »

* * *

Lundi, 1er Août.

On ne parle plus que de la guerre. Cette semaine ne se passera pas sans une bataille avec les Prussiens. Mon Dieu, que de familles affligées ! Combien de cœurs de mères dans l'angoisse ! Nous sommes allées, l'autre jour, à la chapelle de Notre-Dame du Haut. Une foule de parents désolés s'y pressaient pour recommander à la bonne Vierge leurs chers soldats. Pauvres mères, tandis que leurs enfants montent à l'assaut, elles aussi assiègent le sanctuaire de Marie ; pendant qu'ils versent leur sang, elles versent leurs larmes... on a appelé les larmes, le sang de l'âme. Arrivée à la chapelle, j'ai considéré avec émotion toutes ces mères absorbées dans leur douleur... elles serraient toutes leur chapelet... chacun de ces grains me semblait être comme un poids mystérieux inclinant le Cœur de la sainte Vierge vers leur âme brisée, et cela me faisait du bien pour elles. J'ai tiré mon chapelet, je l'ai bien embrassé et j'ai pensé tout à coup : « Ces grains enlacés sont nos boulets de canon à nous autres qui sommes trop faibles pour lutter sur le champ de bataille ; c'est par la prière, et surtout par la prière adressée à Marie, que nous éloignerons le péril et l'ennemi. » Depuis la guerre, chaque fois que je vois une pauvre femme réciter dévotement son chapelet, je me dis : « Voilà notre artillerie ! »

Il faisait délicieux, le jour où nous sommes montés à la chapelle. Nous sommes allés en voiture jusqu'au pied de la montagne. En descendant, maman, ma tante et moi, nous nous sommes reposées au cimetière dont les portes étaient ouvertes. C'est une touchante chose qu'une visite aux morts ; j'aime cela. Sur le seuil de la porte, il y avait deux vieilles femmes auxquelles nous avons fait l'aumône... Bonnes vieilles, je les ai contemplées longtemps ; elles étaient assises là, bien tranquilles, comme pour attendre que le bon Dieu leur ouvre la dernière demeure. Nous avons parcouru le cimetière et lu les inscriptions. La tombe du Curé de cette paroisse est au centre ; il est beau de voir toutes les autres tombes se grouper et s'échelonner autour de celle-là. C'est le Pasteur entouré de ses brebis ; après les avoir guidées vers les célestes pâturages, il fait, avec elles, cette halte après laquelle on se lève pour entrer dans l'éternel repos. Je me suis arrêtée surtout aux tombes des pauvres, aux tombes ignorées, sans monuments, sans inscriptions. Je sentais pour celles-là plus de respect encore, je les regardais comme des reliquaires mystérieux dont le ciel est jaloux de garder le secret. Croix de bois... croix de marbre... qu'importe, pourvu qu'en tombant en brave soldat sur ce champ de bataille, on puisse avoir la croix d'honneur. J'ai quitté avec toutes sortes de bonnes impressions ce grand dortoir des chrétiens ; je l'ai quitté comme à regret, car le silence des morts nous instruit et nous charme parfois davantage que toute l'éloquence des vivants.

UNE MÈRE RECOMMANDANT A NOTRE-DAME DU HAUT SON FILS PARTI POUR LA GUERRE

Déjà les feux du jour caressent la nature,
Voilà que tout s'éveille à leur douce lueur,
Et moi j'ai retrouvé la profonde blessure
Du cruel aiguillon qui déchire mon cœur.

Vierge sainte, ouvre-moi ton béni sanctuaire
Je cours à ton autel... oui là, je le sens bien
Si je n'ai plus de fils, je retrouve une Mère
Qui, pour me consoler, veut me donner le sien.

Tandis qu'à tes genoux, je m'enfuis dès l'aurore,
Peut-être qu'au combat il vole frémissant...
Où donc est mon soldat ? hélas ! vit-il encore ?
Moi je répands des pleurs... répandrait-il son sang ?...

Voilà que je gravis le sommet tutélaire
Où tu nous tends les bras, Notre-Dame du Haut ;
O Vierge, prends pitié du fils et de la mère :
Je monte la colline, et lui monte à l'assaut !

Mon cœur aussi combat, mais contre la nature ;
Il doit être à la fois et martyr et vainqueur :
Vois comme il est blessé... revêts-le d'une armure ;
Il faut que le devoir vainque en moi la douleur.

O Vierge, mon angoisse à la tienne ressemble ;
Montre-moi donc la croix, je ne pleurerai plus ;
Ou laisse-moi gémir, nous pleurerons ensemble
Si l'on me prend mon fils, on a pris ton Jésus !...

Je crois sentir, vois-tu, douce et tendre Madone,
Combien le casque est dur au front de mon enfant ;
Mais bien plus dure encor pour toi fut la couronne
Qui transperça le front du Sauveur expirant.

Pour le défendre, moi je n'ai que la prière :
Lorsque des ennemis gronde au loin le canon,
J'oppose à leurs boulets les grains de mon rosaire
Qu'entre mes doigts je glisse en murmurant son nom.

Mais toi, Vierge puissante, ah ! sous ta main bénie
Protège mon soldat et conserve-le moi ;
Tu lui dois ton secours, songes-y bien, Marie ;
Il combat pour la France, et la France est à toi.

Puis lorsque vient la nuit, et que tout seul il veille
Au camp silencieux comme un vaste tombeau,
Fais alors doucement vibrer à son oreille,
Dans un écho lointain la cloche du hameau.

Et redis-lui tout bas en un tendre langage
Mes constants souvenirs, mon maternel amour ;
Dis-lui que, prosterné devant ta sainte Image,
Notre Pasteur pour lui t'invoque chaque jour.

Viendrait-il à tomber sur le champ de bataille,
Jusqu'au dernier moment tu seras son soutien :
Que son dernier baiser s'attache à ta médaille,
Qu'il combatte en héros, qu'il expire en chrétien !

Oui, si de le revoir, je n'ai plus l'espérance,
Eh bien ! je me résigne au suprême départ !
Prends son âme, ô mon Dieu, j'abandonne à la France
Son corps meurtri, glacé, pour lui faire un rempart.

Mais non, tu me rendras l'enfant de ma tendresse !
Je crois le lire, ô Vierge, en ton cœur maternel,
Et bientôt transportés d'une douce allégresse,
Tu nous verras tous deux au pied de ton autel.

* * *

Samedi, 13 Août.

Nous traversons une époque où les événements politiques sont si graves que chacun s'en occupe. Nos soldats ont été vaincus, la porte de la France est ouverte, les ennemis y pénètrent. Ici même, des espions nous entourent ; nous sommes en état de siège. On a dit l'autre jour : « Les Prussiens arrivent sur Belfort au nombre de deux cent mille. » Cette fausse nouvelle a plongé tout le pays dans la consternation : les hommes se rassemblaient, les femmes pleuraient ; plusieurs familles ont pris la fuite vers la montagne. Nous n'avons avec le dehors que des communications difficiles ; les convois ne transportent plus guère que des blessés et des munitions, le service des postes lui-même est entravé.

Tous ces événements me font éprouver des impressions que je n'avais pas encore ressenties. Je m'étais imaginé, jusqu'à présent, qu'il n'y avait que les livres d'histoire pour nous faire des récits de bataille, et que les grands-pères pour nous raconter les détails d'invasion ; et quand maman me donne maintenant le journal daté du jour même, tout fraîchement imprimé, je ne puis pas me persuader que je lis des faits contemporains. C'est égal, quand même nous sommes vaincus, je me sens plus contente et plus fière que jamais d'être française, parce qu'il me semble que le bon Dieu a, pour le moment, l'œil arrêté sur la France, et qu'il s'occupe d'elle avec un soin tout spécial soit qu'il l'éprouve, soit qu'il la châtie.

Dans des moments comme celui-ci, on risque de tout perdre, même la vie, et ces effrayantes prévisions sont comme autant de baïonnettes qui menacent les habitants de la frontière : ah ! comme on se sent rassuré d'être muni d'un bouclier d'abandon à la divine Providence.

* * *

Samedi, 29 Août.

Le temps est triste, les nouvelles le sont aussi.
Nos parents d'Alsace nous écrivent des choses
navrantes sur l'invasion. Je veux mettre seulement
deux mots sur cette page : par le temps qui court,
on délaisse toute occupation de fantaisie pour
s'appliquer gravement aux essentiels devoirs. On
travaille ici, par des souscriptions, au soulagement
des blessés. Hier M. C... a écrit à papa pour lui offrir
un asile à Moutier, en cas de besoin ; sa fille Léonie
est revenue. Oh ! non, nous ne voulons pas abandonner notre Saulnaire !

Qu'ai-je à dire encore ?... C'était jeudi la saint
Louis ; la veille, une petite violette a fleuri sur la
tombe de tante Louise... je la conserve précieuse-
ment dans le reliquaire que je porte à mon cou, car
je la regarde comme une fleur du ciel, puisque celles
de la terre ne s'ouvrent plus en cette saison.

* * *

3 Septembre.

C'est affreux, ce que l'on rapporte de la profana-
tion de Marienthal ! L'église brûlée par les Prussiens ! la statue miraculeuse insultée et détruite.
Quand j'ai su cela, je suis allée trouver ma petite
Notre-Dame dans le massif de sapins, et comme

emblème de mon amende honorable, j'ai déposé à ses genoux un bouquet de pensées aux couleurs sombres et de reines-marguerites en demi-deuil que j'ai couvertes de gouttes d'eau pour signifier les larmes.

Une visite nous est venue lundi : Mme F... avec sa jeune fille. Marie a quatorze ans ; à cause de ces derniers événements, on l'a retirée du Sacré-Cœur où elle était pensionnaire. Il a plu toute la journée. Marie et moi, nous sommes restées dans ma chambre où j'ai tâché de la distraire. Elle m'a beaucoup causé, beaucoup interrogée : à cet âge où l'on n'est ni enfant, ni grande personne, le sérieux a son côté enfantin, de même que les enfantillages ont leur côté sérieux, et ce mélange produit, je trouve, un effet doux et agréable comme tout ce qui est tempéré. Ce qui m'a bien amusée, c'est quand Marie a voulu décider ma vocation. « A propos, s'écrie-t-elle tout à coup sans préambule, est-ce que tu aimerais entrer au couvent ? » — « Oh ! mais voilà une grave question ! pourquoi me demandes-tu cela ? » — « Eh bien ! ma chère, c'est que je crois que ce sera ta vocation. » Elle m'avait fait cette réponse d'un air si convaincu et avec un ton d'autorité si amusant, que je suis partie tout franchement d'un éclat de rire. Mais comme elle ne riait pas, je lui ai répondu : « Vois-tu, Marie, tout ce que je puis te dire, c'est que je regarde comme ma vocation d'à-présent le devoir de satisfaire mes parents et de devenir chaque jour meilleure : voilà à quoi l'on s'occupe à mon âge. » — « Quand est-ce que tu as fait ta première Communion ? » — « Ah neuf ans ; j'en ai dix-huit. » — « Eh bien ! tu n'as donc pas connu ta vocation ce jour-là ?... Quand on la demande au bon Dieu le jour de sa première Communion, il la découvre. » Là je me suis arrêtée un instant, pour goûter tout ce qu'il y avait de pieusement naïf dans l'argument triomphant auquel elle recourait, afin de me prouver que je ne devais pas être si ignorante. Puis, tournant contre elle ses propres armes, je lui ai dit en souriant : « Et toi, est-ce que tu l'as demandée, ce jour-là, ta vocation ? » — « Non, pas du tout, mais c'est égal, je crois bien que je ne serai pas appelée à la vie religieuse. » — « Vois-tu, Marie, ai-je fini par lui dire, tâchons seulement d'être bien sages dans notre position actuelle et abandonnons l'avenir au bon Dieu. »

* * *

10 Septembre.

Grand trouble dans tout le pays ! L'empereur fait prisonnier, nos troupes anéanties, la République proclamée, les Prussiens aux portes de Paris, nos frontières complètement envahies et ravagées, Strasbourg brûlé !... En voilà assez pour prendre note de notre position actuelle. Ici même, nous nous attendons d'un moment à l'autre à voir les ennemis. Au milieu de toutes ces secousses, notre petite

famille est aussi tranquille que possible, de cette
tranquillité qu'on puise dans la foi et dans la
soumission aux vues de la Providence. Quant à moi,
j'ai eu à lutter, cette semaine, contre le plus vif
sentiment d'angoisse que j'ai éprouvé jusqu'ici.
Mardi, les dépêches étaient si mauvaises, qu'après
les avoir lues, maman m'a dit, comme si elle venait
de prendre une grave résolution : « Ma fille, je ne
puis te garder ici, au milieu de tels dangers ; ton
père te conduira dans la famille C... et tu passeras
en Suisse le temps de l'invasion. » A cet instant,
j'ai été tellement interdite par les paroles de maman
que j'ai laissé tomber sur mes genoux la lettre que
je tenais... Moi ! quitter mes parents dans un moment de danger ! Oh ! quel chagrin ! Deux ou trois
fois déjà je m'étais demandé si j'aurais du courage,
et pour savoir où il réside je m'étais même frappé
le cœur et le front... il m'avait semblé qu'il logeait
dans le cœur... mais quant à quitter ma bonne mère
et tous mes parents pour me soustraire aux périls qui
pourraient les menacer eux-mêmes, il m'aurait
fallu pour cela une sorte de courage que je n'aurais
pu trouver dans mon cœur car celui-ci, je crois, se
serait refusé à me donner des armes que j'aurais dû
tourner contre lui. Je suis demeurée trois jours dans
cette anxiété... j'ai bien prié la sainte Vierge...
j'ai eu plusieurs fois envie d'ouvrir mon journal et
d'y mettre seulement ces mots : Maman veut m'envoyer en Suisse !... Je voyais déjà papa me quitter
à la hâte, sur la frontière... Mais enfin hier, ma chère

maman a pris une autre décision, et m'a promis que
je ne la quitterais point. Il me semble que je suis
rentrée à La Saulnaire après un long exil !

* * *

29 Octobre.

Jamais je ne suis restée si longtemps sans écrire,
quoique pourtant je n'aie jamais eu autant de
choses à raconter. Je ne sais comment faire aujour-
d'hui pour reprendre mon journal que j'ai quitté
depuis plus d'un mois... Nous nous attendions,
d'un instant à l'autre, à voir arriver les ennemis
chez nous, et de fait, nous ne devons qu'à une Providence spéciale d'avoir été préservés de leur visite.
Tout le pays a été occupé ; on en a eu vingt mille
à Luxeuil, sept mille à Lure ; pas un n'a passé ici.
Pourtant nous les attendions de cœur ferme : ce
qu'il y avait de triste, c'est que tous les habitants
se sauvaient autour de nous, ou se cachaient dans
les bois ; nous avons vu le moment où nous reste-
rions seuls dans la paroisse avec M. le Curé. Le bon
Dieu, dans ce moment d'agitation et d'angoisse,
nous a envoyé une douce consolation. Pendant trois
semaines nous avons eu l'abbé Xavier ici. De graves
événements ayant dissout sa communauté de Tou-
lon, ses supérieurs l'ont envoyé dans sa famille en
attendant que le bouleversement dans lequel nous
vivons ait cessé. Il aurait peut-être passé l'hiver
avec nous, s'il n'avait pas été accompagné par un

frère de sa Congrégation qu'il s'était engagé à conduire le plus tôt possible en Alsace. Ils sont partis mercredi dernier ; Xavier rejoindra grand'maman, mon oncle et Léon à Ribeauvillé, et ne reviendra probablement que dans deux ou trois mois au milieu de nous. Comme c'était consolant de nous grouper en famille autour de l'autel où notre missionnaire disait chaque matin la sainte Messe, et de commencer ainsi de tristes journées que nous n'étions pas sûrs de finir à La Saulnaire. Il y a eu surtout un jour dont je veux bien me souvenir : c'est celui du passage des troupes françaises. Un combat a été livré dans les Vosges, et nos pauvres braves y ont eu le dessous. Toute l'armée s'est repliée en déroute vers Belfort, et s'est arrêtée dans nos environs en passant. Pour notre part, nous en avons logé et nourri une centaine. Ils arrivaient harrassés, affamés, désespérés, tout trempés pour avoir passé la nuit à la pluie dans les forêts. Nous avions dressé de grandes tables ; on leur servait continuellement de la soupe, des légumes, de la viande, du pain, du vin... notre maison était pour ainsi dire remplie de fusils, de baïonnettes, de cartouches, de gibernes, etc..., il y en avait jusque sur l'escalier. On entendait de temps à autre au dehors un coup de clairon ou un coup de feu. Chaque fois qu'un nouveau groupe s'approchait de notre maison, papa allait au-devant d'eux, les appelait en disant : « Voici donc encore de nos amis ! entrez, Messieurs, entrez. » Alors Xavier leur ôtait leurs sacs et leurs fusils et

nous les amenait. Oh ! comme maman s'est bien
montrée en cette occasion ! Quel dévouement !
Elle était partout à la fois ! Que de bonnes paroles
elle a dites à ces pauvres fuyards découragés, tout
en les servant ! Nous avons eu un blessé qu'elle a
bien soigné, bien pansé. Chacun de nous s'est
empressé autour de ce malheureux. Quand nous
l'avons vu arriver de loin avec son visage blême et
son pas chancelant, il avait l'air de revenir de la
retraite de Russie... Il y avait quelque chose de
glacé dans cet homme : la souffrance, la privation
lui avaient ôté toute énergie ; on pouvait à peine
lui arracher quelques monosyllabes de temps à
autre... Papa est allé plus vite au-devant de lui,
Xavier a couru pour l'aider, maman m'a envoyé
préparer une bande pour sa blessure et elle est
restée longtemps à ses pieds pour le panser. Les
corridors étaient remplis d'armes et noirs de fumée
de cigares. Du matin au soir nous n'avons été tous
occupés qu'à servir les soldats.

A l'heure qu'il est, tout est rentré dans le calme.
Les Prussiens qui poursuivaient nos pauvres fuyards
ont été vaincus entre Vesoul et Besançon ; il paraît
qu'ils vont s'éloigner de notre département..

Dans cette grave situation, des exercices solennels ont été ordonnés par Monseigneur : après quatre
jours d'exposition du Saint-Sacrement dans toutes
les églises, on a fait la consécration du diocèse au
Sacré-Cœur. J'ai été bien touchée, bien émue, en
assistant à ces exercices, mais le temps me manque

pour décrire mes impressions. Du reste, j'ai beau faire, il m'est impossible de noter mes idées avec ordre... trop de choses se sont passées.

Un pieux souvenir vient se mêler à tous ces événements d'agitation : c'est celui de la dernière soirée que notre Religieux a passée avec nous. Lorsque tout le monde a été retiré, il nous a encore réunies, maman et moi, et nous avons eu les trois ensemble un dernier entretien. J'ai trouvé qu'il y avait quelque chose de solennel et de sacré dans ce mélange des paroles de zèle et de charité du Prêtre, de la douce voix d'une mère et du silence attentif d'une enfant. Le lendemain, nous avons assisté et communié à sa messe, bien avant que le jour fût venu : cela ressemblait aux catacombes.

* * *

3 Novembre.

Rien qu'un mot pour confier à mon journal l'anxiété profonde dans laquelle je suis plongée en ce moment. Une armée prussienne passe devant chez nous, se dirigeant vers Lure, et papa et maman sont à Lure depuis ce matin !... Mon Dieu, pourvu que rien ne leur arrive ! Les ennemis vont peut-être les entourer là-bas, et entrer chez nous ici... au moment où l'on aurait tant besoin d'être ensemble. Le canon gronde au loin depuis deux jours.

* * *

12 Novembre.

Papa et maman sont revenus sans encombre. Dans quel état nous sommes ! Notre département est livré aux Prussiens. Ils viennent faire presque chaque jour des réquisitions ; nous n'avons plus de lettres de nulle part et plus de journaux. Tous les ouvriers sont partis, les oiseaux nous ont quittés depuis longtemps, la neige tombe, le ciel est gris, le chemin de fer a été détruit ; sous nos fenêtres on ne voit passer que des voitures allant en réquisition ; de temps en temps le canon se fait entendre. On est triste des nouvelles qu'on apprend, et plus triste encore lorsqu'on n'en apprend point du tout ; c'est à peine si le doux son d'une cloche arrive jusqu'à nous, les Prussiens défendent de sonner. Ils nous mettent en exil dans notre propre pays.

J'ai réfléchi, hier soir, si je serais bien résignée au cas où l'on détruirait La Saulnaire, et où l'on nous chasserait après nous avoir tout enlevé... Il me semble que cela ne me ferait rien de souffrir, mais de voir souffrir ma bonne mère, je pense que ce serait très difficile... C'est égal, tout comme le bon Dieu voudra ; nous sommes parfaitement tranquilles au milieu de ce bouleversement.

Dimanche, une pauvre femme est venue. Maman et moi, nous étions seules à la maison. Bonne mère a fait asseoir la mendiante et s'est agenouillée devant elle pour lui panser le pied, et pour lui mettre des bas neufs plus chauds. Je me rappellerai toujours cette touchante scène : la pauvre femme fondait en larmes de joie, de reconnaissance et de confusion. « Vous, Madame, répétait-elle sans cesse, vous, à genoux devant moi ! » et elle se cachait le visage dans les mains. En partant, elle a pris celle de maman et la lui a baisée, puis saisissant la mienne, elle l'a appuyée aussi sur ses lèvres. C'est le premier baiser de pauvre que j'aie reçu ! je ne puis dire quelle émotion j'en ai ressentie ; toute la soirée je regardais ma main droite, comme si j'avais pu voir le trésor qui s'y était incrusté. Ce trésor, il est vrai, n'est pas à moi, puisque c'est la charité de maman seule qui me l'a valu ; mais à cause de cela même, j'y trouve un nouveau prix et une double valeur. Ce baiser d'une pauvre femme portera bonheur, ce me semble, aux travaux, aux devoirs, que ma main accomplira désormais pour les présenter à ma bonne mère. J'ai remarqué qu'elles nous a baisées toutes deux à la main droite : peut-être a-t-elle craint que la main gauche ne sût pas pourquoi, puisque en pareil cas, elle doit tout ignorer.

Eh bien ! si les ennemis nous prennent tout, ils ne nous arracheront pas du moins le baiser de cette pauvre femme !

* * *

Samedi, 3 Décembre.

Je ne voulais pas écrire mon journal aujourd'hui, parce que je n'ai rien de nouveau à dire ; bloqués

comme nous le sommes par l'armée prussienne, nous
ne quittons pas notre chère solitude et tous les jours
se ressemblent. Je veux seulement noter en deux
lignes, qu'au milieu de ce bouleversement, La Saulnaire est encore debout, et que nous n'avons pas
même vu un seul Prussien chez nous... ce serait de
l'ingratitude envers le bon Dieu si je résistais au
désir de glisser ici quelques mots pour le remercier
de la protection spéciale dont il entoure notre
famille... Il est partout, le bon Dieu... il est donc
aussi dans mon cahier de journal, et je veux que
ses divins regards y puissent rencontrer l'expression
de ma reconnaissance pour le passé et de mon confiant abandon pour l'avenir.

Le canon de Belfort ne cesse d'ébranler nos vitres.
Nous avons reçu des lettres du P. Xavier et de
Sœur Colombe (sa sœur) ; elles ont voyagé en ballon.

Nous avons de grands froids. Pour le moment
j'entends tout juste un pauvre pinson à ma fenêtre, il cause avec mon canari. Il me semble
comprendre leur dialogue : Tui ! dit le pinson, et
c'est comme s'il disait : « Je suis libre, mais j'ai
froid. » — « Tui ! » répond le serin, et c'est comme
s'il répondait : « J'ai chaud, mais je suis captif ! »

* * *

Mercredi, 4 Janvier 1871.

Je ne sais pas pourquoi on dit que les années, en
se succédant, pèsent sur nous : moi, je trouve au

contraire, que lorsqu'il y en a une de passée, cela
décharge, puisqu'on n'a qu'à la déposer aux pieds
du bon Dieu et aller en avant...

Ah ! le jour de l'an a été bien triste cette année
au milieu des ennemis dont nous sommes toujours
entourés. Le canon de Belfort ne nous laisse pas un
instant de repos. C'est bien effrayant, le canon, et
pourtant je ne me lasse pas de l'écouter. L'autre
jour, il m'a impressionnée tout particulièrement ;
j'étais dans notre silencieuse petite chapelle, avant
la messe, et on entendait distinctement tous les
coups. Je suis allée me confesser, et c'est entre deux
de ces formidables détonations que j'ai entendu la
parole : « Allez en paix. » Notre-Seigneur a bien dit :
« Je vous donne ma paix, non comme le monde la
donne ! » Je me suis relevée bien plus reconnaissante
envers le bon Dieu, et bien plus recueillie que d'habitude ; en emportant dans mon âme le trésor de
la paix, j'en sentais mieux le prix que les autres
fois. Quels pouvoirs l'Église a pourtant ! Au milieu des plus affreux bouleversements, il lui suffit
d'adresser une parole à ses enfants pour les rendre
tranquilles et heureux, et bien des impies qui jusqu'alors se riaient de ses dons, auraient beau chercher la paix maintenant, ils ne la trouveraient pas
ailleurs qu'au fond d'une âme chrétienne, où il
a introduit la grâce de l'absolution... Voilà ce que
j'ai pensé.

Je suis allée à la messe de l'aurore le jour de
Noël ; j'étais seule avec papa. Il y avait trente ans,

je crois, qu'il n'y avait pas eu d'aussi grand froid. Je me rappellerai longtemps le plaisir que j'ai eu en entrant à l'église, car j'avais si froid que je craignais presque de rester en route. Oh! que j'aime cette messe de l'aurore! En voyant la grande nappe blanche, à la table de communion, j'ai pensé aux langes du petit Jésus, et j'ai été si contente d'être venue! J'étais toute seule pour communier, parce que les autres personnes avaient assisté à la messe de minuit. Quand je me suis levée, au *Domine non sum dignus*, j'ai commencé à sentir mes genoux trembler sous moi en me voyant seule au milieu de l'église. J'ai bien vite serré la nappe de communion pour me remettre, mais je ne puis exprimer ce que j'éprouvais... j'étais tout à la fois heureuse et confuse de penser que le bon Dieu se dérangeait de son tabernacle exprès pour moi.

Le dernier jour de l'année m'a laissé de pieux souvenirs; j'ai communié le matin, et puis, le soir, quand tout le monde a été retiré, je suis venue toute seule avec une petite lampe dans la chambre où est mon pupitre et notre bibliothèque; je me suis assise tout doucement pour ne pas réveiller maman qui aurait pu m'entendre de sa chambre à coucher, et puis j'ai mis la tête dans mes mains et j'ai commencé à faire de sérieuses réflexions. Puisque nous mourons chaque jour, ai-je pensé, à plus forte raison nous mourons chaque année. Je n'ai plus que quelques heures à vivre cette année... Demain, l'an passé sera aussi loin de moi que la vie la plus longue

est loin de quelqu'un qui vient de mourir... et
toutes sortes de choses comme cela... Alors j'ai
ouvert un livre d'heures et j'ai récité tout bas les
prières des agonisants, auprès de ma veilleuse qui
avait l'air de me comprendre et d'être mourante
comme l'année. Après cela je me suis couchée plus
gaie que jamais. Le lendemain en me réveillant,
j'ai été comme surprise et je me suis dit : « Il paraît
que je ne suis pas morte, ou bien que j'ai ressuscité...
Le bon Dieu me donne la vie pour mes étrennes...
qu'est-ce que je vais lui donner, moi ?... Cette idée
de résurrection m'a fait songer au jugement... le
canon faisait tout trembler... cela pouvait imiter
les échos répétant les sons des trompettes des
Anges... Alors j'ai songé à tous les présents de
nouvelle année rangés sur la table et que nous
devions échanger entre nous, ou bien donner aux
pauvres, et j'ai pensé qu'au grand Jugement, chacun viendrait aussi avec son paquet et dirait au
bon Dieu : « Tenez, mon Dieu, voilà ce que je
vous ai préparé pendant ma vie, voilà ce que j'ai
préparé pour vous en le cachant aux vains regards des hommes ! » Et le bon Dieu, lui, ce sera
de fameuses étrennes qu'il nous donnera !... son
Paradis !... un présent préparé de toute Éternité !...

Nous avons eu beaucoup de neige ces temps-ci.
Je ne sais pourquoi, chaque fois que les premiers
flocons de neige commencent à tomber, cela me
serre le cœur en pensant qu'ils vont refroidir encore
le marbre de nos chères tombes.

Au commencement de cette année, j'ai rangé toutes mes affaires et j'ai mis mon pupitre en ordre. Maman qui l'aime tant, l'ordre, a jeté un coup d'œil sur mon buvard et m'a reproché doucement le défaut que j'ai d'y enfermer une foule de papiers écrits en tout sens. J'ai brûlé une quantité de feuilles éparses auxquelles j'avais l'habitude de confier toutes les idées qui me viennent. Maman m'a dit : « C'est un manque d'ordre ; écris tout ce que tu voudras, écris-le rien que pour toi, si tu veux, mais écris-le dans un cahier. » J'ai donc fait un petit cahier, j'y inscris mes notes bien en ordre avec une ligne de séparation entre chacune d'elles ; mais les mauvaises habitudes se corrigent difficilement, et chaque fois que je trouve un petit morceau de papier blanc, j'ai envie de lui dire quelque chose.

* * *

Jeudi, 12 Janvier.

Maman m'a dit : « Ne manque pas de faire ton journal et de tout y raconter. » Je me hâte donc d'écrire la journée d'hier, j'espère n'avoir pas beaucoup de jours comme celui-là dans ma vie. D'abord, merci mon Dieu, car vous nous avez bien protégés... Lundi, dans la matinée, nous avons entendu qu'une bataille s'engageait non loin de chez nous. Peu à peu le bruit du canon s'est rapproché ; à midi on distinguait très bien le feu des pelotons. En effet on se battait de l'autre côté de Lure.

A deux heures, papa est allé sur la route et quand il est revenu il nous a dit : « J'ai vu la fumée derrière le monticule ». Comme cela m'a fait impression. Il me semblait qu'il nous rapportait une odeur de poudre. Et tous ces malheureux blessés, donc, qui tombaient sur la neige !... Le soir on a dit : « Nous sommes vainqueurs. » Ce qui a paru confirmer les bonnes nouvelles, c'est que l'on a commencé à voir les troupes prussiennes se replier vers l'Alsace. Tout le corps d'armée a passé devant La Saulnaire mardi, et dans la nuit de mardi à mercredi. Hier matin, cela continuait toujours. En m'agenouillant pour ma prière dans notre chapelle si tranquille, et en entendant de loin gronder continuellement le canon, il m'est venu tout à coup cette idée qui ne m'avait pas encore frappée depuis que nous avions la guerre : « Quoi, me suis-je dit, il y a là des soldats qui souffrent le froid, la faim, la fatigue, les blessures et la mort pour leur patrie, et moi, pour le bon Dieu, qu'est-ce que je souffre, qu'est-ce que je fais ?... Et pourtant le bon Dieu c'est bien plus que la patrie ! » J'ai baissé la tête et j'en ai eu les larmes aux yeux. « Enfin, mon Dieu, ai-je dit, tenez, je vous l'offre ma vie, faites-en ce que vous voudrez ; qu'il m'arrive aujourd'hui ce qu'il vous plaira. » Je me suis relevée bien contente, j'ai copié des devoirs de littérature et j'ai commencé mon piano. J'avais à peine fait quelques gammes que papa est entré et a dit ce seul mot : « Ils viennent ! » puis il est reparti. Ils ! j'ai compris tout de suite et j'ai bien vite fermé mon piano. En un instant, notre pauvre maison si bien en ordre s'est trouvée sens dessus-dessous et remplie de Prussiens. Maman m'a fait signe de monter dans ma chambre ; derrière les rideaux je les voyais tous arriver. Des cavaliers chevauchaient dans les allées ; j'apercevais papa tout entouré de ces farouches hommes noirs, avec leurs baïonnetes étincelantes et leurs vilains fusils. En bas, c'était un trépignement, un cliquetis d'armes, des vociférations au milieu desquelles je distinguais de temps en temps la voix de maman. Je me suis enfuie un instant à la chapelle pour dire au bon Dieu : « Mon Dieu, ils sont là ! » Mais j'ai entendu les pas de grand-père dans le corridor et je suis allée à lui. Il avait le visage blanc comme ses cheveux. J'ai compris qu'il était trop impressionné pour rester en bas et je lui ai fait croire que j'avais peur et qu'il devrait bien demeurer avec moi. Alors il s'est tenu dans la petite chambre du milieu. A peine y était-il, que des pas lourds se sont fait entendre dans l'escalier ; des soldats, les uns ivres, les autres affamés, montaient en jurant et en criant. J'ai pensé : « Ils vont entrer ! » et j'ai serré ma médaille. Ils ont piétiné dans le corridor, ouvert la grande armoire à côté de la porte de la chambre où j'étais, et ils criaient toujours : *Brod ! Schnapps ! Speck !* (pain ! goutte ! lard !).

Et puis j'ai entendu qu'ils entraient dans le petit cabinet où je suspends mes robes ; de là ils ont gagné le bureau, en traînant après eux leurs armes

avec un fracas épouvantable. J'étais tout oreille
pour distinguer la voix de maman, dont j'avais
tant de souci, et je me fâchais contre mon cœur
qui battait trop fort pour que j'entendisse. Ils ont
tournoyé autour de la chambre, mais ne sont pas
entrés. Ils nous ont arraché tout le pain que nous
avions à la maison, ils ont pris les casseroles qui
étaient sur le feu pour notre dîner, et en ont mangé
le contenu tout brûlant avec leurs doigts ; ils ont
levé les serrures des buffets, ont fait main basse sur
toutes les provisions : plus d'œufs, plus de beurre,
plus de chocolat, et après cela ils étaient encore
furieux de n'avoir rien à manger. L'un des plus
jeunes, ayant avisé une jatte de crème, s'est mis à
y boire à longs traits, puis il a ouvert le fruitier,
a dévoré les grappes de raisin et vidé une bouteille
de vin d'Alicante, pendant que son compagnon
emballait soigneusement un rayon de miel. Il a
même, à ce qu'il paraît, mangé des cornichons qui
infusaient encore crus dans le vinaigre, et il voulait
en emporter un bocal, mais il a trouvé cela trop
embarrassant. De l'autre côté on emportait du vin,
de l'eau de cerises, de l'avoine, une couverture, etc.,
etc. Tout d'un coup, ils sont tous partis en courant
et en hurlant, et on n'en a plus revu. Quelle maison
après ! Les escaliers et les corridors tout couverts de
neige et de boue, les portes ouvertes au grand large,
les buffets transpercés à coups de baïonnettes, les
serrures à terre, des débris de toutes sortes, des
étiquettes de flacons dans tous les coins ; j'ai même

trouvé une vieille poupée qu'ils avaient traînée
hors d'un tiroir. Mais que j'ai été heureuse de revoir
après tout cela ma bonne Mère et papa calmes,
sains et saufs ! C'est qu'aussi maman a bien du
courage. Ces bandits ne sont pas allés à la chapelle
heureusement. Tante Marie s'était hâtée d'enlever
les vases sacrés et de les cacher au grenier. Ils y
sont allés, au grenier, mais ils sont descendus aussitôt, n'y ayant trouvé ni pain, ni viande. Il me semblait ensuite que les pieds me brûlaient de marcher
sur les degrés ou sur les dalles que leurs pas avaient
souillés et je regarde aujourd'hui comme autant de
sanctuaires les quelques chambres qui ont échappé
à leurs brutales perquisitions.

Il était tard quand ils sont partis, et nous n'avions
rien à manger. On n'a point dressé de couvert ; nous
avons trouvé chacun ce que nous avons pu au milieu
des débris de nos provisions dévalisées ; cela m'aurait bien amusée de dîner de cette manière, si je
n'avais pas été encore bien impressionnée de la
scène à laquelle je venais d'assister. Quelques
heures après, le bruit courait dans tout le pays que
le drapeau prussien flottait au-dessus du portail
de La Saulnaire, que nous logions la cavalerie et
que nous avions été complètement pillés. Le brave
Pierre est venu, le soir, nous offrir de partager avec
nous son pain, l'honnête homme ! Enfin la soirée
a été tranquille, nous avons tout mis en ordre, et
nous avons bien remercié Dieu de ce qu'il avait
protégé chaque personne de la famille en particulier.

Que nous arrivera-t-il aujourd'hui, demain ?
J'aime bien, à présent, la prière de Mme Élisabeth.
Moi qui avais peur des orages, en voici un très long
à traverser. Quand j'ai entendu hier tout ce tapage,
j'ai jeté les yeux autour de moi pour voir ce que
j'avais à sauver, mais je me suis écriée seulement :
« Mon Dieu, gardez bien ma bonne mère... et,
tous mes parents ! » Puis après cela j'ai détaché de
mon bénitier le petit crucifix auquel je tiens, je l'ai
serré sous mon corselet et je me suis tenue tranquille...

Je quitte mon journal : qui sait ? Peut-être
demain quelque hulan en déchirera les pages pour
allumer sa pipe !...

* * *

Jeudi, 19 Janvier.

Il n'y a encore que deux semaines que l'année a
commencé, et cependant je crois que si nous mettions
l'une au bout de l'autre la vie de chacune des personnes de la maison, nous ne trouverions-pas, dans
toute cette période, autant d'événements que dans
les quinze jours dernièrement écoulés.

J'écris dans un moment où je ne devrais guère
être disposée à le faire, car de la fenêtre que je viens
d'ouvrir on entend la fusillade, et puis les Prussiens
descendent vers Lure, occupé par les troupes françaises depuis samedi, de sorte que nous sommes
dans l'attente du premier coup de canon... Il est

dix heures du matin, le temps est sombre, chacun court de côté et d'autre ; le garde vient de descendre avec une lanterne, dans les caves voûtées de la verrerie, pour y préparer un gîte au cas où les bombes nous menaceraient trop. Je reviens de la chapelle et j'ai prié bien tranquillement et de tout mon cœur... ce que j'ai de mieux à faire maintenant, c'est d'écrire mon journal, sauf à être interrompue par un de ces terribles imprévus qui pleuvent sur nous depuis quelques jours.

Jeudi dernier, après que j'ai eu remis ce cahier dans mon pupitre, il est entré un exprès nous annonçant l'arrivée à Malbouhans de dix-sept cavaliers prussiens qui paraissaient vouloir se livrer au pillage. Nous avons jeté à la hâte quelques objets dans un placard contre lequel nous avons roulé un meuble ; un tableau dissimulait l'ouverture. J'ai rattaché mon cher petit crucifix sur moi, j'ai rangé quelques papiers, et j'ai enfoncé des fourrures derrière les livres d'une bibliothèque ; puis j'ai couru à la chapelle et j'ai dit : « Mon Dieu, c'est comme hier, ils reviennent encore ! » Une heure après tout rentrait dans le calme ; les Prussiens avaient passé devant La Saulnaire très rapidement, et n'avaient requis, au village, qu'une quarantaine de livres de pain pour leurs blessés de Ronchamp. Pauvres habitants de Ronchamp !... ils sont réduits à manger des sons délayés dans du lait... Plus de farine, plus de viande ; leurs maisons sont remplies de soldats et leurs meubles mêmes brisés et jetés au feu !

Samedi, tous les visages étaient rayonnants.
« Les Français ! les Français ! Nous allons enfin être
délivrés ! » Voilà ce qu'on a dit toute la soirée. A
quatre heures, papa est allé sur la route, et il a
entendu la fusillade d'un détachement de francs-
tireurs qui chassaient vers Ronchamp l'arrière-
garde des Prussiens, au moment où ceux-ci quit-
taient Lure et se repliaient devant les troupes
françaises.

Dimanche, le soleil s'est levé tout radieux comme
pour saluer nos libérateurs. C'était l'évangile des
noces de Cana à la messe. La parole de la sainte
Vierge : *Ils n'ont plus de vin*, m'a frappée plus que
de coutume : il me semblait que Marie représentait
à Notre-Seigneur les nécessités de la France, et lui
demandait pour nous un peu de forces, un peu de
courage, un peu de patience. « Ah ! me suis-je
écriée, le bon Dieu pourra, s'il lui plaît, changer les
malheurs de notre pauvre pays en paix et en joie,
comme il a changé l'eau en vin. Oui, c'est de l'eau
qu'il a demandée pour opérer ce miracle... touchant
rapprochement. Si la sainte Vierge lui présentait
aujourd'hui les larmes de toutes les pauvres mères,
il y en aurait bien plus, oh ! bien plus, que pour
remplir les urnes de Cana.

Après la messe, voilà tout à coup une décharge
de fusil, puis deux, puis trois, sur la route de Lure à
Ronchamp. On entend de loin la canonnade qui

se rapproche peu à peu... deux armées, chacune de cent à cent cinquante mille hommes, étaient en présence à quelques kilomètres de Chenebier.

...Je continue mon journal après l'avoir interrompu pour le dîner. Il est une heure... les troupes prussiennes ne sont pas entrées ici, et on n'entend ni canonnade, ni fusillade du côté de Lure ; il paraît qu'elles auront pris une autre route.

Dimanche donc, le bruit de la bataille s'est rapproché de plus en plus ; nous sommes allés au delà du portail, et nous écoutions cela avec une émotion que je ne puis décrire. Des groupes de curieux s'échelonnaient sur la route. A peine étions-nous rentrés qu'Augustine accourt, folle de terreur : « Voici des soldats, voici des soldats qui entrent en masse à La Saulnaire ! Je ne sais pas si ce sont des Prussiens ou des Français. » Un instant après, papa nous amenait effectivement une troupe de francs-tireurs qui lui avaient demandé un guide pour les conduire à la montagne de Notre-Dame du Haut, sur laquelle étaient postées les sentinelles prussiennes. Maman est allée au-devant de ces messieurs et leur a offert de se réconforter un peu ici en passant. Ils se sont rangés dans la cour, et papa leur a servi du pain et des liqueurs, pendant que maman s'occupait de ceux qui étaient entrés à la maison. En passant rapidement dans le corridor avec des flacons à la main, j'ai entendu un des chasseurs qui disait à l'autre : « Comptons-nous bien ! ce soir il en manquera à l'appel. » La canonnade se rapprochait toujours, et en voyant notre cour remplie de francs-tireurs, je me disais que ce serait affreux si les Prussiens de Ronchamp et de Recologne venaient les y surprendre... La petite troupe s'est remise en marche à travers la forêt de La Saulnaire, mais ayant appris que le poste prussien de la montagne était trop considérable pour se laisser surprendre, elle est revenue sur ses pas et a fait une seconde halte devant notre maison. J'ai jeté alors un regard sur notre cour, depuis la fenêtre de ma chambre et j'ai pensé : « Pauvre tranquille Saulnaire, tu n'en as jamais tant vu ! Les temps sont bien changés, n'est-ce pas ? » Le capitaine a donné un ordre, et tous les francs-tireurs se sont mis en une ligne, comme pour une procession : la troupe se déroulait depuis la fontaine jusqu'au milieu de la cour.

Ce qui m'étonne dans ces moments où il arrive des choses si extraordinaires, c'est de voir que de si vives émotions ne sont point partagées par les objets amis, quoique inanimés, qui forment notre entourage. J'exprime mal ma pensée... mais je veux dire, par exemple, que je suis toute surprise lorsque le bruit de la bataille se rapproche, ou bien que les Prussiens et les Français occupent tour à tour La Saulnaire, de voir la fontaine couler toujours de la même manière, les arbres toujours se tenir à la même place, la vieille horloge et toutes les pendules sonner toujours les mêmes heures et ne pas précipiter ni ralentir leur mouvement... Ah ! pour l'horloge, c'est différent... dimanche passé un soldat l'a heurtée, la pauvre vieille, et elle a perdu son long balancier. Au milieu de tous ces bouleversements, il me semble que rien, autour de nous, ne devrait être comme d'habitude ; mais après tout, au lieu de faire des reproches à ma vieille amie l'horloge, je suis bien plutôt forcée de la prendre pour modèle, car nous devons être si soumis à la Volonté du bon Dieu que nous ne devons pas non plus nous laisser émouvoir, outre mesure, quoi qu'il arrive. Ne portons-nous pas toujours avec nous, ou plutôt en nous, certaine horloge impressionnable qui fait toujours tic-tac, tic-tac, et qu'on appelle le cœur ?... Eh bien ! réglons-le, non à l'heure de la terre, mais au méridien du Paradis, et tout restera dans la paix, malgré les plus effrayants événements du dehors.

Il faut que je quitte mon journal pour travailler à des bandes et à de la charpie pour les blessés ; je le reprendrai demain.

* * *

Vendredi, 20 Janvier.

Je reprends mon journal d'hier. Dimanche, après le départ des francs-tireurs, M. le Curé est venu nous donner la bénédiction du Saint-Sacrement. Comme c'était touchant d'assister à cette cérémonie du soir et d'entendre en même temps les accords de l'harmonium et le bruit du canon ! Cela ressemblait au dialogue de la cloche et du tonnerre les jours d'orage... Et puis, le prêtre est monté à l'autel, il a élevé l'ostensoir en chantant *Benedicat vos !* J'ai pensé : « Le bon Dieu bénit nos soldats ! » Maman a eu la même idée, et elle m'a dit, après Vêpres, qu'elle n'avait point gardé de bénédiction pour elle, qu'elle avait tout envoyé là-bas. Comme c'est généreux, les mamans !... Moi j'ai été plus égoïste, et dans ce moment de peine et d'angoisse, j'en ai retenu ma part. Heureusement, les bénédictions du bon Dieu sont inépuisables.

Après vêpres, le calme s'est fait ; le soir, un exprès nous a apporté un paquet de lettres ; elles étaient noires et froissées, mais enfin c'étaient des lettres, choses si rares maintenant.

Lundi et mardi, le combat a recommencé, depuis environ neuf heures du matin jusqu'à la nuit. Lundi, quand nous sommes sortis tous ensemble après dîner, nous avons senti une odeur très prononcée de poudre que des bouffées d'air nous apportaient du champ de bataille. Mon premier mouvement a été un mouvement d'horreur... si je m'étais abandonnée à mon imagination, j'aurais cru marcher dans le sang !... Et puis en entendant tous ces coups de feu qui devaient tuer tant de monde, il me semblait qu'autour de moi l'atmosphère était pleine d'âmes.

Nous nous sommes avancés jusqu'à la route ; à peine y étions-nous que nous avons entendu derrière nous des pas de chevaux : c'étaient treize éclaireurs français qui montaient la côte de Malbouhans. Ce qui m'a impressionnée vivement, c'est de voir tous ces soldats s'avancer, la main sur la détente de leur carabine, toujours prêts à tirer. Mon Dieu, ai-je pensé, si seulement nous avions la même vigilance dans la voie du Ciel où nous sommes toujours entourés d'ennemis ! Les treize cavaliers se sont élancés dans la direction de Ronchamp. « Que Notre-Dame du Haut les protège ! » nous sommes-nous écriés !

Encore une autre chose qui brise le cœur. La chère petite colline au pied de laquelle La Saulnaire se cache, et que surmonte la chapelle du pèlerinage, cette colline est au pouvoir des Prussiens ! On voit, depuis ici, les sentinelles s'y mouvoir. Ainsi, dans un moment de souffrance et d'angoisse, on voudrait aller se jeter aux pieds de Notre-Dame, ce serait impossible. Oh ! qu'on a bien fait de placer au-dessus de la tourelle cette grande statue de la Vierge qu'on voit de bien loin et qui, malgré tout, nous tend les bras !

Mercredi, après la messe, une fusillade a commencé vis-à-vis La Saulnaire, entre des éclaireurs prussiens et un poste français. Une balle, dit-on, a sifflé au-dessus d'un groupe, au sortir de l'allée des vernes, non loin de notre maison. Ce matin-là, je me suis reproché quelque chose, et j'en ai eu comme des remords ; il faut que j'en fasse l'aveu dans mon journal.

En entrant dans ma chambre, à l'heure du piano, je me suis dit : « Que vais-je faire ?... car le piano on n'y songe plus. Veux-je effiler de la toile ou bien coudre des bandes pour les blessés ? » En m'adressant cette question, j'ai ouvert un livre de littérature que j'avais posé, la veille, sur mon pupitre. Le chapitre de la Rhétorique est tombé sous mes yeux, et comme c'était du nouveau pour moi, j'en ai été séduite, j'ai oublié mes bandes et ma charpie, je n'ai plus pensé à la fusillade, et pendant plus d'une heure je suis demeurée à mon pupitre, mon livre d'une main, ma plume de l'autre, m'occupant à composer divers exemples sur les figures de Rhétorique... j'ai griffonné jusqu'à midi, et j'ai rempli une page de syllogismes, de prosyllogismes, d'entymènes, de sorites, etc... Je sentais bien que je m'appliquais trop, et pourtant je continuais sans même lever les yeux, parce que j'aimais cela... Pourtant, l'heure de l'Angelus a sonné, alors j'ai jeté ma plume et j'ai couru à la chapelle. « Qu'ai-je fait ce matin pour le bon Dieu ? » ai-je pensé ; et j'ai vu que ma matinée n'avait été employée qu'à un devoir de fantaisie, ce qui était très mal à moi, surtout dans un moment de danger, dans un moment si grave où l'on mourait devant chez nous !... Je me suis promis, après, de faire l'aveu de cette faute dans mon journal.

Voilà un de mes malheureux défauts. J'aime trop à étudier, de sorte qu'une fois que j'y suis, je ne pense pas à autre chose. Comme l'étude est excellente en soi, on est d'autant plus coupable d'en abuser. Enfin je me suis bien promis de réparer ma matinée par l'après-midi.

Au moment où nous nous mettions à table, on

accourt nous annoncer un blessé... Nous avons tous jeté nos serviettes et nous sommes sortis. « Qu'il soit le bienvenu ! » a dit maman. C'était un dragon qu'une balle prussienne venait d'atteindre. On l'avait transporté chez le garde ; papa et maman y ont couru ; je suis allée dans ma chambre, et j'ai écouté et regardé depuis la fenêtre tout ce que j'ai pu voir et entendre. Un lieutenant se promenait avec agitation dans la grande allée. On est venu ici chercher du linge et un matelas ; on m'a dit que le soldat était blessé à la jambe et que le lieutenant ne voulait pas nous le confier, de crainte que les Prussiens qui nous entourent ne le fissent prisonnier. On a étendu ce malheureux sur une charrette à bras et on l'a conduit bien vite à Lure. Maman est revenue toute triste de n'avoir pu garder son blessé, et nous avons fait de la charpie le reste du jour.

Nous en faisions encore autour de la table à la lumière, et papa nous lisait, comme chaque soir, un chapitre de l'Histoire universelle, quand nous avons eu une nouvelle alerte : Au feu ! au feu !... Je ne connais pas de mot qui glace comme celui-là, et pourtant il devrait brûler au contraire. Nous avons encore tout jeté et nous sommes allés dehors. Le ciel était très rouge. Arrivés au portail, nous avons très bien vu l'incendie qui paraissait être à Clairegoutte. Jusqu'alors j'avais cru que le tocsin était ce qu'il y a de plus triste au monde ; mais j'ai senti, dans ce moment-là, qu'il était plus triste encore de voir un incendie sans entendre le son compatissant de la cloche ! En effet, nos ennemis imposent silence à tous nos clochers. C'était la première fois peut-être que se taisait la cloche de Notre-Dame du Haut qui donne toujours le signal en pareilles occasions, puisque la chapelle domine le pays. On voyait le feu s'étendre et monter dans un silence de mort. La rivière seule coulait avec un grand fracas, mais malheureusement en sens inverse du lieu où nous voyions le sinistre, de sorte qu'elle avait l'air de fuir l'incendie. Nous sommes demeurés là tristement, jusqu'à ce que la lueur ait diminué. Enfin nous sommes revenus à la maison. Il faisait très sombre, et depuis le portail on ne voyait d'autre clarté que la lampe du cabinet d'oncle Narcisse. J'aime cette heure-là, et je m'abandonne volontiers au sentiment d'intime effroi qu'elle inspire, parce que c'est, je crois, l'heure à laquelle le bon Dieu lui-même a eu peur ! L'Évangile ne nous apprend-il pas qu'en montant, le soir, au jardin des Oliviers, Jésus commença à craindre ?... *Cæpit pavere...*

* * *

Samedi, 4 Février.

C'est le 19 janvier que les derniers coups de fusil se sont fait entendre auprès de chez nous ; depuis ce temps-là tout est rentré dans un calme effrayant, et s'il était possible d'écouter le silence, nous serions devenus sourds, je crois, cette semaine. L'armée française, mise en déroute, nous a abandonnés à nos ennemis qui ne bougent plus de Lure et nous privent de toute relation avec le dehors. On ne sait rien du tout ; on craint seulement que Paris ait capitulé et que les affaires aillent très mal pour notre pauvre France.

Nous qui sommes si tranquilles et si heureux ici, toujours en famille, avec notre bonne petite chapelle dans la maison, nous souffrons d'autant plus, ce nous semble, du malheur des autres, puisque nous avons peu de chose à souffrir personnellement.

Nous avons bien célébré la fête de la Purification jeudi. En voyant le Prêtre bénir les cierges, j'ai prié le bon Dieu pour la France... N'a-t-il pas dit, le bon Dieu, qu'il n'éteindra point la mèche qui fume encore ?... J'aime beaucoup cette cérémonie de la Chandeleur, et j'aurais été très contente d'être aussi un petit cierge pour avoir une place à l'autel. La veille au soir, au moment où je venais d'éteindre la lampe depuis mon lit, j'ai longtemps songé aux deux petites colombes que la sainte Vierge devait réveiller le lendemain, dès le point du jour, pour les porter au temple ; il me semblait les voir attendre cet heureux instant, la tête sous l'aile, et j'ai pensé que c'était une leçon de recueillement et d'oraison préparatoire à la touchante fête que nous allions célébrer. Avant de m'endormir, *j'ai crié tout bas* à maman : « Quel bonheur pour le bon saint Siméon !... il n'a plus qu'une nuit à attendre ! »

J'aime bien les comparaisons ; aussi je ne sais pourquoi, en entrant à la chapelle, où plusieurs personnes étaient déjà réunies, je me suis dit : « Voilà donc notre salle d'attente. Le saint Tribunal n'est-il pas un bureau spirituel où nous recevons des billets pour aller, en chemin de fer, au bon Dieu ? Quand le prêtre nous donne l'absolution, c'est là notre billet, puis il nous souhaite un heureux voyage lorsqu'il nous dit : « Allez en paix. » Depuis la guerre surtout, je suis frappée chaque fois que j'entends : « Allez en paix » comme si j'assistais à un miracle. Puisqu'il n'y a plus de paix ici-bas, il me semble que telle parole est un rayon céleste qui tombe sur le fidèle aussi souvent qu'il s'approche du sacrement de Pénitence.

Ah ! vraiment, cette pauvre fille qui a sa mère malade et à qui maman avait pansé le pied, il y a quelque temps, est encore revenue, et c'était très touchant, car maman lui avait préparé une robe et un bonnet, et cette chère pauvre ne savait comment la remercier. Du plus loin que je l'ai vue, j'ai couru à elle et lui ai tendu la main, maman lui a dit deux ou trois fois d'entrer, elle n'osait pas, nous avons voulu la faire asseoir, elle s'est obstinée à rester à genoux ; alors bonne mère lui a préparé son paquet et lui a donné à dîner ; cette fois elle s'est assise. Elle pleurait et disait à maman : « Je ne vous retrouverai jamais ! » Avant de partir elle s'est précipitée vers maman et s'est écriée : « Pardonnez-moi, Madame, vous m'avez fait tant de bien ; il faut que je vous embrasse ! » Maman a souri, et quoique émue, elle lui a répondu ! « Eh bien ! embrassez-moi. » La pauvre femme m'a embrassée aussi sur les deux joues ; j'étais en même temps heureuse et confuse, parce que c'était un baiser du bon Dieu.

J'ai fait deux scapulaires pour Marie et Augustine ; n'ayant point d'images pour les orner, j'ai découpé des cœurs en taffetas rouge, je les ai entourés d'une guirlande de fleurs et surmontés d'un petit étendard avec le premier verset du *Magnificat*. J'ai pensé que les paroles de la sainte Vierge porteraient bonheur à celles qui les auraient continuellement sur elles.

J'écris mon journal aujourd'hui sans ordre ; c'est que j'ai une distraction qui me poursuit et que je caresse. Je vois sur la table deux nouveaux volumes à lire : c'est la *Vie de saint François de Sales* que M. le Curé vient de nous prêter, et maman m'a dit que je lui ferai la lecture tantôt ; il m'en tarde !

* * *

Samedi, 11 Février.

Depuis que tout est bouleversé autour de nous, j'éprouve souvent une impression que je n'avais pas encore eu l'occasion de ressentir : je remercie le bon Dieu de ce que les leçons et les exemples de maman m'ont appris à faire mes actions par devoir et non par goût ; il me semble qu'on ne ferait plus rien dans des moments comme ceux que nous traversons, si l'on avait été habitué à agir par caprice. Je me suis remise à étudier assidûment chaque matin, et l'après-midi est réservé à l'ouvrage manuel. Je vais achever un long travail qui m'a donné de bien bons moments ; c'est une nappe d'autel en guipure sur filet. Le dessin en est gracieux : il représente une guirlande qui serpente autour des ouvertures de mon canevas, comme la treille autour des fenêtres. Chaque fois que j'emprisonne une petite fleur entre ces délicats barreaux, j'aime à lui dire tout bas quelque secret pour le divin Prisonnier du Tabernacle.

Jeudi, il y a eu un incident que je veux noter. La petite fille d'un nouveau verrier, qui reste ici depuis quelques mois, est venue, ainsi que maman le lui avait permis, passer la matinée avec nous, ce qu'elle fera désormais tous les jeudis, pour apprendre à travailler. Moi qui aime tant les enfants, je me réjouissais, déjà la veille, de cette permission que maman lui avait donnée. A dix heures du matin, comme je me trouvais seule ici, on me l'a amenée. J'étais précisément à l'étude, et j'avais mis de côté mes dictionnaires latins pour suivre sur la carte un chapitre d'Histoire ancienne que papa traduit de l'allemand et qu'il me donne à copier. Ici, il faut que je fasse un aveu, car je tiens à noter dans mon journal certains travers humiliants, pour mieux m'en corriger. Quand j'ai entendu la petite Marie

dans le corridor, par un mouvement instinctif
j'ai caché mes livres et mes cahiers dans mon pupitre, et je l'ai attendue en posant ma broderie sur
mes genoux. Au moment où elle entrait ; j'ai jeté
un rapide coup d'œil sur l'intention qui m'avait
guidée en cela, et je me suis aperçue que je m'étais
dit secrètement : Cette enfant, en me voyant à mon
pupitre pensera peut-être : « Tiens, voilà une grande
fille qui ne sais pas encore écrire, puisque, même
le jeudi, elle fait des pages et des devoirs ! » J'en
ai été bien confuse après, quand même cela avait été
irréfléchi de ma part... d'ailleurs une telle impression était tout à la fois si frivole et si déraison-
nable qu'elle n'aurait pu supporter la réflexion.
N'importe, il n'y a pas de mal à être obligé parfois
de hausser les épaules en se regardant soi-même.

Donc, la chère enfant est entrée ; il y avait
longtemps que je n'avais vu de près une petite fille
et je caressais des yeux celle-là, à qui sa maman
avait mis un joli tablier bleu bien propre et une
résille noire qui retenait ses cheveux mieux soignés
que d'habitude. Je lui ai dit de s'asseoir près de moi,
mais voilà qu'ensuite je cherchais des yeux ma
bonne mère, et je me sentais tout intimidée de cette
petite visite. « Allons donc, me suis-je dit en me
moquant de moi pour la seconde fois depuis cinq
minutes, voilà encore la sotte timidité ; je vais avoir
peur d'une enfant qui est devant moi, au lieu de lui
causer bonnement et simplement ! » Alors je lui
ai parlé de ce que j'ai pensé devoir l'intéresser, et

j'ai été enchantée de sa petite conversation sur la classe, ses études et le catéchisme. Je lui ai donné une histoire à lire en attendant le retour de maman qui lui a appris à faire le point de tapisserie. En regardant attentivement la main de ma bonne mère guider cette petite main, je n'ai pu m'empêcher de penser : « Mon Dieu, comme elle a eu de la peine pour m'apprendre tout ce que, sans elle, je ne saurais pas, et comme il faut la dédommager maintenant, en profitant de tout ce qu'elle m'a appris ! »

Le soir, après souper, nous veillons ensemble à la salle, et grand-papa nous fait la lecture. Avant chaque veillée, je vais dans ma chambre chercher mon ouvrage, et quand je redescends, j'aime à éteindre ma bougie dans le corridor, pour mieux jouir d'un petit coup d'œil qui me donne de bonnes pensées : à travers les jointures de la porte, je vois la lueur de la lampe qui éclaire un peu l'obscurité du corridor, et j'entends de loin la causerie de mes parents ; je songe alors que sur la terre, nous sommes aussi dans les ténèbres, mais qu'à travers la porte du ciel il se glisse une lueur pour nous guider... Quelle belle veillée au Paradis ! Aussi ne s'en lasse-t-on pas, et n'y a-t-il point d'horloge qui sonne l'heure de la retraite.

Cependant il y a une autre lueur qui est réellement celle du Paradis ; je veux parler de la petite lampe qui brûle à la chapelle devant le Saint-Sacrement. Mon Dieu, que nous sommes heureux !

Il y a quelques jours, on a célébré dans notre

chapelle une messe de *Requiem* pour le repos de l'âme de notre ancien Pasteur, M. Leduc, qui a succombé à sa longue maladie l'un des premiers jours de l'an. J'ai tâché de bien prier à cette messe et je me suis dit : « Notre défunt Pasteur a répandu l'eau du saint baptême presque sur tous les fronts qui s'inclinent devant cet autel ; puisqu'il a fait couler l'onde de la grâce sur nous au moment où nous entrions dans la vie, maintenant qu'il en sort, il est bien juste que nous réunissions à son intention nos prières comme autant de gouttes d'une douce rosée qui ne pourra qu'orner sa couronne.

* * *

Samedi, 18 Février.

La semaine qui vient de s'écouler a eu vraiment quelque chose de funèbre : outre les tristes nouvelles de la guerre, il est venu de tristes nouvelles de décès, car la petite vérole exerce ses ravages autour de nous.

Il y a quelque chose que j'aime dans l'isolement où les circonstances présentes nous font vivre : notre solitude nous représente le désert de ces bons ermites dont j'aime tant à lire l'histoire dans la Vie des Saints. Tout occupée de cette idée, j'ai fait seule ma promenade de mercredi, dans le massif de sapins du verger ; j'ai ouvert la petite chapelle de Notre-Dame, et j'ai baisé au pied la statuette sur son autel de mousse. Il y avait autour de moi un silence de désert ; pour compléter le tableau auquel mon imagination m'attachait, j'ai pensé qu'il me faudrait aussi une tête de mort comme on en voit dans les grottes des cénobites, mais la cloche qui sonnait un trépas répondait d'une manière expressive à mon désir... Je me suis beaucoup réjouie à cette promenade, et ce qui m'a fait plaisir, c'est qu'en sortant du bosquet de sapins, j'ai aperçu deux corbeaux qui m'ont rappelé l'histoire de saint Antoine et de saint Paul.

* * *

Samedi, 25 Février.

Je me réjouis d'avoir commencé le Carême. Depuis longtemps je me demandais quand donc nous arriverions au dimanche des Rameaux, car le buis qui surmonte mon bénitier est bien sec, et chaque année, c'est un brai bonheur pour moi d'en rapporter un tout frais bénit de l'église, de faire connaissance avec chacune de ses petites feuilles, demandant à chacune son grain d'encens ou sa goutte d'eau bénite, lui confiant un mot de prière ou de résolution en échange.

Mercredi, jour des Cendres, je suis allée de bonne heure à l'église avec ma tante. Je me suis sentie disposée au recueillement tout le long du chemin, parce que, comme la terre était couverte d'une gelée blanche, il me semblait qu'elle avait reçu une pluie de cendres ; et puis, de tout côté dans le village, les coqs chantaient à fendre l'âme de saint Pierre, ce qui m'a rappelé que nous entrions dans un temps de pénitence. La cérémonie de mercredi avait, je trouve, quelque chose de bien touchant, en un temps de calamités comme celui-ci. Au *Memento quia pulvis es*, je me suis inclinée devant le bon Dieu avec les mêmes sentiments que si on avait couvert tous nos fronts des cendres de nos villes, de nos maisons incendiées et de nos parents morts à la guerre !

En revenant de l'Office, je me suis mise à mon pupitre ; j'y ai trouvé beaucoup de désordre, je me suis reproché mon attachement à tous ces petits papiers sur lesquels j'ai l'habitude d'écrire mes plus intimes pensées, et j'en ai enlevé une partie pour faire aussi des cendres.

* * *

Samedi, 4 Mars.

Pendant longtemps, j'ai cherché le moyen de commencer mon journal d'aujourd'hui par un P, car je suis si contente que nous ayons la paix, et le printemps encore !

Il y a quelques jours, nous avons passé de tristes moments : on avait annoncé un pillage que les Prussiens devaient faire dans notre commune, et chacun s'empressait de cacher ce qu'il avait de précieux, quand les nouvelles de la paix sont venues mettre fin à cette angoisse. J'ai aidé à remplir une caisse que nous allons rouvrir maintenant. Tant que j'y ai entassé du linge, des châles, des broderies et des manteaux, cela ne m'a rien fait au cœur ; mais quand maman m'a envoyée détacher au chevet de son lit un tableau fait avec les cheveux de grand' maman, alors je me suis senti les larmes aux yeux, et la caisse m'a semblé triste comme un cercueil. Et puis nous avons enlevé les albums de photographies, comme pour mettre à l'abri tant de personnes aimées dont nous n'avons plus de nouvelles depuis longtemps. Ce qui nous tourmentait et nous consolait tout à la fois, c'était notre chapelle. En cas de pillage, nous nous serions tous portés là, où repose notre unique trésor, le bon Dieu. Mais rien n'est surprenant comme la protection dont nous avons été environnés tout le temps de la guerre : les autres trésors, on les garde ; quant à notre Trésor à nous, c'est Lui qui nous a gardés.

Avec la paix, voici le printemps. A l'une de mes dernières promenades, j'ai été bien surprise de rencontrer deux papillons : « C'est trop tôt encore, mes pauvres petits, leur ai-je dit, vous périrez de froid. » Et puis, j'ai réfléchi longtemps à ce qu'ils pouvaient chercher, en voltigeant comme ils le faisaient, d'un brin d'herbe sèche à l'autre, car il n'y a point de fleurs. Et tout à coup il m'est venu l'idée qu'ils cherchaient quelqu'un qui louât Dieu de les avoir créés si beaux, et que c'était pour cela qu'ils étaient sortis de leur léthargie avant le temps. Alors j'ai fait une prière pour remercier le bon Dieu

de ce qu'il a créé les papillons, les fleurs et tant de
belles choses pour nous ! Ensuite j'ai dit à mes deux
petits voyageurs : « Emportez ma prière sur vos
ailes, et allez vite vous montrer à d'autres, pour
provoquer aussi leur gratitude envers la Providence.
Si les plantes ne vous donnent point de parfums,
les âmes vous donneront de l'encens, et si vous
périssez de faim et de froid en recueillant les hommages que nous rendons au Créateur, à votre occasion, vous serez de petits martyrs à votre manière.

* * *

Samedi, 11 Mars.

Nous avons la paix, mais une paix bien triste,
puisqu'on cède notre Alsace ! l'Alsace, le pays de
papa, le pays où maman a été élevée et où sont
presque tous nos parents. Quelle affreuse amputation
pour notre pauvre blessée, la France, de se sentir
arracher cette chère partie d'elle-même, et sans qu'on
ait pris soin de la chloroformer encore ! Moi qui
avais du chagrin quand je voyais couper une
branche à quelque vieil arbre de La Saulnaire, je
sens bien à présent, que je donnerais tous nos
arbres avec tout leur ombrage, et beaucoup d'autres
choses encore, pour qu'on ne nous tranchât pas
ainsi le cœur en deux, en mettant chez les ennemis
la moitié de notre famille.

Ce que j'aime le mieux dans les souvenirs de la
semaine écoulée, c'est celui d'une visite au cimetière.

J'y suis allée seule avec bon papa, et j'ai rapporté une petite branche de cyprès à maman. En allant, c'est grand papa qui a causé, et en revenant, c'est moi. J'avais gardé pour le retour les plus gais sujets de conversation, parce que je pensais bien qu'il serait content d'y aller et triste d'en revenir. Il s'est agenouillé derrière le massif de lierre, tout près de la tombe de grand'maman, et j'ai trouvé que c'était beau et consolant de voir un peu de verdure entre ses cheveux blancs comme le marbre et le marbre blanc comme ses cheveux. Personne ne me voyait ; je suis demeurée longtemps à genoux contre la petite tombe de tante Louise, j'ai caressé la croix, et je me suis souvenue d'une pensée touchante qui m'a été communiquée dernièrement. Un jour, P. Xavier, sortant de sa chambre où il avait préparé quelque sermon au pied du crucifix, m'adressa la parole. « As-tu bien senti, me dit-il, toute l'onction cachée dans ce passage du *Cantique des Cantiques* : Je me suis reposée à l'ombre de Celui que j'ai désiré... A quoi l'appliques-tu ? » — « A l'oraison et à la communion, ce me semble. » — « Oui, eh bien ! voici une autre idée qui m'est venue ; je l'applique au cimetière... regarde... il y a une croix à chaque tombe... Réjouissons-nous donc... Quand nous aurons fini notre course, nous nous reposerons à l'ombre de la croix, car nous ne désirons pas autre chose que Jésus crucifié. »

Je viens d'entendre sous nos fenêtres une fanfare prussienne, et j'en suis encore tout émue : c'est un régiment qui regagne son pays, mais qui le regagne victorieux. En entendant cette musique, j'avais le cœur bien serré, il me semble que j'aurais presque mieux aimé entendre le canon.

* * *

Samedi, 18 Mars.

Il y a certains jours où les incidents qui se succèdent sont tellement divers que le contraste en est frappant ; je le remarque surtout quand je veux les réunir dans mon journal, car ils ont l'air comme surpris de se voir les uns à côté des autres. Ainsi, samedi dernier, quand j'ai eu fermé mon cahier, il nous est arrivé trois choses bien différentes : une lettre que nous attendions depuis longtemps, une petite visite que nous n'attendions pas, et un passage de Prussiens dont nous nous serions bien passés.

La lettre venait de loin, de Ribeauvillé ; la visite venait de près, c'était M. le Curé. Quant aux Prussiens, ils n'ont passé qu'une nuit à La Saulnaire avec leurs cinq chevaux. L'un des trois soldats a prié toute la soirée, à ce qu'il paraît, pour une personne de sa famille qu'il avait laissée bien malade à la maison. Que c'est triste pourtant d'être ennemis ! Les hommes sont tous frères, et pourtant ils se font du mal sous les regards du même bon Dieu qui leur fait du bien à tous.

* * *

Samedi, 25 Mars.

Oncle Victor est venu passer deux jours avec nous. Qu'on est heureux de se revoir après d'aussi pénibles moments ! Il a dû faire une partie du chemin à pied. Je trouve qu'on est bien plus reconnaissant et bien plus touché d'une bonne visite lorsqu'elle vient de plus loin et qu'elle a dû surmonter plus d'obstacles ; c'est ce que je me disais en voyant les chaussures d'oncle Victor couvertes de la poussière de la route.

Ah ! comme les chrétiens doivent être reconnaissants aujourd'hui, jour de l'Annonciation ! Quelle visite que celle de la Divinité à notre pauvre humanité ! Comme elle vient de loin, et quels abîmes infinis elle a dû franchir... Si l'archange Gabriel avait fait *son journal* en remontant au ciel, que ce serait beau à lire !... Pourtant, l'Évangile, c'est le Journal du bon Dieu...

* * *

Samedi, 1er Avril.

Dimanche, il nous est venu une pauvre femme vieille, infirme, qui s'est assise sur une pierre devant la porte pour attendre l'aumône. Je suis allée auprès d'elle avec maman ; en me voyant elle s'est écriée : « Mon Dieu, qu'on est heureux d'être jeune ! » puis elle a soupiré profondément en ajoutant plus bas d'un air lugubre : « Voilà le soupir de la mort ! » Maman lui a répondu avec douceur, lui a donné du pain, du vin, de la viande et des vêtements, mais quant à lui donner de la jeunesse, c'eût été bien difficile. Pauvre infirme ! Si j'avais échangé mon âge d'inexpérience contre tous les mérites de sa pénible vie, je lui aurais fait beaucoup de tort au lieu de l'enrichir, et de son côté elle m'aurait fait une aumône qui l'aurait ruinée, mais je n'ai pas osé le lui dire. Seulement j'ai pris de bonnes résolutions pour la semaine qui allait commencer, afin que si, ou bientôt, ou plus tard, je viens à rencontrer cette vieille, *sans béquille*, à la porte du Ciel, nous ne soyons plus jalouses l'une de l'autre. Maman lui a parlé de l'autre vie, et lui a fait comprendre qu'il y avait des peines dans toutes les conditions. « C'est vrai, a répondu la vieille, car l'autre jour j'ai vu une dame riche, oh ! très riche, et cependant elle pleurait... bien sûr donc elle avait du chagrin, sans quoi vous pensez bien qu'elle n'aurait pas pleuré. »

Cette femme ridée, dont les haillons et les infirmités exhalaient une mauvaise odeur, s'était précisément assise entre une grande place de pensées très fraîches et une touffe de violettes qui embaumaient ; mais je me suis dit que le sacrifice de sa vie douloureusement consumée devait répandre, devant le bon Dieu, un parfum d'encens, et qu'un jour les anges trouveraient de bien plus belles fleurs pour sa couronne que celles de notre jardin.

Lundi et mardi, j'ai cueilli des violettes et planté une bordure dans mon petit parterre. Je suis toute contente et tout étonnée de revoir le printemps après un si affreux hiver ; il me semblait que les fleurs n'oseraient plus jamais sortir d'une terre foulée et humiliée comme celle de notre malheureux pays !

Mercredi, je me suis levée de bonne heure, car j'avais déposé la veille, près de mon lit, l'*Horloge de la Passion* que j'aime bien : il paraît qu'elle m'aura réveillée en me sonnant à l'oreille du cœur ; et puis le soleil est venu me trouver plus vite parce que j'ai dormi, cette nuit-là, comme le petit Moïse, sur le Nil, sans rideaux. Les voilà maintenant tout propres et tout frais, et maman vient de m'acheter un nouveau duvet bleu, je ne désire plus qu'une chose, c'est de remplacer la branche de buis qui est à mon bénitier, mais demain ce sera le dimanche des Rameaux, quel bonheur !

Eh bien ! donc, mercredi, quand j'ai été levée, j'ai ouvert l'*Horloge de la Passion*, et j'ai été si impressionnée d'y lire que Notre-Seigneur avait été vendu pour trente deniers, que j'ai pensé à cela pendant la messe et jusqu'à midi. Je me disais : « Combien je voudrais faire trente bonnes œuvres pour dédommager le bon Dieu ! » Voilà que tout-à-coup, en ouvrant mon pupitre, je trouve au milieu de mes papiers trente francs en or que papa y avait déposés pour me faire une surprise. J'ai couru raconter cela à maman qui me permettra de convertir cet argent en robes et en couronnes de premières communiantes pauvres. Voilà qui remplira bien mon but et me laissera un doux souvenir.

* * *

Strasbourg, 19 Mai 1871.

Je n'ai pas fait mon journal depuis les premiers jours d'avril. Maman veut que je le recommence. Elle a été bien souffrante, cette chère maman, et c'est précisément à cause de cela que je n'ai plus rien écrit dans mon journal ; il m'en coûtait trop de dire qu'elle n'allait pas bien.

En ce moment nous sommes à Strasbourg pour sa santé. Nous logeons à la Toussaint ; c'est un établissement où l'on reçoit les personnes qui ont des médecins à voir et un régime à suivre, et où nous avons déjà passé trois semaines il y a deux ans.

Je me réjouis beaucoup de faire mon journal. Ici, nous sommes seules ; ce sera un confident auquel je viendrai chaque jour donner des nouvelles de la santé de maman. C'est singulier comme tout ce qui tient au cœur préoccupe : il me semble que toutes les personnes que je rencontre devraient me demander si ma chère malade va mieux... je voudrais les arrêter pour leur en parler... les nouvelles d'une mère ne doivent-elles pas intéresser tout le monde ?

Une pensée m'est venue hier, mais je l'ai écartée parce qu'elle était contraire à la Volonté de Dieu : je me suis dit tout-à-coup que j'avais toujours trop plaint les enfants qui avaient leur mère malade, pour avoir mérité de voir la mienne le devenir !...

Nous avons fait le voyage d'Alsace tristement et

difficilement, les communications ne sont pas encore bien rétablies, et nos ennemis vainqueurs occupent cette belle province détachée de notre pauvre France. Nous sommes parties lundi matin de La Saulnaire. La veille, M. le Curé nous avait fait à la messe une petite instruction sur les saints Anges et nous avait expliqué comment ils nous accompagnent partout et nous protègent dans tous les dangers. J'ai mis les principales idées de ce sermon dans le sac de voyage de mon âme pour m'en servir comme d'un viatique. J'ai été bien aise de me laisser caresser par quelques blanches ailes angéliques, au milieu de cette vilaine fumée noire qu'on respire en wagon. Je ne devrais pourtant pas lui en vouloir, à cette fumée, car elle m'a servi de sujet de méditation. On répète souvent que tout ce qui n'est pas le bon Dieu passe comme la fumée ; eh bien ! il me semble qu'il y aurait une expression plus énergique et plus exacte encore : on devrait dire que cela passe comme l'ombre de la fumée. Voilà l'idée qui m'a poursuivie tout le temps que j'ai regardé, depuis la portière, la traînée grisâtre et mouvante qui courait sur la prairie aussi vite que la locomotive sur les rails.

Que de difficultés pour placer les bagages ! Les Prussiens ne s'en chargent pas ; il faut que les voyageurs les fassent caser eux-mêmes dans le convoi. C'est égal, j'étais fière et heureuse de me dire que je pouvais emporter dans mon cœur tout un *bagage* de doux souvenirs et de bonnes résolutions sans avoir besoin de billet et sans le trouver trop lourd.

Nous avons couché à Colmar, chez M. J. Nini était là ; j'ai passé la soirée avec cette aimable petite fille dont la conversation est vraiment amusante. « Que fais-tu, me disait-elle, puisque tu ne t'amuses plus aux poupées ? » — « Je travaille, je me promène, j'écris. » — « Toi, tu écris ! » — « Eh ! sans doute. » — « Mais tu ne sais pas encore écrire ? » — « Si, puisque j'écris. » — « Alors, si tu sais écrire, pourquoi écris-tu ?... »

* * *

Samedi, 20 Mai.

Voilà la première fois qu'il m'arrive de coucher dans une chambre qui ne communique pas avec celle de Maman. Ici on ne trouve pas les logements comme on les voudrait. Aussi, quoique ma chambre fût petite et chaude, elle m'a paru immense et glacée à cause du vide que j'y ai senti. Ma bonne mère ne se fiait pas à moi ; elle m'a dit en m'embrassant : « Tu feras ta prière trop longue. » Mais j'ai agi tout comme si elle eût été là, et il me semblait même qu'elle me regardait à travers les yeux d'une petite statue de la sainte Vierge posée sur la commode.

Aujourd'hui samedi, elle est mieux allée que d'habitude, ma chère maman ; nous nous sommes promenées, nous avons prié à la chapelle, nous avons écrit des lettres. Nous venons de quitter nos petites chambres pour nous installer dans un appartement commode et spacieux, où nous ne serons plus éloignées l'une de l'autre. Cependant, ce soir, quand j'ai jeté un coup d'œil sur ma journée, j'ai trouvé que j'avais été privée de privations. Alors j'ai résolu de me priver de regarder la Mère Angélique, une belle Sœur de Charité. Mais au moment même, nous l'avons rencontrée et elle nous a causé. De quoi me priverai-je donc ?... D'écrire...

* * *

Dimanche, 21 Mai.

Nous avons assisté aux offices à la chapelle. C'est beau, tous ces voiles blancs des Sœurs de Charité. On dirait une légion d'anges. De quelque côté que je me tourne, je ne vois autour de moi que des ailes.

Maman dort. Les horloges sonnent neuf heures du soir. Je ne puis dire l'impression que j'éprouve en entendant, à chaque heure, le son de tant d'horloges, surtout de celle de la cathédrale qui a un timbre si vibrant, si majestueux, que je frissonne toujours de joie chaque fois qu'il rompt le silence de la nuit ou qu'il passe par-dessus la bruyante agitation du jour pour arriver à mon oreille. Il me semble qu'il serait impossible de ne pas consacrer tout entière au bon Dieu une heure qui sonne de si haut. On dirait qu'il y a, au sommet de cette flèche perdue dans le ciel, une voix divine qui crie : « Passant, qui que tu sois, en quelque lieu que tu ailles, soit au plaisir, soit à la peine, souviens-toi de sanctifier cette portion de temps que je t'accorde encore pour acquérir les biens de l'éternité. »

A la campagne, les heures coulent moins solennelles et plus inaperçues ; les journées y sont des méditations en trois points marqués par la cloche du village à l'Angelus du matin, de midi et du soir. Je veux profiter de mon séjour en ville pour réfléchir sur le prix du temps. Ici, tous les quarts d'heure sont comptés, et qu'est-ce que la vie, sinon quelques quarts d'heure les uns au bout des autres ?...

CHAPITRE V

Les desseins de la Providence

Après le 22 mai 1871, nous voyons le journal de
Mlle Marie s'interrompre brusquement, et nous
n'avons plus pour nous guider dans notre récit que
ses notes spirituelles et quelques lettres de sa mère
qu'elle a conservées avec un religieux respect.

C'est vers cette époque qu'un directeur éclairé
écrivait à Mme Worm : « Vous êtes arrivée à ce
moment de la vie de votre enfant où vous ne pouvez
plus continuer les douces, intimes et communica-
tives confidences du passé qu'autant qu'elle le voudra bien, et ira pleinement à vous. C'est une chose
pénible, d'un côté, et qui, de l'autre, est conforme à
l'ordre de la Providence qui émancipe peu à peu les
créatures intelligentes les unes des autres ne laissant
que les liens généraux de respect, de devoir et de
relation de famille. Cela est dur, quand on a eu
plus ; mais Dieu, souverainement jaloux, tient à ne
point partager sa gloire qui consiste surtout dans la
communication et la domination de l'intelligence. Ce

qu'il faut éviter à l'âge où est votre fille, c'est de
continuer une espèce de direction d'autorité maternelle qui ne peut pas toujours subsister à mesure
qu'on avance dans la vie ; mais toutes les fois que
la confiance se maintient ou revient, il ne faut pas
la repousser. »

Il ne faudrait pas conclure que l'intimité s'atté-
nua entre la mère et la fille : on le verra dans la
suite. Mlle Marie ne cachait rien à sa mère sinon
ses souffrances et ses sacrifices, et la confiance ne lui
fit jamais défaut. Chose étrange pourtant ! elle
avoue dans ses notes intimes que l'obéissance lui
coûte, qu'il suffit qu'une chose lui soit commandée
pour qu'elle y ait de la répugnance. C'était là une
épreuve, destinée à rendre sa vertu plus méritoire,
car, elle ne cessa de manifester jusqu'à la fin de
sa vie une dépendance qu'on pourrait qualifier
d'excessive. Elle semblait avoir besoin de conseil
pour les moindres choses, alors que ses supérieures
même lui eussent souhaité plus d'initiative. N'était-
ce pas parce qu'elle voulait se vaincre jusqu'à
l'héroïsme ? Oui, pour elle la juste mesure fut
rarement suffisante, il fallait de l'héroïsme à cette
âme généreuse.

A Noël 1871, le bon Dieu rappelait subitement
à Lui, sa tante, Mlle Marie Grézely, âgée seulement
de trente trois ans. Celle-ci léguait à sa nièce le plus
consolant des labeurs, l'entretien de la petite chapelle domestique qui avait été la grande occupation
de sa vie. La jeune fille devint donc à son tour,

ainsi qu'elle l'avait chanté dans ses vers, la petite abeille de Jésus.

Si la mort de sa tante fut dure à son cœur, une autre épine plus cruelle le torturait depuis plusieurs années. La santé de Mme Worm donnait fréquemment de sérieuses inquiétudes sans espoir de prochaine amélioration. Des traitements longs et pénibles s'imposaient, et la mère et la fille durent souvent se séparer. Mais leurs âmes n'en restaient pas moins unies. « Nos pensées peuvent se rencontrer même dans la prière, écrivait Mme Worm, sans que le bon Dieu soit frustré, car si nos âmes se confondent, c'est toujours en Lui et dans la profondeur de son sein. »

D'autres fois, elle encourage sa fille a bien remplir ses devoirs de maîtresse de maison, et elle insiste pour qu'elle se fasse servir, sachant que cela lui répugne. « Commande, lui dit-elle, d'une façon claire et précise et tâche de te faire obéir. »

Il ne faut pas croire que la vie relativement retirée que menait la famille Worm à cause de sa situation à la campagne l'exemptât des soucis et préoccupations. Au contraire, une grande animation régnait souvent sous ce toit hospitalier. Après la guerre de 1870, il abrita pendant près d'une année un vénéré proscrit, M. le chanoine Rapp, vicaire général du diocèse de Strasbourg, expulsé par les Prussiens. M. l'abbé Metz, neveu de M. Worm, faisait de fréquents séjours à La Saulnaire, et M. l'abbé Worm, souvent appelé dans la Haute-

Saône par les intérêts de ses religieuses, venait aussi goûter de temps en temps quelques heures de repos parmi les siens. Ajoutez le grand nombre de ceux qui venaient solliciter secours ou conseil, et l'on ne s'étonnera pas que Mlle Marie, qui se prodiguait à tous, se plaignît doucement de perdre son recueillement.

« Je ne m'étonne pas des distractions dont tu te plains, lui écrit sa mère ; mais nous devons nous prêter aux devoirs extérieurs de l'état où nous sommes ; l'esprit intérieur n'en souffrirait qu'autant que nous nous livrerions à ces distractions. Dès lors qu'elles nous sont pénibles et que nous luttons paisiblement contre leurs atteintes et leur retour, rien ne doit nous alarmer. Quand on a été appliqué à des soins de maison, l'esprit ne perd pas tout-à-coup sa préoccupation, mais le cœur est à Dieu quand même, et se sent fort aise de ne plus trouver que Lui. Tu as bien raison, ce n'est pas la longueur de la prière qui en constitue toujours le mérite ; le temps est notre mesure à nous qui sommes bornés, mais pour Dieu qui possède un présent éternel, notre minute a peut-être autant de valeur à ses pieds que nos heures. Il ne faudrait pas exagérer la conclusion ; je ne parle, tu me comprends, que des moments où la charité, où le devoir nous prennent un temps que nous préférerions passer tranquillement auprès du Tabernacle. »

« La facilité de la prière te reviendra sûrement, l'âme a ses moments d'impuissance comme le corps quelquefois. Dieu seul a le secret de ces oscillations et nous chercherions vainement à en analyser les motifs : il faut s'en tenir strictement au devoir et marcher malgré l'obscurité qui nous environne accidentellement. »

Qu'il nous soit permis de citer encore quelques-uns de ces conseils pleins de sagesse dictés par un cœur maternel vraiment chrétien :

« Tu me demandes, ma chère enfant, comment il se fait que l'on se trompe souvent, malgré la précaution que l'on a prise de prier auparavant pour la réussite d'une entreprise... fût-ce même pour un détail de ménage. D'abord, la première raison de cela, c'est que *nous tromper* est le fait de notre pauvre nature déchue, et que nul ne peut se soustraire à cette faiblesse. Puis la prière nous obtient un secours, mais proportionné à notre aptitude à profiter de ce secours. Ainsi, l'expérience apportée par l'âge et les circonstances, contribue à former notre jugement, et nous aide à faire le meilleur choix du parti à prendre en telle ou telle occasion. Et puis, il faut raisonner ses actes, voir par après ce qui a manqué pour les rendre bons et parfaits. Dans les mille détails de la vie, impossible de ne se jamais tromper !... et je crois que le bon Dieu permet que nous nous trompions pour nous préserver de la complaisance en nous-mêmes qui nous est si naturelle malgré nos misères. »

« Mme de M... me disait en conversation qu'elle

aimait fort le surnaturel, et que les choses extraordinaires lui plaisaient. Je lui fis remarquer que si
nous avions toujours les yeux ouverts sur l'action
de la Providence, nous reconnaîtrions que tout est
surnaturel autour de nous et au-dedans, et que cet
extraordinaire qui flatte et encourage notre foi
serait une voie commune à tous, si tous savaient
en distinguer les incessants bienfaits. Et de fait,
ma fille, est-ce que le bon Dieu n'a pas eu pour nous
des attentions infinies ? Il a mis l'épreuve sur notre
chemin, c'est vrai, mais nous plaindrions-nous
quand Notre-Seigneur s'est fait notre compagnon
d'exil et qu'Il demeure sous notre toit ? »

« Tu as parfaitement répondu à ton amie quand
elle a touché le chapitre direction. Ces conversations
sur la spiritualité n'aboutissent pas à grand chose.
Tu as bien raison de garder nos réflexions entre
nous. Ne regrette pas de n'être point *poussée* par
ton directeur ; marche tranquillement et tu arri-
veras sûrement. Ce n'est pas en courant dans un
chemin qu'on arrive le mieux au terme ; gardons
tout doucement nos forces pour aller à petits pas.
Notre-Seigneur, tu le sais, nous a toujours donné
bien des grâces, le divin Maître a ses vues, nous les
étudierons, nous prierons patiemment jusqu'à ce
qu'elles nous soient bien connues. Nous arriverons
au ciel par cet humble petit chemin de l'abandon,
de la simplicité, d'une vie commune mais énergiquement fixée en Dieu. Crois moi, ma fille, demeure

bien calme, bien heureuse, Dieu te veut heureuse d'un bonheur particulier. »

« Tu me parles du calme de Mlle B... ; elle est rare cette disposition c'est vrai ; mais elle est précieuse. Cette agitation, cet enthousiasme, cette exaltation même dans la piété, tout cela autant de défauts qui certes, *ne font pas avancer dans la vertu*. Seulement l'imagination se satisfait, se nourrit de ces sentiments trop vifs, qui n'aboutissent à rien. Allons tout bonnement, tout simplement notre petit chemin, ma chère fille, et nous serons heureuses. »

« Arriver à dompter complètement l'imagination est un résultat bien désirable, mais qui n'est pas l'œuvre d'un jour ni d'une année. Du reste, il ne faut encore pas trop en vouloir à cette infatigable travailleuse, car bien dirigée, elle peut être utile. Cet entraînement dont tu te préoccupes, ma chère enfant, me semble venir du cœur plutôt que de l'esprit, et il n'est pas à regretter que tu l'éprouves ; seulement, de même que nous devons brider l'imagination, il faut aussi modérer les désirs ou les impétueux mouvements du cœur. La volonté sera toujours maîtresse de ces élans, à moins d'une action spéciale et extraordinaire qu'il plairait à Dieu d'exercer. Fais une petite morale à ton cœur, quand tu sens qu'il ne conserve pas un calme parfait, même au moment de la plus vive attraction qui le tire vers Dieu. Tu te laisses absorber par la pensée, cela est vrai, et je t'ai déjà fait remarquer que parfois cette abstraction est très prononcée et très visible. Comment remédier à ce mal ? Je ne saurais te le dire moi-même, car je suis souvent dans le même cas. Notre volonté est alors comme enchaînée à notre pensée dominante, et nous ne nous apercevons pas immédiatement que nous sommes absorbées ; d'ailleurs c'est, je pense, un défaut inhérent à notre pauvre nature, et il faut que nous prenions patience avec elle. La multiplicité de nos pensées nous prouve notre faiblesse ; quand l'intuition viendra remplacer pour nous le raisonnement, nous n'éprouverons plus aucune fatigue d'esprit. Tant que nous serons sur cette terre, il nous faudra lutter et travailler. Oui, chère enfant, je crois que le bon Dieu sera d'autant plus content de toi que tu te concentreras moins en toi-même pour vivre gaie, heureuse, pour le bonheur de tous ceux que la Providence a liés ou liera jamais à ta destinée. Chaque âme doit avoir, ce me semble un cortège d'âmes à entraîner vers Dieu. »

On le voit, vis-à-vis de Mlle Marie, la préoccupation maternelle était plutôt de retenir l'impétuosité de sa ferveur que de chercher à l'alimenter. Néanmoins, comme depuis plusieurs années déjà, cette jeune âme entendait l'appel à la vie parfaite, son directeur lui permit de faire le vœu annuel de chasteté, en la fête de l'Immaculée-Conception 1873, en attendant qu'elle pût se lier irrévocablement à l'Époux des Vierges. Elle se prépara à ce grand acte par une retraite de huit jours dont elle nota les principales impressions. Nous en citons quelques-unes qui ont trait aux vertus religieuses.

A propos de la pauvreté : Que fait en moi la grâce par rapport à la pauvreté ? J'éprouve un contentement intérieur chaque fois que je suis privée de quelque chose, et un malaise auquel je ne puis échapper dès que je suis en possession d'un objet inutile. J'ai éprouvé cela depuis le jour où, encore petite fille, j'ai eu un grand plaisir à recevoir des images, et ensuite un si cuisant remords de ce plaisir inutile, que je me suis jetée à genoux en pleurant comme si j'avais eu un grand chagrin et sans savoir ce qui se passait en moi. Peut-être était-ce déjà la grâce qui m'appelait au détachement.

Obéissance : Cette vertu ne m'est pas naturelle, et mon obéissance est souvent mélangée d'amour-propre. Cependant jamais je ne me suis repentie d'avoir obéi, et quand je le fais même avec effort, je m'en trouve toujours bien, et plus je m'humilie pour le faire, mieux je m'en trouve. Ainsi, depuis que j'ai renoncé par obéissance à ma résolution « *Ne rien faire d'agréable* » plus rien de ce que je fais ne m'est agréable ; mes actions les plus ordinaires et les plus faciles se changent en amertume et en croix pour me faire expier mes péchés comme je le désirais en prenant cette résolution. Oh ! que le bon Dieu est bon ! »

Ouvrons une parenthèse pour remarquer que si

la résolution citée plus haut était plus admirable qu'imitable, elle n'en révèle pas moins une générosité héroïque, laquelle ne pouvait être qu'agréable au divin Maître.

Chasteté. « *Unum est necessarium* » : a dit Jésus à Marthe et à Madeleine. O Jésus, c'est Vous que je vais choisir pour mon *Unum*, c'est-à-dire pour l'unique Objet de mes affections.

Pour me donner à Vous, Jésus, il faudra donc me séparer de mes bons parents, de mon excellente Mère qui la première m'a appris à vous aimer mieux que je ne l'aimais !... Ce sacrifice ne m'effraie point, parce que, comme il est au-dessus de mes forces ce sera Vous qui m'aiderez à le faire. Je vous donne mes parents, je vous donne ma mère, et je suis bien contente que ce soit un moyen de vous donner beaucoup, puisqu'en me donnant moi-même je ne vous donne rien...

Jésus-Hostie, je veux être à mon tour votre aliment, comme le bois, l'huile, la cire sont l'aliment du feu ; c'est-à-dire que je veux me laisser détruire et transformer en Vous par l'effet de bonnes communions...

Fruit de ma retraite et de mon vœu : C'en est fait, je suis à Jésus ! Ce n'est plus le temps de délibérer mais d'agir. Jésus a donné huit jours de fête à mon âme ; il faut maintenant qu'elle entre dans la vie pratique et qu'elle ne songe plus qu'à remplir ses devoirs quotidiens pour l'amour de Celui auquel elle s'est unie, et sous son seul regard « *Mon bien-*

aimé est à moi et je suis à mon bien-aimé et Lui se tourne vers moi ! » Rappelle-toi, mon âme, que le corps que tu habites est la maison de Jésus, ou plutôt sa tente, car nous sommes en exil, et que tu ne dois admettre rien d'autre que Lui dans le sanctuaire de notre cœur. Rappelle-toi que si Jésus gagne ta vie dans le Saint-Sacrement, tu dois de ton côté tenir tout en ordre dans sa petite maison, dans sa petite chambre, afin qu'il soit toujours content quand Il s'y repose. O mon Dieu ! veux-je effacer ces lignes !... puis-je vous parler avec une telle familiarité !... mais vous l'avez voulu !...

J'ai une foule de défauts qui empêchent que mon union avec Notre-Seigneur soit aussi complète que Lui et moi nous le désirerions ; mais c'est à Lui désormais de m'aider à détruire ces défauts. O amour-propre, je t'ai donné un Maître ! O mon Roi Jésus, tuez ce méchant ennemi, l'amour-propre !

Il y a beaucoup de choses que je sens que je ne fais pas bien et pour lesquelles je ne sais pas comment m'y prendre. J'espère que Jésus m'éclairera quand Il verra que je tâche de faire le mieux possible les choses que je sais lui être sûrement agréables.

Ne me permettre aucune négligence dans mes devoirs, de peur que mon vœu ou ma vocation n'en souffre ; aimer la vie cachée ; dans mes rapports avec le monde, me faire un rempart de mon vœu sans contention ni frayeur, puisque je ne serai plus seule mais avec Jésus qui me gardera ; détester la toilette ou du moins n'attacher aucune valeur à celle que je dois faire par obéissance ; n'accorder à mon corps les soins nécessaires qu'en vue de le préparer à mieux souffrir pour Jésus ; voilà je pense, quelles sont mes nouvelles obligations. Mais je veux les réunir dans une seule résolution : J'ai lu dans le P. Nouet cette belle pensée que Madeleine convertie s'attacha tellement à Notre-Seigneur qu'elle devint son ombre. Eh bien, *je veux désormais me rappeler que je dois être l'ombre de Jésus.*

L'ombre n'est rien par elle-même, elle ne subsiste que par le corps auquel elle est unie : *Vivo, jam non ego ! vivit in me Christus !*

L'ombre est la chose à laquelle on fait le moins attention en abordant quelqu'un ; elle se laisse fouler aux pieds : *Ama nesciri et pro nihilo reputari.*

L'ombre n'a d'autre mouvements que ceux que lui donne le corps qu'elle suit : *Non mea voluntas, sed tua fiat !*

Enfin, rien ne peut détacher l'ombre du corps ; elle le suit partout : « *Quand vous vous serez donnée à Jésus*, m'a-t-il été promis, *il n'y aura plus rien entre vous deux.* » Ces mots resteront gravés dans mon âme.

O Jésus, j'espère qu'un jour vous conduirez votre pauvre petite ombre au Carmel. Quand vous voudrez... Je ne compte que sur Vous. Je ne désire que suivre tous vos mouvements par la fidélité à la grâce et l'obéissance à mes Supérieurs.

En attendant ce moment tant désiré, elle aimait
à répéter les vers suivants qu'elle avait composés :

LE SECRET ENTRE JÉSUS ET MON AME
BONHEUR DE LA VIE CACHÉE

C'est un secret d'amour, un secret tout de flamme :
Il m'a donné son cœur, je lui livre le mien ;
C'est Lui seul que je veux, Lui seul que je réclame !...
O Jésus sois mon Tout sans qu'on n'en sache rien.

O solitude heureuse, ô bien-aimé silence,
Vous m'unissez à Lui par le plus doux lien ;
Mais si je dois parler, c'est à Lui que je pense,
Car Jésus est mon Tout sans qu'on n'en sache rien.

Pour gagner son banquet je devance l'aurore,
Puis quand je l'ai reçu, mon Amour, mon seul Bien,
Je cache aux vains regards le feu qui me dévore,
Et Jésus est mon Tout sans qu'on n'en sache rien.

L'abeille, au point du jour, s'envole vers la rose ;
Moi je vole au devoir... Jésus est mon soutien.
On croit que je travaille, en Lui, je me repose :
Il est vraiment mon Tout sans qu'on n'en sache rien.

Et puis quand vient la nuit, à l'heure où l'on sommeille
Contre mon cœur encor je sens battre le sien,
Et sa divine voix murmure à mon oreille :
Je veux être ton Tout sans qu'on n'en sache rien.

Malgré son amour pour la vie cachée, Mlle Marie

ne vivait cependant pas en recluse dans la demeure de ses parents. Toutes les personnes de sa famille étaient heureuses de la posséder à leur tour. Chaque année elle allait passer quelques jours chez son oncle, M. l'abbé Worm, qui l'affectionnait beaucoup et dirigeait sa conscience. Les Sœurs de la divine Providence voyaient toujours avec édification la pieuse demoiselle que jadis elles admiraient, lorsque, étant petite fillette, elle faisait déjà d'un air très sérieux sa méditation dans leur chapelle. Une ancienne élève de leur pensionnat se rappelait longtemps après s'être échappée de la récréation avec ses compagnes pour aller jouir de ce spectacle.

Quelquefois c'étaient des amies qui réclamaient sa présence. Mlle Marie devait alors se faire véritablement violence pour quitter sa chère solitude. « J'éprouve à ce sujet une vive répugnance, écrit-elle, et à n'envisager la chose que superficiellement, je croirais cette répugnance produite par mon attrait pour la solitude et je m'y complairais. Mais, mon âme, mettons bien à nu les défauts qui se déguisent en prétendues vertus pour entrer dans nos intentions. Je n'aime point à faire ce voyage : 1° *Par égoïsme*, ne cherchant point à rendre la piété aimable aux autres en me dérangeant pour les visiter ; 2° *Par orgueil*. L'excessive timidité qui nous fait craindre la société de nos semblables, qui arrête sur nos lèvres les paroles de charité que nous devrions leur adresser et qui change ainsi nos délassantes récréations en vraie torture, cette excessive timidité ne peut-être qu'un fruit de l'orgueil qui veut briller en tout, et craint outre mesure d'être désapprouvé dans ses paroles et ses démarches ; 3° *Par paresse.* J'aime ma tranquillité, et un voyage qui intervertit l'ordre de mes habitudes m'ennuie. » Après s'être ainsi humiliée Mlle Marie ajoute : « Je veux donc sanctifier ce voyage en y observant la gaîté, l'humilité, la prière. L'humilité sera comme un bouclier qui me préservera des dangers que peut avoir, pour la piété et la vocation, une vie de distractions. Privée de mes exercices ordinaires, je me rappellerai qu'une seule chose est nécessaire : Dieu, et je me réjouirai d'emporter le bon Dieu partout dans mon cœur.

Après le retour. Je veux noter un petit souvenir spirituel de mon voyage. *Une seule chose est nécessaire, Dieu,* avais-je écrit à la fin de mes dernières résolutions. Quelques jours après, j'assistai à un sermon allemand auquel je ne comprenais rien. Mon Dieu, dis-je, parlez-moi vous-même. Comme je faisais cette prière, le Prédicateur s'écria en français : *Dieu seul !* et il le répéta plusieurs fois. Oh ! ce petit *Dieu seul !* m'a fait plus de bien que le plus long discours !

Mlle Worm avait cependant une amie dont la société lui plaisait extrêmement : c'était Mlle Pauline Pernet qu'elle connaissait depuis l'âge de cinq ans et qui lui disait souvent : « Tu es ma meilleure amie parce que tu me dis la vérité. » Mlle Marie lui rendait bien son affection. Voici comment elle en parle dans son journal spirituel : « Une jeune fille de mon âge qui m'est bien supérieure par ses brillantes qualités se trouve lancée dans le monde dont les plaisirs ont beaucoup d'attraits pour elle. Et cependant, d'après certaines confidences qui lui sont échappées, j'ai deviné plusieurs fois que Dieu disputait au monde ce cœur doué de sentiments nobles et délicats. Au mois de janvier dernier, apprenant qu'elle songeait à prendre une détermination importante pour son avenir, je me suis sentie poussée à prier la sainte Vierge qu'elle lui ôtât le désir de s'établir dans le monde et qu'elle lui donnât la vocation religieuse. Depuis le jour de sainte Agnès, patronne des Vierges chrétiennes, jusqu'à la même date du mois suivant, j'ai consacré un quart d'heure à mon amie chaque jour. J'offrais un acte et des prières à son intention. Aujourd'hui (juillet 1874) j'apprends que cette jeune fille tant aimée de ses parents et admirée par une brillante société songe à tout quitter pour se faire religieuse, mais qu'on se moque d'elle et qu'elle hésite encore. Oh ! comme je vais recommencer à prier pour elle !... Et j'avais demandé à la sainte Vierge, comme signe de ma vocation à moi, celle de cette amie. »

Jésus devait exaucer les prières de sa petite servante. Mais Il se plaisait quelquefois à se cacher à son âme pour se faire chercher avec plus d'ardeur. Le 8 décembre 1874, elle attendit en vain la permission de renouveler son vœu de chasteté, et grande fut sa douleur. « Oh ! dit-elle, comme il faut que je profite bien des quelques heures de la soirée et de la nuit pendant lesquelles je puis être encore, en vertu de mon cher vœu, l'épouse de Jésus !... Demain mon bonheur m'échappera et je ne serai plus que sa servante. Eh ! quoi, on ne peut tenir à rien en cette pauvre vie... pas même à un lien qui attache à Jésus !... Il n'y a qu'une chose qui ne manque jamais, la *Volonté de Dieu !* que cette adorable Volonté détruise donc tout en moi, et qu'elle y règne en se faisant un trône des débris de ma volonté propre. »

Jésus se laissa toucher par cette humble soumission, et à Noël renoua avec son épouse des liens qui ne devaient plus être rompus.

L'année 1874 avait été marquée d'une autre épreuve, Mlle Marie a parlé plusieurs fois dans son journal de son cousin le R. P. Xavier.

Ce jeune missionnaire avait une âme d'élite qui vibrait à l'unisson de celles de Mme Worm et de sa fille, au point que ces dames, s'étant pieusement surnommées *Fides et Spes,* lui avaient décerné le nom de *Charitas.* Ils aimaient à s'exciter mutuellement à l'amour de Dieu, et ils mettaient leurs bonnes œuvres en commun pour la conversion des infidèles. Hélas ! le jeune prêtre ne devait jamais connaître les pays lointains. Un refroidissement lui occasionna une maladie de poitrine à laquelle il succomba. Il avait écrit peu auparavant : « Mon Jésus, je veux mourir à la terre pour vivre au Paradis. *Justus florebit sicut lilium ante Dominum.* Le lis a son calice étroitement fermé du côté de la terre et lar-

gement ouvert du côté du ciel. Jésus, qui aimez les
lis, mon cœur sera votre lis ! Vous aimerez votre
petite fleur, vous la placerez sur votre Cœur ! Je
veux mourir sur la Croix pour être avec Jésus ! »

La croix ne quittait guère la demeure où Jésus
régnait en Maître. L'état de santé de Mme Worm
était un perpétuel obstacle au départ de sa fille
pour le cloître, et celle-ci, cachant en son âme son
intime souffrance, se dévouait sans réserve pour les
siens. Son grand'oncle M. Narcisse, réclamait alors
des soins assidus. La goutte dévorait ses pieds et ses
mains dont les phalanges des doigts se détachaient
les unes après les autres. Rien ne rebutait le courage
de Mlle Marie, et la grâce épurait ce qu'il y aurait
pu avoir de trop naturel dans son dévouement.
« Garde-malade avec ma bonne mère d'un membre
de notre famille, écrit-elle, c'est auprès de ce vieillard infirme que je passe la plus grande partie de
mon temps. Mais je remarque de grosses touffes
d'ivraie dans la moisson de sacrifices que j'ai faite
le mois dernier, et je veux que le mois prochain il
n'en soit pas ainsi. En me mettant de tout mon cœur
à soigner notre malade, je me suis attachée à cette
mission de telle sorte que je devenais jalouse des
personnes qui la remplissent avec moi et mieux que
moi. Il y a là évidemment une racine d'amour-
propre. Me tenir aux pieds d'un homme couvert de
plaies, le panser avec un courage qui n'échapperait
point aux éloges des autres, gagner son affection et

lui devenir nécessaire, avoir à offrir au bon Dieu un mérite palpable, voilà des choses bien flatteuses pour l'amour-propre. O mon Dieu, que je suis malheureuse de trouver toujours le temps et le moyen de vous offenser, alors que je devrais être toute absorbée par des devoirs tendant directement à vous plaire !... Désormais je me rappellerai le conseil de saint François de Sales : *Ne demandez rien, ne refusez rien*, et j'accepterai avec empressement les occasions de rendre service au malade sans courir au-devant d'elles d'un pas agité qui soit capable d'écarter ou de heurter les autres dévouements. »

Le décès de M. Narcisse fut précédé de celui du cardinal Mathieu pleuré comme un père par la famille Worm. Ces dames, se rendant au service funèbre, eurent la consolation de vénérer le cœur du défunt conservé momentanément à l'archevêché. Mlle Marie, d'un tempérament sensible, fut vivement impressionnée à la vue de cette relique livide qui révélait, dans son effrayante réalité, l'œuvre destructive de la mort. Puis son esprit se ressaisit à la pensée de la résurrection et elle s'écrie : « Quoi ! ce cœur de Pontife et de saint dont les battements furent, pendant quatre-vingts ans, mêlés aux battements du Cœur de Jésus, et dont le zèle et la charité rayonnèrent dans toute l'Europe, il n'aurait désormais point d'autre avenir que celui d'échanger l'état de cadavre contre celui de cendre ! Oh ! non, ce cœur doit revivre ! Mais en attendant réjouissez-vous, âme du saint Prélat, car votre prison terrestre est détruite. *Cupio dissolvi et esse cum Christo !* »

Dans leurs rapports de sainte amitié avec Mgr Mathieu, Mmes Worm s'étaient intéressées à toutes les grandes causes de l'Église et de la France. Par son entremise, elles firent parvenir des messages plein de délicatesse à d'illustres exilés : le Comte de Chambord, Mgr Mermillod chassé de Genève, Mgr Lachat expulsé de Bâle par les hérétiques. Tous furent très sensibles à ces témoignages de pieuse sympathie.

Mais c'était surtout autour d'elles que ces dames répandaient les bienfaits de leur charité. Non contentes de recevoir avec bonté les pauvres qui se présentaient, elles allaient voir et secourir ceux que la maladie retenait dans leur misérable taudis. Elles s'efforçaient aussi de réconcilier les esprits divisés, y employant un tact et une prudence admirables.

Elles réunissaient chaque semaine les jeunes filles de leur paroisse pour leur apprendre les travaux manuels et leur faire des répétitions de catéchisme ; puis elles les récompensaient par d'agréables surprises.

« Allons au château » disaient en tous leurs besoins les gens du pays en se dirigeant vers La Saulnaire, et leur confiance n'était point trompée. Tout ce qui composait ce gracieux domaine était le bien de Jésus et des pauvres. Ce n'étaient pourtant ni l'élégance ni la majesté des constructions qui lui avaient valu le nom populaire de château, mais la bienfaisance qui en rayonnait dans toute la région.

L'année 1876 devait orienter d'une manière définitive la vie de Mlle Worm. Ses parents résolurent de la conduire à Lourdes pour mettre son avenir sous la protection de la sainte Vierge. Ils étaient accompagnés d'un saint prêtre qui connaissait leurs pieuses aspirations et avait accepté d'être leur conseiller. Ils quittèrent leur chère Saulnaire le jour de la fête de la Visitation après avoir tous fait la sainte communion dans leur petite chapelle. « Puisque Marie a dispensé tant de grâces à ceux qui reçurent sa visite, se disaient-ils, combien n'en réserve-t-elle pas à ceux qui vont la visiter ! »

Mlle Marie a écrit la relation de ce voyage. Nous ne citerons que très succintement quelques-unes de ces impressions.

« Dans le sanctuaire de la Visitation de Paray-le-Monial, écrit-elle, les cœurs tout rayonnants si bien fixés en *ex-voto* à l'austère clôture semblent attester le bonheur de celles qui se consacrent entièrement à Dieu. Les Sœurs sacristines remplissent leurs fonctions d'une main si grave et d'un pas si léger que les anges doivent leur porter envie. Au pied du maître-autel se trouve, non point une clochette, mais un timbre dont le son est si net, si recueilli, si profond, que c'est un hommage rendu au divin battement du Cœur de Jésus. Enfin il y a dans ce sanctuaire tant de paix, de silence et de piété que dès qu'on y entre la prière s'empare de vous. On se sent renfermé dans le Sacré-Cœur. »

A Moulins, Mlle Marie faisait avec joie la connaissance de sa cousine, Mère Marie de Sainte-Colombe, laquelle était entrée fort jeune au couvent du Bon-Pasteur. Les deux cousines se lièrent d'une étroite amitié, d'autant plus surnaturelle que leurs âmes étaient faites pour se comprendre.

Dans toutes les grandes villes où s'arrêtait la pieuse caravane, sa première visite était pour les cathédrales et les sanctuaires de la sainte Vierge : Notre-Dame de Fourvières, Notre-Dame de Tout-Pouvoir à Avignon, Notre-Dame de la Garde à Marseille. Les âmes des voyageurs ne cessaient de s'élever vers Dieu à la vue des merveilles de l'art ou de la nature. « Je me suis plongée avec satisfaction dans l'onde bienfaisante de la Méditerranée, nous dit Mlle Marie, puis je m'y suis agenouillée pour y adorer, par une courte prière, le grand Dieu qui l'a créée. »

Enfin, écrit-elle, nous voici installés à Lourdes pour huit jours. Fréquentes visites à la Grotte, recueillement, prière, tout contribuera à faire pour nous, de ces huit jours une saison spirituelle. » C'était donc aux pieds de la sainte Vierge que Mlle Marie devait prendre une grave détermination. Laissons-la encore nous le raconter elle-même. « Ma mère avait la pensée de fonder un petit orphelinat à la Saulnaire, si la chose ne devait point s'opposer aux desseins de Dieu sur sa fille. Ce projet me fut communiqué à Lourdes. Jusques là, j'avais été tourmentée par le grand désir de me faire carmélite joint à la vue d'obstacles insurmontables s'opposant à mon entrée en religion. Après une confession générale de toute ma vie, je consultai en esprit de foi mon directeur qui se trouvait aussi à Lourdes. Celui-ci me déclara qu'il ne croyait pas que je dusse quitter ma mère pour entrer en religion. Voici le résumé des avis qu'il m'a donnés.

« Je ne trouve en vous aucun obstacle à la vie religieuse, et je suis persuadé que votre attrait y serait contenté ; mais je trouve autour de vous, dans votre position, des obstacles tellement insurmontables que, je vous le déclare, de la part de Dieu, votre attrait doit être sacrifié. Sacrifié, entendons-nous, car vous mènerez dans votre famille la vie d'une religieuse : la piété de vos parents, la solitude de votre résidence, la proximité du Saint-Sacrement ne vous laissent guère à envier au cloître... Soyez donc Carmélite dans la prière, mon enfant, et Sœur de Charité dans la conduite. Voilà ce que Notre-Seigneur demande de vous et pas autre chose. Qui vous empêche d'être à Jésus-Christ ? Qu'importent les apparences d'un costume séculier si votre cœur, comme celui d'une bonne religieuse, porte le cachet du divin amour ?... Votre mère est une sainte ; demeurez sous l'influence de sa pieuse et sage tendresse. Dieu semble avoir des desseins particuliers sur vous ; attendez leur accomplissement avec paix et fidélité... Oui, allez et soyez religieuse, ma fille, mais que Dieu seul le sache, puisque c'est à Lui seul que vous voulez plaire. »

Ayant réfléchi à ces paroles dans la Grotte, j'éprouvai une correspondance intérieure à laquelle je ne m'étais point attendue, et l'impression d'une profonde paix. Le samedi, 15 juillet, je fus décidée. Le lendemain grande fête à Lourdes : Notre-Dame du Mont-Carmel. Un monastère de carmélites, récemment construit en face de la Grotte, allait être inauguré ; sa façade était garnie d'oriflammes, et l'on entendait sonner ses cloches. Quelle coïncidence ! Quel jour d'émotion pour mon âme ! Oh ! quelle date ineffaçable que celle où j'immolai aux pieds de Marie un attrait entretenu depuis de longues années, et où je renonçai à être carmélite en face d'un Carmel qui s'ouvrait !... Le bon Dieu et la sainte Vierge savent ce qui se passa dans mon cœur pendant cette journée, et les sentiments que j'éprouvai toutes les fois que je me prosternai devant la Grotte, ayant en face de moi la statue de Marie qui me souriait, et derrière moi le grand crucifix placé sous la porte voûtée du Carmel. Aurais-je pu trouver un lieu plus convenable pour faire mon sacrifice ? Serait-ce entre Jésus et Marie que je me serais égarée ? Non, Marie, non, ma divine Mère, il n'est pas possible qu'après huit jours de retraite et de prière vous m'ayez trompée !... La voie que je vais suivre, c'est vous qui me l'avez indiquée, vous voilà donc obligée de m'y soutenir. Que je sois crucifiée au monde et que le monde me soit crucifié ; qu'il n'ait rien à dire de moi, pas même que j'ai eu le courage de renoncer à lui et à ma famille pour entrer au Couvent. Vie cachée, intérieure, mais vulgaire, voilà mon partage. Jésus, voilà mon appui ! Mon cœur vide, ma volonté immolée sont à ses pieds ; qu'Il en fasse ce qu'Il lui plaira !

En quittant Lourdes, nous passâmes par Bordeaux, où nous restâmes une journée. Nous visitâmes la cathédrale. A peine entrée dans cette église, je me suis sentie attirée par la vue d'une chapelle toute embaumée de fleurs et toute remplie de cierges, je m'y enfonçai et vis que ce sanctuaire était dédié à Notre-Dame du Mont-Carmel. Le corps de saint Simon Stock, relique précieuse, reposait dans une châsse à gauche de l'autel. Oh ! que j'eus de consolation à contempler les ossements vénérés de ce bienheureux Carme, et avec quelles larmes je déposai là le renouvellement de mon sacrifice, suppliant Marie de m'obtenir les grâces nécessaires pour bien suivre ma voie.

Quelques jours après, je reçus une lettre de mon amie Pauline pour laquelle j'avais demandé avec ardeur à la sainte Vierge la vocation religieuse. Cette lettre m'annonce son entrée au Carmel de Fourvières et me donne son adresse : Pauline de Jésus !

O mon Dieu, que les âmes plus dignes que moi d'une telle faveur vous soient formellement consacrées ! Qu'elles chantent les sacrés cantiques des noces de l'Agneau ; moi, du fond de mon humble solitude, j'entonne ce refrain qui m'est si cher :

O Jésus sois mon Tout sans qu'on n'en sache rien ! »

Dès son retour de Lourdes, Mme Worm communiqua ses projets à son mari et à son père qui y donnèrent un plein consentement. M. Worm avait bien eu auparavant quelque tristesse en voyant sa fille refuser les plus honorables propositions de mariage, alors qu'il eût tant souhaité une postérité ; mais, trop bon chrétien pour s'opposer à la volonté de Dieu, il unit généreusement son sacrifice à ceux qu'elle allait accomplir en union avec sa vertueuse mère.

Mlle Worm allait entrer dans une nouvelle phase de sa vie. Vraiment religieuse dans le fond de son cœur, elle le fut encore dans sa conduite extérieure, vivant mortifiée parmi les commodités qu'elle aurait pu s'accorder, obéissante à ses parents à l'exemple du divin Maître qui leur demeura soumis jusqu'à l'âge de trente ans ; faisant ses délices de passer des heures au pied du Tabernacle quand ses devoirs le lui permettaient.

Sa filiale tendresse pour les siens devenait plus vive et plus pure à mesure que son âme se dégageait d'elle-même pour être toute à Dieu.

Ses vers nous en traduisent la délicate expression.

A mon cher Père (1er janvier 1877)

Père, il est loin le temps où mes mains enfantines
Sur un beau feuillet rose orné de figurines,
Tremblantes de plaisir se posaient toutes deux,
Pour t'écrire en ce jour ma tendresse et mes vœux.
Quel émoi m'inspiraient les lettres majuscules !
Que j'étais attentive en plaçant les virgules !
Combien je m'appliquais pour donner au bonheur
Un gracieux contour à côté de mon cœur !
Quelle angoisse pour moi quand déviait la marge !...
Lorsque le transparent n'était pas assez large !...
Mais aussi quel triomphe au moment solennel
Où ma lettre étalait sous ton œil paternel
Un *Cher papa* lisible ! Oh combien j'étais fière !
D'un caressant regard, je bénissais ma Mère
D'avoir, pour ce travail, tenu ma faible main,
Impuissante à guider ma plume en son chemin.
Il me tardait alors, ô naïve ignorance !...
De fouler à mes pieds les langes de l'enfance,
Pour savoir exprimer, écrire à mes parents
Mon filial respect, mes tendres sentiments.
Mais, hélas ! j'ignorais que notre froid langage
N'a dans son répertoire aucune ardente image
Qui dépeigne le feu dont Dieu remplit nos cœurs
Pour chérir, de nos jours, les vénérés Auteurs.
Père, il en est ainsi, pourtant je m'en console ;
Si l'amour filial échappe à la parole,
S'il dédaigne les mots, cette étroite prison !...
Dans la prière, il trouve un immense horizon.

A mon cher bon Papa

De grâce, Nouvel an, que ta main soit légère
Au vénérable front de mon aimé Grand-Père !
Dans son écrin de jours sois un riche joyau ;
Augmente son trésor et non point son fardeau.
Conserve et réjouis son alerte vieillesse
Objet de notre culte et de notre tendresse ;
Enrichis d'un fleuron sa couronne d'honneur,
Et n'y mets d'autre poids qu'un doux poids de bonheur.

Ma Mère et mon Dieu !

Tu le sais, ô mon Dieu, combien j'aime ma Mère ;
Non, cet amour sacré ne te rend point jaloux,
Car plus je la chéris, ah ! plus je te vénère,
On ne peut trop aimer quand on aime à genoux.

A genoux dans ses bras, oui, je me le rappelle,
Jadis je bégayais tes louanges, Seigneur,
Et son souffle pieux attisait l'étincelle
Qui de son cœur brûlant se glissait dans mon cœur.

Si j'entourais son cou de mes mains enfantines
Elle les saisissait et les joignait pour toi :
« Ah ! disait-elle, enfant, les caresses divines
« Sont plus que mes baisers... Aime Dieu plus que moi. »

« Aime Dieu plus que moi ! » ô sublime parole
La mère est l'univers de son petit enfant ;
Mais au sommet béni de son cœur qui s'immole,
Quand plane le Très-Haut, combien il paraît grand !

Par ces nobles leçons la jeune âme élargie
En son frêle vaisseau porte un trésor de feu ;
Elle a dans sa tendresse une place infinie,
Pour chérir sans mesure et sa Mère et son Dieu.

O Jésus, aide-moi, nous l'aimerons ensemble
Je la caresserai, tu la protégeras...
Guide, pour la servir, ma faible main qui tremble ;
Je ne veux, tu le sais, d'autre appui que ton bras !

Mais hélas ! comment puis-je, étant indigne d'elle,
O mon Maître adorable, être digne de toi ?...
Elle a mis sous ton joug ma nature rebelle,
Accepte mon amour à cause de sa foi.

Au pied du crucifix quand ma lèvre se pose,
Sous mon ardent baiser je rencontre le sien ;
Oui, Jésus pour jamais me sera toute chose !
Ma Mère est le doux nœud de ce sacré lien !

1er janvier 1877.

La Saulnaie. — Château.

CHAPITRE VI

Construction d'une chapelle
et débuts de l'Orphelinat

Laissons Mlle Marie nous raconter elle-même, dans un journal plein d'intérêt, la construction de la chapelle et la fondation de l'Orphelinat de La Saulnaire.

* * *

La Saulnaire, 9 Janvier 1877.

Mes parents viennent de prendre une décision importante : ils vont faire restaurer une maison située à quelques mètres de celle où nous demeurons actuellement, et qu'ils avaient cessé d'habiter depuis un certain nombre d'années.

A cette maison on adaptera une chapelle qui aura une entrée extérieure, et où sera transféré le Saint-Sacrement que nous avons le bonheur de posséder depuis quinze ans, dans un petit sanctuaire domestique, à l'intérieur de notre habitation actuelle.

Cette dernière, que nous quitterons dès que l'autre sera prête, quel sera son avenir ?... La Saulnaire a *une vocation*. Mais ce qui concerne cette vocation est encore secret.

Hier, Mère a écrit à Mgr Paulinier, archevêque de Besançon, pour lui demander la permission de construire une chapelle extérieure.

* * *

Samedi, 13 Janvier.

Aujourd'hui est arrivée une très bienveillante lettre de notre archevêque. Il approuve de tout cœur la construction d'une chapelle, promet de venir nous y bénir, et de prier pour nous au tombeau des saints Apôtres, dans son pèlerinage à Rome, où il va se rendre prochainement. J'ai toujours remarqué que les principaux événements concernant ma famille et moi se sont passés le samedi, jour consacré à la sainte Vierge. Elle veille sur nous.

* * *

Vendredi, 19 Janvier.

Hier soir est arrivé mon oncle, le Supérieur des Sœurs de Ribeauvillé, très entendu en constructions. Il a visité avec nous la maison qui doit être réparée et il a pris les mesures de la future chapelle. L'architecte s'est annoncé pour jeudi prochain.

* * *

Jeudi, 25 Janvier.

L'architecte est venu aujourd'hui. Il a fallu beaucoup de courage à ma mère pour le recevoir et visiter avec lui la maison d'en face, car cette pauvre mère souffre depuis huit jours d'une affreuse névralgie qui ne lui laisse aucun repos ni jour, ni nuit. Vers cinq heures, ce matin, elle fut si souffrante que j'étais sur le point d'envoyer un télégramme à l'architecte afin qu'il ne vînt pas. Aucune œuvre de Dieu ne s'accomplit sans difficulté et sans souffrance. Ma sainte mère devait-elle commencer à payer ce douloureux tribut à la bonne œuvre en question, puisqu'elle a tant souffert quand on a été près de tracer les lignes d'une chapelle sur un sol qui un jour sera tout à Jésus-Christ ?... Quoiqu'il en soit, elle a pu se lever, et triomphant, par l'indomptable énergie de son âme de la fatigue de son corps, elle a exposé ses intentions à l'architecte et parcouru les lieux avec lui. Cet architecte est irréligieux. Des motifs spéciaux ont décidé mes parents à lui confier les travaux qu'on doit exécuter à La Saulnaire.

* * *

Jeudi, 8 Février.

Aujourd'hui l'architecte et l'entrepreneur se sont donné rendez-vous, le devis a été accepté par mes parents, et le traité conclu. Cette décision a été

prise le jour de saint Nicet, évêque de Besançon.
Puissent nos pieux projets être bénis par tous nos
célestes Protecteurs, et en particulier par Mgr Mathieu sous les auspices duquel fut établie la chapelle
que nous possédons actuellement dans l'intérieur
de notre maison !

* * *

Lundi, 19 Février.

C'est aujourd'hui qu'on a tracé et commencé les
fouilles pour les fondations de la chapelle. A l'heure
où j'écris ces lignes, je vois, des fenêtres d'une
petite chambre de travail, le fossé s'agrandir sous
la pioche de l'ouvrier fouilleur. Me transportant
dans l'avenir, par la pensée, j'aperçois la chapelle
terminée, et mes yeux suivent avec bonheur un
groupe d'orphelines, conduites par deux ou trois
religieuses, franchissant le seuil du futur oratoire.

A la messe de ce matin, le prêtre a lu l'Évangile
du lundi de la première semaine de carême, où Jésus
prédit la manière dont se passeront les choses au
jugement dernier, alors qu'Il dira aux élus : « Venez,
les bénis de mon Père... j'étais étranger et vous
m'avez reçu... j'étais nu et vous m'avez vêtu ; j'ai
eu faim et vous m'avez donné à manger ; j'ai eu
soif, et vous m'avez donné à boire, etc... Je vous le
dis en vérité, autant de fois que vous avez agi ainsi
pour l'un des moindres de mes frères, c'est pour moi
que vous l'avez fait. » Oh ! plaise à Dieu qu'un jour

La Saulnaire devienne l'abri des petites sœurs de Jésus, qu'on les y nourrisse et qu'on les y revête pour l'amour de leur divin Frère !

* * *

Lundi, 26 Février.

Sur l'emplacement de la future chapelle se trouvent des tuyaux en terre cuite, qui conduisent les eaux d'une source dans une fontaine à l'usage des ouvriers. Il faut déplacer ces tuyaux. Le fontainier est venu aujourd'hui ; mais le temps est bien froid, bien mauvais, la neige commence à tomber, il est à craindre qu'on ne puisse pas poursuivre ce travail. Puissent du moins ces conduits d'eau matérielle être l'emblème du courant spirituel de grâces que le bon Dieu établira dans notre future chapelle. « Donnez-moi de cette eau, disait la Samaritaine à Jésus, afin que je ne sois plus obligée d'aller en chercher ailleurs. » Oh ! fasse le ciel que les âmes qui vivront à l'ombre de notre tabernacle n'aillent jamais puiser leurs jouissances dans les sources empoisonnées du monde !

* * *

Mardi, 27 Février.

Hier soir le temps était si alarmant que Mère et moi nous nous adressâmes à saint Alphonse de Liguori pour lequel nous avons une dévotion particulière, et nous lui demandâmes qu'on pût travailler aujourd'hui. Ce matin, malgré la neige qui couvrait encore la terre, le ciel était splendide. Presque tout l'ouvrage a été achevé ce soir.

* * *

Samedi, 2 Mars.

Aujourd'hui le creusement des fondations a été terminé. L'Évangile de la sainte Messe rapportait la parabole du Père de famille qui creusa dans la terre pour y établir un pressoir. O chère petite chapelle, tu seras le pressoir où de jeunes cœurs subiront l'influence de l'amour divin qui en ôtera les défauts et en fera jaillir de bons sentiments et de bonnes œuvres. Les cœurs de mes parents et le mien se livreront eux-mêmes à cette mystique influence et répèteront, jusqu'à ce qu'ils aient fini de battre : « La charité de Jésus-Christ nous presse. » Amen !

* * *

Jeudi, 19 Avril.

Ce matin, entre huit et neuf heures, on a commencé les fondations de la chapelle. C'est fête dans le diocèse de Besançon : on y honore saint Léon IX, pape, qui fut archevêque de notre Église bisontine. Voici les premières paroles de l'Introït : « *Super muros tuos, Jerusalem, constituisti custodes ; tota die et nocte non tacebunt.* » Ah ! nos fondations commencées n'ont pas seulement pour veiller sur elles le regard de cet entrepreneur debout au bord du fossé ; du haut du ciel le regard du bon Dieu et celui de nos saints Protecteurs les protègent. Quand le jour a cessé, les ouvriers cessent aussi leur travail, les surveillants se reposent de leur vigilance, mais durant la nuit, l'œil de Dieu reste ouvert sur notre futur sanctuaire, et l'intercession des saints continue sa bienfaisante influence.

* * *

Mercredi, 2 Mai.

Les fondations sont terminées depuis le 21 avril. C'était un samedi, jour dédié à la sainte Vierge et fête de saint Anselme, docteur si dévoué au culte de Marie.

* * *

18 Mai.

Avant hier les maçons ont commencé les murailles de notre chapelle. Tandis que, mère et moi, nous nous communiquions nos réflexions intimes sur ce cher petit bâtiment, on nous annonça quatre religieuses que nous étions loin d'attendre, toutes quatre de l'Institut de la divine Providence de Ribeauvillé : sœur Thomaïde, directrice du pensionnat Sainte-Anne, à Lure, et une autre maîtresse du même pensionnat, sœur Avertine, assistante, et sœur Vitaline, directrice de la maison pénitencière de Bavillers. En même temps, l'architecte arriva. Deux des Sœurs partirent, les deux autres restèrent jusqu'au lendemain. L'architecte, qui dîna ici avec elles, les traita, quoique franc-maçon, avec beaucoup d'égards, et fasciné par la manière digne dont l'Assistante récita le *Benedicite* et les Grâces, se laissa entraîner, chose étrange ! à former sur lui deux signes de croix. Quelle puissance que celle de l'exemple ! Quelle supériorité que celle de l'esprit évangélique dans sa perfection !

Les Sœurs nous donnèrent, sans le savoir, d'importants détails sur la direction pratique des orphelinats.

Hier, 17 mai, vers trois heures, on posa la pierre d'angle. Ce fut sans cérémonie ; mais nous mîmes dans le creux préparé à cet effet, une petite boîte contenant, avec la date du jour, trois médailles : l'une de Paray, l'autre de Lourdes, la troisième de sainte Odile.

* * *

2 Juin.

Je note la demande que mère a faite aujourd'hui à Mgr Paulinier, d'une prochaine audience, dans laquelle elle lui exposera le projet de fonder un orphelinat à La Saulnaire.

* * *

5 Juin.

Sa Grandeur a fait répondre qu'elle donnerait audience le 18 ou 19 courant à Besançon. Notre chapelle avance. On a posé les échaffaudages et l'on travaille avec beaucoup d'activité. Malheureusement le temps n'est pas propice : de fréquentes pluies interrompent l'ouvrage.

* * *

16 Juin.

Mère, très souffrante, a dû garder le lit plusieurs jours. Je crois que vraiment le diable avait demandé au bon Dieu la permission d'entraver par cette indisposition le voyage très important que cette chère mère doit entreprendre lundi prochain : elle ira à Besançon soumettre à notre Archevêque le projet d'organiser un orphelinat ici et d'y installer une communauté religieuse.

Aujourd'hui il y a eu un petit événement à **La Saulnaire** : on a reçu une voiture de Paris. La nôtre avait besoin d'être remplacée. Celle-ci est d'un goût parfait et d'une simplicité très distinguée. Néanmoins, mère et moi, nous nous sommes fait tout bas la confidence que nous éprouverions un petit serrement de cœur en nous servant pour la première fois de ce véhicule de prix : ni l'une, ni l'autre, nous n'aimons à représenter. Quand nous sommes obligées de faire une forte dépense pour un objet nécessaire à la maison ou à nous personnellement, nous pensons tout de suite avec regret à nos pauvres qui manquent de choses plus nécessaires encore ! Mais patience, et bientôt nous pourrons nous occuper sans cesse des pauvres enfants du pays qu'on recevra dans notre futur orphelinat.

* * *

Jeudi, 21 Juin.

Le 18, on a placé le cintre de la porte ogivale de notre chapelle. Mère revient de Besançon. Monseigneur s'est intéressé d'une manière toute particulière à l'œuvre projetée, et a promis qu'il viendrait lui-même bénir la chapelle. Lorsque ma mère se leva pour le quitter, il lui dit : « O Madame, combien je vous remercie de la bonne matinée que vous m'avez fait passer. »

Que le bon Dieu soit béni des sentiments de bienveillance qu'Il a inspirés pour nous à notre premier Pasteur !

* * *

Jeudi, 5 Juillet.

Notre chapelle, dont la construction avait été interrompue pendant une semaine, avance maintenant à vue d'œil. La façade prend figure et la rosace s'arrondit au-dessous du petit portail. La porte de la sacristie est achevée. On a dû déraciner deux belles charmilles qui masquaient la construction. Le sacrifice que nous faisons de leur ombrage est bien compensé par la vue du joli sanctuaire à l'ombre duquel nous passerons notre vie.

Notre nouveau curé doyen, M. l'abbé Quirot, nous a fait une courte visite qui nous a laissé une excellente impression. C'est un prêtre de quarante-quatre ans, de physionomie grave, de tenue parfaite, et d'une conversation pleine d'aisance, de simplicité, de franchise et de finesse. Ses traits portent l'expression d'une personne qui ne perd jamais de vue la présence de Dieu.

Une autre visite a été celle de Mme L... qui a passé plusieurs jours avec nous. Elle nous a demandé si, lorsque nous habiterions la maison qu'on répare, nous ne tournerions pas encore parfois les yeux vers notre demeure actuelle. Ah ! nos yeux et nos cœurs y seront tous les jours, mais personne autour de nous ne sait encore notre secret.

* * *

Dimanche 15 Juillet.

Nous avons fait, mère et moi, deux voyages à Belfort pour acquisitions, et nous avons, les deux fois, passé une bonne partie de la journée chez les Sœurs de la divine Providence, Institut auquel La Saulnaire est destinée. J'ai été bien aise de voir de près le dévouement de ces religieuses à l'égard des enfants qui leur sont confiées.

On continue à se demander autour de nous quel sera l'avenir de La Saulnaire. Une de mes amies, Anna M... me disait ces jours-ci avec enthousiasme : « Oh ! la belle solitude que celle où vous demeurez ! Fondez donc un Ordre, ma chère Marie, et vivez avec lui au milieu de vos forêts ! » Cette jeune fille est zélatrice de l'Apostolat de la Prière. Elle nous a enrôlées, mère et moi, dans cette grande Association.

* * *

Dimanche, 22 Juillet.

Hier, l'architecte est venu, et on a traité la question des vitraux. Le devis permet de placer un sujet dans le vitrail du milieu du chœur. Mère fera sans doute un voyage à Besançon pour tout choisir.

Ce matin, j'ai fait une petite instruction à la cuisinière et à la femme de chambre pour leur expliquer les pratiques de l'Apostolat de la Prière. Je leur parlerai ainsi tous les dimanches pour leur donner quelques bonnes pensées, et pour me préparer à instruire les enfants de notre futur orphelinat par des entretiens pieux du même genre, si on m'y autorise. C'est tout à la fois une immense joie et un sujet de frayeur pour moi que de parler du bon Dieu aux autres. Ma timidité naturelle est si excessive que, ce matin encore, tandis que j'expliquais à nos domestiques leurs devoirs d'Associées, le billet de l'Apostolat s'échappa de mes mains, tant elles étaient tremblantes. Il faut absolument que je me corrige.

Vendredi, 3 Août.

Mon oncle, le Supérieur des Sœurs de la divine Providence, est venu ici lundi dernier, 30 juillet. Nous lui avons exposé le projet de fonder un orphelinat à La Saulnaire et de le confier à ses Sœurs. Il a accueilli cette proposition, et plusieurs bases de l'œuvre ont été discutées. Mère est partie pour Besançon, hier, afin de transmettre à Monseigneur le résultat de la visite de mon oncle. Elle verra en même temps une fabrique de vitraux peints. Notre chapelle va être prête à recevoir sa toiture.

Au cours de son voyage, mère est allée rendre visite aux Sœurs de la Charité, toujours si attentionnées à son égard. Elle a revu avec plaisir une de nos anciennes bonnes, Marie B..., qu'elle a trouvée rayonnante de joie sous son bonnet de postulante. Sa vocation, Marie B... l'a puisée dans les conseils de ma mère qui l'a pour ainsi dire élevée, l'ayant tirée fort jeune de la pauvre demeure qu'habitaient ses parents. Maman m'avait chargée de lui faire chaque jour une instruction spirituelle. C'était une douce occupation pour moi, car je remarquais dans mon élève des dispositions à la piété. Cependant, après dix ans passés à la maison, Marie nous quitta, nous laissant croire qu'elle oubliait nos bons avis. Mais, il y a quelques mois, elle revint toute changée; ses yeux s'étaient ouverts sur les dangers du monde, et elle n'avait plus qu'un désir, celui de se consacrer entièrement à Dieu. Ma mère

l'accueillit avec une bonté maternelle, se chargea
de lui trouver une place dans un noviciat, la fournit
d'un bon trousseau, et fit consentir ses parents
au départ de leur fille.

* * *

Mercredi, 15 Août.

Les travaux avancent doucement. La toiture
lambrissée attend le campanile et les tuiles ardoisées
pareilles à celles du bâtiment d'habitation. Il y a
dans la forêt un écho qui répète tous les coups de
marteau des charpentiers. J'aime cet écho. On dirait
que notre solitude tressaille de joie et approuve tout
ce que l'on fait pour la consacrer à Jésus-Christ.
Il m'a semblé hier que Dieu lui-même nous approu-
vait par la bouche du pauvre. La vieille mendiante
Marguerite est venue, et en apprenant que cette
construction qu'elle voyait était une chapelle, elle
nous a dit, avec une certaine autorité convaincue :
« Vous faites bien ; vous ne pourriez pas mieux
faire. » Marguerite est bien pauvre ; c'est une sainte
fille qui a soigné sa mère pendant de longues années.
Comme elle paraît s'intéresser beaucoup à la construction de notre chapelle, ma bonne mère l'a invitée à la bénédiction. Marguerite se réjouit de voir
cette belle cérémonie présidée par Monseigneur.
Elle craint de mourir avant la date probable que
nous lui avons indiquée ; mais avec un peu de
réflexion, elle pourra bannir cette crainte, car elle

a une foi et une espérance très ardente, et elle sait fort bien que les plus pures beautés de la terre ne sont rien en comparaison des beautés du Paradis. Quoi qu'il en soit, c'est la pauvre Marguerite qui a été invitée la première à notre grande fête.

* * *

Vendredi, 24 Août.

Hier, visite de l'architecte. A dîner, il s'est trouvé en face de notre jeune abbé Léon qui est en vacances ici depuis quelques jours. Ce voisinage clérical n'a pas paru trop l'offusquer. Il a amené la conversation sur des questions politiques, sociales et presque religieuses. J'ai admiré en cette circonstance la finesse, l'énergie, le calme de ma mère dirigeant cette conversation. Papa et l'abbé Léon ne répondaient rien, parce qu'ils ne voulaient pas discuter. D'ailleurs ils n'eussent pu laisser les armes en meilleures mains qu'en celles de ma mère. Notre hôte eut un instant de confusion quand elle lui dit, avec une énergie indescriptible : « Non, Monsieur, l'homme ne peut pratiquer la vertu sans être aidé par des forces surnaturelles. En vain rêvera-t-il son bonheur et celui de ses semblables, il n'arrivera qu'à des utopies, s'il ne s'appuie sur la foi. »

* * *

Mercredi, 29 Août.

Hier, fête de saint Augustin, les charpentiers ont monté la petite flèche de la chapelle. Le temps était superbe, et ce fut sur un ciel bien pur que se détacha, pour la première fois à nos yeux, cette partie élevée de l'édifice qui doit mettre toute La Saulnaire sous la bienfaisante domination de la croix.

Je regardai l'office du jour pour y trouver quelque allusion à cet événement. L'Église est une Mère si sage, si universelle et si divinement inspirée, que chacun de ses enfants, en quelque situation q.'il soit, peut trouver dans ses offices le verset, la pensée qui conviennent précisément aux dispositions qu'il éprouve. Or je remarquai dans l'Évangile d'aujourd'hui ces paroles de Notre-Seigneur que lorsqu'on allume une lampe, on ne la pose point sous le boisseau, mais sur le chandelier, et qu'une cité bâtie sur une hauteur doit être vue de tous les alentours. Tous les alentours voient la petite flèche de La Saulnaire s'élancer vers le ciel. Puisse-t-elle devenir une douce lumière pour le pays, et projeter un rayon d'espérance sur la voie ténébreuse des pauvres et orphelins !

Il est tard à l'heure où j'écris ces lignes. Mère et moi nous sommes seules encore debout à la maison. De nos fenêtres, nous contemplons avec une pieuse émotion notre chère petite flèche que l'ombre grandit, et les fenêtres ogivales dans lesquelles la clarté de la lune pénètre sans obstacle, illuminant le modeste palais destiné au Soleil de Justice caché sous la nue du Sacrement.

* * *

Dimanche, 16 Septembre.

J'ai trop peu de temps à moi pour beaucoup écrire ; les préparatifs de notre prochaine installation nous donnent de continuels tracas. Mais que mes soucis et mes travaux sont peu de choses en comparaison de ceux de ma mère!... Combien je l'admire et de quel cœur je demande au bon Dieu de soutenir ses forces, et puis de la dédommager amplement de la peine qu'elle prend pour augmenter sa gloire.

Je revois, tout en travaillant à l'aiguille, mes études élémentaires, afin de me préparer à instruire les orphelines. J'aime à déposer sur mes genoux un livre d'Histoire sainte et à en répéter tous les chapitres tandis que ma main poursuit son ouvrage. Puis je médite sur les conclusions pratiques que l'on peut tirer de chacun des faits de l'Ancien Testament pour la direction de l'enfance.

* * *

22 Septembre.

Aujourd'hui, samedi, les maçons ont posé le petit perron de la chapelle. Un samedi, jour dédié à la sainte Vierge, par qui Dieu voulut descendre à nous et sans laquelle nous ne pourrions monter vers Dieu.

Malgré le zèle que déploie ma bonne mère pour qu'il n'y ait aucun retard, on en est seulement à achever les voûtes. La bénédiction ne pourra avoir lieu avant le mois de novembre. Les ouvriers avaient, suivant toute probabilité, grande envie de faire durer les travaux jusqu'au printemps. Mais ils avaient compté sans la clairvoyante et active énergie de ma mère : elle les suit, les dirige, les encourage, les aiguillonne du matin au soir, avec une persévérance que rien ne déconcerte.

* * *

Mercredi, 3 Octobre.

Hier notre cloche, ma chère filleule Marie-Léonie, a quitté la console où elle était fixée depuis environ un an, contre la muraille de notre habitation, et elle a été transportée dans le clocher de la chapelle récemment construite.

* * *

Mercredi, 24 Octobre.

Dans l'après-midi du dimanche 14 courant, M. notre Curé a béni la maison que nous allons occuper très prochainement. Mon oncle le Supérieur se trouvait là.

Une Sœur de la divine Providence est venue nous

aider ces jours-ci à préparer les ornements de la future chapelle. Pourquoi l'appeler future ?... Ne se présente-t-elle point à tous les regards avec sa petite flèche qui s'élance dans les airs ?... Ah ! c'est que, tant qu'elle n'aura pas reçu le trésor eucharistique, elle ne sera rien pour nous, n'étant pas encore la demeure de Jésus.

Le vendredi, 19 octobre, fête de saint Pierre d'Alcantara, on a posé la croix sur la flèche. Tandis que les ouvriers préparaient cette croix, l'Église récitait l'Épître de saint Paul où le grand Apôtre, embrasé d'amour pour Jésus-Christ crucifié, déclare qu'il méprise comme du fumier tout ce qui n'est pas Lui. Dans l'Évangile de ce jour, Notre-Seigneur invitait ses disciples à renoncer à tout pour se créer un trésor inaccessible aux voleurs et à la rouille, car, dit-il, là où se trouve votre trésor, là aussi est votre cœur. O Jésus, soyez l'unique trésor de La Saulnaire ! Nous vous consacrons nos cœurs.

J'ai été touchée en voyant la petite croix se placer sur le campanile précisément un vendredi, à midi, jour et heure du crucifiement de Jésus.

* * *

Jeudi, 25 Octobre.

Mère est allée à Besançon afin de prendre les derniers ordres de Sa Grandeur pour la bénédiction de la chapelle. D'après le désir de Monseigneur, la cérémonie se trouve définitivement remise au samedi

17 novembre. Un samedi : Nos affaires restent sous
le patronage de la sainte Vierge.

* * *

1er Novembre.

Nous avons déménagé hier, en la fête remise du
Patronage de la sainte Vierge ; c'est donc sous sa
protection spéciale que s'est accomplie cette
démarche. Notre chapelle domestique restera encore
une quinzaine de jours dans la demeure que nous
venons de quitter. Nous voilà donc relativement
éloignés de Notre-Seigneur. Je sens mieux que
jamais l'immense privilège dont nous jouissons
habituellement en vivant sous le même toit que Lui.

Les sculpteurs posent la chaire et le confes-
sionnal. Deux ouvriers commencent à placer les
vitraux.

* * *

Lundi, 12 Novembre.

Hier, jour de la Dédicace, les offices du dimanche
ont eu lieu pour la dernière fois dans notre ancienne
chapelle. La matinée d'aujourd'hui a été pour nous
remplie d'émotions : le Saint Sacrement nous a
été enlevé à la communion de la Messe, la lampe du
sanctuaire est éteinte, et le bon Dieu ne réside plus
au milieu de nous sous les espèces eucharistiques.
Nous ne serons privés que durant peu de jours de
sa divine présence ; néanmoins il y a eu quelque

chose de douloureux pour nous dans son départ de cette chère petite chapelle, où il fut si longtemps notre Hôte, notre Trésor.

A l'heure où j'écris, on vient de transporter l'autel dans le nouveau local. On a eu beaucoup de peine à le sortir de l'ancien. Il a fallu le glisser par une fenêtre sur deux échelles. J'ai pensé à la descente de croix, et je me suis dit que notre peine en l'absence du divin Sauveur pouvait être unie à celle que ressentirent les Apôtres et les saintes Femmes entre sa mort et sa résurrection. Bientôt il reprendra sa vie eucharistique sur le même autel, dans le même tabernacle, pour s'installer définitivement à La Saulnaire dont il deviendra l'unique Maître.

Un peintre verrier place le vitrail du milieu du chœur. De temps en temps je me glisse à la tribune et je vois se former peu à peu une grande, douce et souriante image du Christ. D'abord, j'ai vu son visage divin entouré d'une auréole, puis ses mains, puis sa poitrine, puis son Cœur, puis les plis de son manteau, enfin ses pieds adorables auxquels nous souhaitons nous attacher plus que jamais pour le temps et l'éternité !

* * *

21 Novembre 1877.

Le vendredi matin, 16 novembre, Sa Grandeur, Mgr Paulinier arriva, accompagné de M. le vicaire général Anglade. Nous passâmes tout le jour dans l'atmosphère de solennité et de bénédiction que la présence d'un évêque répand autour d'elle. Monseigneur fut pour nous d'une bonté parfaite. Il examina la chapelle, nous donna ses instructions pour la fête du lendemain, visita longuement l'usine dans toutes ses parties, se promena dans les sentiers sauvages de la forêt, et voulut voir intérieurement le local destiné à l'orphelinat. Ce local, portant encore les traces d'un récent déménagement, tressaillit tout à la fois d'aise et de confusion sous les pas dont l'honorait l'auguste Visiteur. Monseigneur traita ensuite quelques questions pratiques de l'Œuvre future avec mon oncle, le Supérieur des Sœurs de Ribeauvillé. Il daigna nous réitérer bien des fois l'expression de sa bienveillante sympathie à l'égard de nos projets.

Le soir, lorsqu'il se fut retiré dans ses appartements, mère et moi nous nous présentâmes pour lui exprimer d'une manière plus spéciale notre gratitude. Il nous encouragea et nous bénit. Ce fut un moment de profonde émotion, dont je garderai toute ma vie le souvenir, que celui où je m'agenouillai à côté de ma mère, aux pieds de notre premier Pasteur, pour y prendre, dans toute la joie de mon âme, l'engagement définitif de me consacrer au bon Dieu et aux pauvres. La bénédiction qui descendit alors sur moi me parut une sorte de consécration dont le baume se répandit sur tout mon être et pénétra mon cœur d'une douce reconnaissance envers Dieu et envers ma sainte mère à qui revient tout le mérite de la fondation.

Le lendemain 17 novembre, la messe fut célébrée pour la dernière fois dans notre ancienne chapelle, à un autel provisoire. Le temps était calme et pas trop froid, et quoique le ciel fût couvert, c'était une bonne matinée de novembre. Tandis que nous faisions nos derniers préparatifs, il nous arrivait quelques ecclésiastiques et quelques parents et amis invités à la cérémonie. Monsieur l'architecte fut du nombre.

Six religieuses de la divine Providence, tous les ouvriers de la verrerie de La Saulnaire, l'entrepreneur de la chapelle avec quelques-uns de ses aides, et un certain nombre d'habitants des environs arrivèrent aussi.

Notre humble sonnerie eût voulu avoir, en ce beau jour, une voix digne de la fête qu'elle annonçait. Que ne pûmes-nous, en agitant notre petite cloche, lui communiquer les vibrations profondes auxquelles étaient alors saintement livrées nos âmes heureuses, émues, reconnaissantes ! Le dernier coup fut sonné à dix heures.

Monseigneur, revêtu de ses ornements pontificaux et assisté du clergé, sortit de la maison et se rendit à la porte extérieure de la chapelle, devant laquelle on avait préparé de l'eau à bénir et un rameau de buis. Tous les assistants se rangèrent à la suite du clergé. Monseigneur, après avoir béni l'eau, en aspergea extérieurement le petit édifice, dont il fit le tour, en entonnant diverses psalmodies que les prêtres poursuivaient. Ensuite il purifia l'enceinte intérieurement. Pendant cette cérémonie, les fidèles durent se tenir au dehors ; les invocations des Litanies des Saints arrivaient jusqu'à leurs oreilles. Enfin la porte s'ouvrit, et tous ceux qui en franchirent le seuil avec foi, respirèrent, avec leur âme, une atmosphère désormais pure et sainte.

L'autel n'était encore revêtu d'aucun ornement. Les prêtres le parèrent, tandis que Sa Grandeur se disposait au saint Sacrifice. Quel beau moment pour nous que celui où la mystique lumière des cierges brilla pour la première fois sous cette petite voûte, alors que le Pontife, debout au pied de l'autel, allait bientôt y faire descendre l'Agneau sans tache !

L'office du jour était en l'honneur de saint Grégoire le thaumaturge. Je ne puis résister au désir de copier l'Évangile de cet office : « Jésus répondit à ses disciples : Ayez la foi en Dieu. Je vous le dis en vérité, quiconque dira à cette montagne : Lève-toi et te jette dans la mer, *n'hésitant point en son cœur*, mais croyant que tout ce qu'il aura dit se fera, il lui sera fait. C'est pourquoi je vous dis : Tout ce que vous demanderez dans la prière, croyez que vous le recevrez, et il vous arrivera. »

Quelle consolation ces paroles du divin Maître ne durent-elles pas donner à ma sainte mère qui les voyait alors s'accomplir pour elle ! Élever un sanctuaire à Jésus-Christ, et à l'ombre de ce sanctuaire, établir un orphelinat, tel est le but qu'elle a poursuivi avec une admirable énergie, *sans jamais hésiter dans son cœur!* Eh bien! ce but le voilà atteint. Néanmoins nous ne nous faisons pas illusion : le cours de l'œuvre offrira peut-être bien des difficultés. Armons-nous, pour les vaincre, de la foi qui transporte les montagnes.

Quel délicieux moment que celui où le son de la clochette annonça que Notre-Seigneur venait de prendre possession de son domaine au milieu de nous ! L'élévation fut longue et solennelle. Puis l'un des prêtres s'avança vers la lampe du sanctuaire dont l'huile limpide attendait impatiemment la flamme qui devait la consumer.

M. le vicaire général et mon oncle avaient l'honneur d'assister le Prélat. Trois de nos amies nous aidèrent à exécuter quelques chants, entre autres un *Quam dilecta* composé exprès pour la circonstance.

Lorsque le saint Sacrifice fut terminé, Sa Grandeur s'assit dans un fauteuil qu'on lui présenta à l'autel, et prit la parole. Il y avait environ cent vingt-quatre auditeurs ; c'était tout ce que la chapelle pouvait contenir ; les autres personnes avaient dû rester dehors.

Monseigneur développa d'abord le texte : « *Lætatus sum in his quæ dicta sunt mihi : In domum Domini ibimus* » et il en fit l'application à la grande fête que nous célébrions. Il dit qu'il voyait autour de lui des visages émus, un nombreux clergé, une société d'élite, et que la cause de cette émotion et de cette réunion était la jouissance avec laquelle on entrait dans la maison du Seigneur.

Puis il divisa son entretien en deux parties ; se proposant de manifester : 1.º le sens des rites mystiques qu'il avait accompli en bénissant cette chapelle ; 2º le but qu'on s'était proposé dans la construction de ce petit édifice. Le Prélat expliqua comment sa voix suppliante avait appelé du ciel le souffle purifiant sur cette masse de pierres imprégnées jusqu'alors de la souillure originelle ; comment son pas, d'abord hésitant, s'était affermi à mesure qu'il avait senti la Divinité prendre possession de cette enceinte ; comment enfin son autorité de Prêtre et de Pontife avait attiré la Victime adorable sur l'autel. Puis, faisant allusion au travail de la verrerie, qu'il avait considéré la veille, il s'adressa avec une bonté affectueuse aux ouvriers et leur dit : « N'est-il pas vrai que vous comprenez l'influence sacrée des bénédictions de l'Église ?... Cette influence, je la compare à celle de la fournaise dans laquelle vous jetez une matière dure et grossière, qui s'y purifie, s'y transforme, et en sort avec une limpidité parfaite que traversent et illuminent les rayons du soleil. Oh ! oui, si l'on comprenait mieux le sens de nos magnifiques cérémonies, on ne s'en moquerait point, et on y assisterait avec assiduité et respect. »

Vint la seconde partie. Quel but s'est-on proposé dans la construction de ce pieux sanctuaire ? D'abord on a voulu y établir ce qui faisait autrefois l'honneur des âges chrétiens, et qui est aujourd'hui, hélas ! bien méconnu, bien délaissé : *le prie-Dieu domestique.* Oh ! quand reviendra-t-il l'heureux temps où, chaque soir, le père de famille assisté de sa vertueuse épouse et entouré de ses enfants et petits-enfants, ainsi que de ses serviteurs, s'agenouillait sur le *prie-Dieu domestique* et courbait son front respectable devant Celui que blasphème maintenant notre siècle impie ! Ici du moins le *prie-Dieu domestique* vient d'être solennellement installé.

Mais n'y a-t-il point eu d'autre but dans l'érection de cette chapelle ? Oui, il y en a eu un autre ; mais pour le faire connaître, le Prélat doit trahir un secret qui depuis longtemps lui a été confié. Il lève le voile d'une main délicate et montre, dans un prochain avenir, l'orphelinat qui va se fonder à La Saulnaire. Il adresse à ma mère, fondatrice de l'œuvre, des éloges exquis, nomme le vénérable patriarche qui a donné son approbation à cette œuvre, puis le chef de la famille et de l'usine, puis le saint prêtre uni à cette famille par les liens étroits de la parenté ; enfin il daigne parler spécialement à la jeune fille qui, en union avec sa mère, va se consacrer au soin des orphelines, et il lui dit des paroles touchantes, paternelles, et remplies de bénédictions qu'elle reçoit avec gratitude bien qu'elle en soit indigne.

Enfin, Monseigneur annonce avec une majesté pontificale qu'il va donner sa bénédiction solennelle à la famille, aux ouvriers, aux assistants. « Recevez-la, dit-il, avec affection et respect, car je vais vous

la donner avec une tendresse toute paternelle. »
S'étant retourné du côté du tabernacle, il éleva les
mains vers le ciel et chanta la formule de la bénédiction épiscopale. Puis il entonna le *Te Deum*
auquel tous les prêtres répondirent, et qui termina
la cérémonie.

Après avoir honoré de sa présence le déjeuner
offert par mes parents à leurs amis, Monseigneur
nous quitta, nous laissant de sa visite un bien doux
souvenir.

Une table fut aussi dressée pour nos ouvriers et
pour quelques-uns de ceux qui avaient travaillé à la
chapelle : cette table était de soixante-six couverts.

Puis nos parents et nos amis partirent successi-
vement ; tout autour de nous rentra dans le calme,
et depuis ce moment nous savourons en paix notre
intime bonheur.

Nous allons, cet hiver, nous occuper des préparatifs de l'orphelinat.

Au milieu de toutes ces saintes joies je ne forme
qu'un vœu : me montrer digne de mon Dieu et de
ma mère.

* * *

Décembre 1877.

Le 16 décembre, troisième dimanche de l'Avent,
une cérémonie a eu lieu dans notre nouveau sanctuaire : l'érection du Chemin de la croix. M. le
Curé, délégué par Monseigneur, a fait cette céré-

monie. Tandis que les pieux assistants se trouvaient réunis à la chapelle, d'épais flocons de neige commencèrent à tomber, et lorsqu'on fut arrivé à la dernière station, l'ensevelissement du Sauveur, un blanc suaire couvrait à la fois la demeure de Jésus et la nôtre. Tous les jours de la semaine suivante, cette couche de neige s'épaissit. En voyant la maison et la chapelle couvertes du même manteau blanc, je me rappelais avec bonheur les paroles de l'Apôtre : « Vous êtes ensevelis en Dieu avec Jésus-Christ. »

Pendant que toute verdure avait disparu sous la neige, nous retrouvâmes avec joie le petit rameau de buis qui avait servi à la bénédiction de notre sanctuaire et que nous avions serré soigneusement. Nous le mîmes dans un cadre, avec un nœud de ruban et une inscription commémorative et nous suspendîmes le cadre à la sacristie.

AUTEL ET FOYER

Oh ! que j'aime à vous voir étroitement unis,
Demeure de Jésus et toit de ma famille !
Quels doux transports éprouve entre vos murs bénis
Mon cœur reconnaissant de chrétienne et de fille !

Un modeste clocher s'élève au firmament ;
Il abrite un logis, oh ! bonheur ! c'est le nôtre !
L'autel et le foyer s'embrassent tendrement
Et ne se lassent point de vivre l'un pour l'autre.

Ils se disent tout bas en leur baiser sans fin !
« Aucun vide entre nous ! ta muraille est la mienne ;
« Qu'aucun rayon, fut-il celui d'un Séraphin
« Ne sépare jamais mon ombre de la tienne ! »

De la mignonne flèche on voit briller la croix
Dans les rameaux touffus d'arbres au vert feuillage,
La cloche livre aux vents son argentine voix
Qui se mêle aux concerts des chantres du bocage.

Lorsque fume l'encens, sa légère vapeur
Embaume nos tisons et leur cendre noirâtre ;
Oui, voilà ce qui fait notre intime bonheur :
L'autel près du foyer, l'encensoir près de l'âtre.

Puis quand vient de la nuit la sombre obscurité,
Quand au foyer s'éteint l'étincelle dernière,
Au travers des vitraux scintille la clarté
De la lampe qui veille au fond du Sanctuaire.

Sur le sein de Jésus, s'appuyant sans effort
L'apôtre bien-aimé s'endormit au cénacle ;
Chaque soir, dans la paix, c'est ainsi qu'on s'endort
Au logis appuyé contre le tabernacle.

Voyez-vous la tribune en face de l'autel ?...
Là-haut, du Dieu caché, nous chantons les louanges,
Là-haut nous nous croyons déjà bien près du Ciel,
Et ce naïf orgueil fait sourire les Anges.

Mais jouirons-nous seuls de ce pieux festin ?...
Comment garder pour nous ce flot de pur délice ?...
Ne faut-il point aussi la part de l'orphelin ?...
Aimable Charité, répands notre calice.

La Saulnaire. — Chapelle.

Sanctuaire béni, banquet mystérieux,
Où pour goûter ses dons le Maître nous appelle,
Je te le dis tout bas, nous t'aimerons bien mieux
Quand de l'Orphelinat tu seras la chapelle.

* * *

Dimanche, 10 Février 1878.

Je ne veux pas laisser s'écouler cette triste journée sans noter sa mémorable tristesse.

Notre chapelle est bien jeune encore, puisque l'an dernier, à pareil jour, ses contours n'étaient pas encore dessinés sur le sol ; et déjà elle est enveloppée comme toutes les églises catholiques, dans un immense deuil !

Hier, nous avons reçu la nouvelle de la mort de notre auguste et bien-aimé Pontife Pie IX.

Je venais de ranger la sacristie, et j'entrais joyeuse dans une pièce où se tenaient mes parents... mais je m'arrêtai toute saisie devant eux... une émotion profonde et douloureuse était empreinte sur leurs traits, et ils tenaient d'une main tremblante un journal encadré d'un large filet noir.

Mon père garda le silence. Ma mère, tournant vers moi un regard plein de larmes, me dit d'une voix grave : « Pie IX est mort ! » De quel coup ces paroles frappent tout cœur chrétien : « Pie IX est mort ! »

La maison fut tout le jour triste et silencieuse. Dans l'après-midi, mère et moi, nous ornâmes de crêpe le médaillon des armes de Pie IX, que nous avions placé à la chapelle pour le jour de l'inauguration au milieu de vertes guirlandes. Nous le surmontâmes d'une grande croix sculptée et nous mîmes un semé de larmes sur les draperies noires.

M. le Curé fut prié de ne point chanter la Messe aujourd'hui, l'orgue devant rester muet devant notre douleur. Nous avons assisté et communié à la Messe basse, en vêtements de deuil. M. le Curé est monté en chaire et y a nommé notre bien-aimé Pontife défunt, indiquant succinctement les devoirs des catholiques en cette douloureuse circonstance. L'oraison pour notre Saint-Père Pie IX a été remplacée par un triste silence ; silence de soumission à la Volonté de Dieu qui nous l'enlève.

Vous nous l'enlevez, ô mon Dieu, dans un moment bien difficile, mais nous jurons devant son lit de mort de rester fidèles à l'Église.

Si un homme semblait nécessaire au monde catholique, c'était Pie IX. Mais le vide immense de sa perte ne doit point nous laisser oublier que Dieu seul est nécessaire.

Depuis longtemps nous pleurions son martyre avec des larmes que séchait l'espérance, à mesure que la foi les faisait couler. Son martyre est couronné, et c'est encore l'espérance qui sèche nos pleurs en présence d'une si chère et si auguste dépouille.

* * *

Dimanche, 17 Février.

Aujourd'hui nous avons eu à la sainte Messe, la lecture d'une lettre pastorale de Monseigneur à l'occasion du grand deuil de l'Église. Notre Prélat pleure avec nous et nous exhorte à la résignation, à la fermeté dans la foi, au courage, à la prière. Il pleure avec nous et plus amèrement que nous, car sa haute dignité le rapprochait davantage de l'illustre défunt, et ses relations avec lui étaient plus directes et plus intimes.

Mais à cette heure critique il ramasse tous nos regrets sous l'aile de sa douleur, afin de les soustraire à la défaillance ; il les réchauffe et les anime par de saintes exhortations, nous montrant la gloire céleste du Père que nous avons perdu et l'immortalité de notre Mère l'Église.

Le dispositif du Mandement ordonne un service pour Pie IX dans toutes les églises et chapelles du diocèse. Celui de la chapelle de La Saulnaire aura lieu samedi prochain.

O très Saint-Père, vous qui voyez, du haut du ciel, toute l'Église catholique agenouillée et éplorée sur votre tombeau ; vous qui, au milieu des chants angéliques, entendez retentir dans le monde entier l'écho de votre dernier soupir, jetez les yeux sur notre humble petit coin de terre, où l'on vous pleure autant qu'on vous y vénéra et qu'on vous y aima ! La Saulnaire n'est qu'un grain de sable ignoré dans votre héritage apostolique, mais ce pauvre grain de sable, aujourd'hui tout humide de larmes, s'attache de toutes ses forces aux bases de l'Église que l'enfer s'efforce en vain d'ébranler ; il se serre avec amour contre la pierre angulaire qui est Jésus-Christ, dont vous fûtes le Représentant ; il veut s'unir étroitement à cette pierre divine en lui consacrant son existence et sa destinée, son présent et son avenir.

O très Saint-Père, bénissez de là-haut ce grain de poussière que nous osons offrir à Notre-Seigneur pour domaine ; bénissez notre œuvre qui va germer dans les larmes, puisque l'année qui doit voir naître l'orphelinat de La Saulnaire est celle qui a vu s'éteindre votre pieuse vie !

* * *

Dimanche, 24 Février.

Le service funèbre en l'honneur de Pie IX a eu lieu hier dans notre chapelle. A notre grande douleur, Dieu a mêlé une grande consolation, car depuis deux jours déjà nous connaissions l'heureuse et prompte issue du Conclave, et nous savions que l'Esprit-Saint venait de nous donner un Pape en la personne de son Éminence le cardinal Pecci, qui est monté sur le trône pontifical avec le nom de Léon XIII. La plainte en s'échappant de nos lèvres, y rencontre donc maintenant l'action de grâces.

Sans doute, Jésus-Christ ne devait point abandonner son Église, et nous n'avions nulle crainte à cet égard ; mais son divin appui vient de se faire sentir avec une évidence merveilleuse, au milieu des difficultés extérieures qui semblaient menacer le Conclave. N'est-il point permis de penser que la puissante intercession de Pie IX dans le Ciel a contribué à cet heureux événement ?... Oh! oui, nous avons désormais un grand protecteur de plus là-haut ! On hésite à prier pour cette âme si sainte, et pourtant la prière est l'unique témoignage qu'il nous soit donné de lui offrir maintenant de notre filial amour. Oh! comme ce Père tant pleuré doit sourire du haut de sa gloire aux *De profundis* de ses pauvres enfants d'ici-bas ! Comme il doit se pencher avec tendresse vers l'abîme au fond duquel nous gémissons, car c'est bien nous qui sommes dans l'abîme, tandis que lui en est à jamais sorti ! *De profundis clamavi !...*

Nous eussions voulu exprimer nos sentiments par nos décorations funèbres. Je ne sais si nous y avons réussi. Les murailles du chœur étaient couvertes de draperies noires parsemées de larmes blanches. Sur ces tentures nous avions disposé deux écussons blancs, au centre desquels se trouvait en grandes lettres ornées le nom de notre regretté Pontife *Pius !* Du côté gauche *Pius* était environné d'une guirlande de chêne, emblème de sa force d'âme, et surmonté d'une couronne d'épines rappelant son douloureux martyre. Du côté droit, *Pius* s'élevait au-dessus d'une guirlande de lauriers, et un riche diadème le couronnait. Le devant de l'autel représentait une croix en fleur de lis, autour de laquelle des larmes pleuraient le Pape de l'Immaculée Conception.

La grand'messe de *Requiem* a eu lieu à huit heures et demie. Tous nos ouvriers y ont assisté.

* * *

Jeudi, 28 Février.

On a commencé aujourd'hui les réparations du logement qui va devenir l'orphelinat. On abat plusieurs cloisons afin d'avoir un dortoir assez grand. Il nous est doux à l'oreille du cœur, le bruit du marteau qui détruit, dans cette maison, tout ce qui pourrait l'empêcher d'être consacrée à la sainte Charité.

* * *

Samedi, 30 Mars.

Aujourd'hui ont été terminées les réparations du futur orphelinat... un samedi... toujours sous la protection de la sainte Vierge. Combien nous aimons déjà notre dortoir aux murailles blanches sur lesquelles se détache un grand crucifix! Nous lui trouvons un air monastique.

Nous voici en plein carême. Chaque soir, notre chère petite église voit nos ouvriers et leurs familles se réunir au son de la cloche. Après quelques chants, ma pieuse mère leur fait une lecture, puis nous récitons la prière en commun. La prière en commun des maîtres et des ouvriers, oh ! l'excellente pratique. Voilà la véritable fraternité !

* * *

3 Mai.

Deux enfants nous ont été présentées pour l'orphelinat le 1ᵉʳ mai : l'une, envoyée par M. le Curé de Saint-Barthélemy, a encore sa mère, pauvre veuve dont le travail ne peut suffire à l'entretien de ses six enfants. Eugénie P… est le nom de celle qui deviendra nôtre ; huit ans est son âge. Elle est d'une complète ignorance, ayant passé jusqu'à présent sa vie dans une forêt sauvage. Elle sait à peine former le signe de la croix. C'est une petite brune dont le regard semble être une interrogation habituelle et confiante.

L'autre aspirante, venue le 1ᵉʳ mai, est une petite blonde âgée de six ans qui se nomme Rosine G… Elle a été amenée par sa respectable aïeule, munie d'une recommandation de M. le Curé de Mélisey.

Hier, 2 mai, une troisième enfant nous a été présentée. Celle-ci est complètement orpheline, elle n'a point connu sa mère, et son père fut écrasé il y a quelques mois par une locomotive. Marie P… a sept ans et demi et habite Champagney.

Nous travaillons avec ardeur aux trousseaux, et nous ne nous sommes distraites de ce travail que pour orner de mousse, de lis et de roses la statue de la sainte Vierge dans notre chapelle. Chaque soir, tous les habitants de La Saulnaire se réunissent à ses pieds ; nous chantons un cantique et nous récitons le chapelet. Bientôt des voix enfantines se mêleront à nos voix pour célébrer les louanges de notre Mère à tous.

Monseigneur a daigné nous exprimer son regret de ne pouvoir venir faire lui-même l'ouverture de l'orphelinat. Sa Grandeur, qui est actuellement en tournée de Confirmation, délègue M. l'abbé Quirot, curé-doyen de Lure, pour le remplacer, et Elle désire que le nouvel établissement soit mis sous le vocable des saints Cœurs de Jésus et de Marie. La cérémonie d'ouverture aura lieu le 16 de ce mois.

* * *

Dimanche, 19 Mai.

Dans la matinée de lundi, 13 mai, une petite fille d'Aurières, paroisse de Ronchamp, nous fut amenée par son pauvre père, lequel vient de perdre sa femme et se trouve chargé d'une nombreuse famille. Cette enfant se nomme Joséphine D... et elle est âgée de sept ans. Nous demandâmes au père s'il voulait nous la laisser immédiatement. Il accepta cette proposition avec une reconnaissance émue, et lorsqu'il eut franchi le seuil de la porte pour s'éloigner en cachant ses larmes, Mère et moi nous tendîmes les bras à l'enfant ; elle s'y jeta avec abandon ; l'orphelinat était ouvert.

Quelques heures après, Eugénie P... arrivait. Dans l'après-midi du même jour, nous reçûmes les deux religieuses, Sœur Adélaïde et Sœur Hildegonde. La nuit suivante, le toit de notre ancienne maison abrita donc pour la première fois les membres de notre établissement naissant.

En voyant le jour s'enfuir, nos pauvres petites avaient eu une crise de sanglots, mais cette crise subite, violente et courte, ne se renouvela plus, ni pour elles, ni pour leurs compagnes Rosine et Marie qui vinrent le lendemain 14 mai.

Mercredi soir, la Supérieure générale des Sœurs de Ribeauvillé, la Révérende Mère Eutropie, arriva pour assister à l'installation de ses filles.

Jeudi, vers neuf heures du matin, M. l'abbé Quirot se trouvait au milieu de nous. Notre chapelle était ornée comme aux grandes fêtes, et de nombreux fidèles des environs s'y pressaient déjà.

A neuf heures et demie la cloche sonna. Notre vénéré doyen, revêtu de l'aube et accompagné de M. le Curé de Malbouhans, parut à l'autel et entonna le *Veni Creator*. Après le chant de cette hymne, on se rendit processionnellement vers l'orphelinat. Les Sœurs étaient précédées par les quatre enfants en uniforme. Cet uniforme est très simple : il se compose d'une robe en cotonnade bleue, avec une pèlerine de même étoffe, d'un tablier à bavette et d'un bonnet de mousseline blanche. Un cordon passé autour du cou retient sur la poitrine une médaille du Sacré-Cœur de Jésus.

Le célébrant bénit d'abord la maison à l'extérieur, puis, y étant entré, il s'arrêta au pied d'un petit autel improvisé, il lut dans le rituel de touchantes prières pour appeler la bénédiction de Dieu sur les enfants qu'on élèverait dans cet asile, et sur les personnes consacrées à leur éducation. Il aspergea d'eau bénite et parfuma d'encens la pièce où était dressé l'autel, puis forma le signe de la croix au-dessus de nous avec le crucifix. C'en était fait, une mystérieuse prise de possession venait d'avoir lieu : Jésus-Christ était dès lors l'unique Maître de la maison que nous lui avions vouée, et si les pierres de cette maison ne pouvaient tressaillir de joie à sa divine présence, nos cœurs tressaillaient en nous d'une sainte émotion et se donnaient plus que jamais à Lui.

Les prêtres retournèrent à la chapelle, laquelle était incapable de contenir tous les assistants. Le perron et les alentours se trouvaient occupés par ceux qui n'avaient pas retenu leurs places à l'avance.

Alors le célébrant chanta la grand'messe en l'honneur des saints Cœurs de Jésus et de Marie. Après l'Évangile, il prit la parole et développa ces deux idées : 1º Le sort de l'orphelin est l'objet le plus propre à inspirer la compassion ; 2º la charité chrétienne a seule le secret de la compassion tendre et efficace.

Dans l'après-midi, nous eûmes un Salut solennel

du Saint-Sacrement, pendant lequel nos orphelines furent vouées au Cœur de Jésus par une consécration que récita notre digne doyen au pied de l'autel.

Puis chacun se retira, car le jour de la fête touchait à sa fin. Dès lors ce n'était plus, ni pour les enfants ni pour nous, l'heure de goûter de pieuses émotions au milieu des nuages de l'encens, c'était l'heure de se mettre à l'œuvre avec dévouement d'une part, avec docilité de l'autre. Puissions-nous donc, maîtresses et élèves, nous cacher désormais en Dieu avec Jésus-Christ, afin d'opérer ensemble, dans la paix et le recueillement, cette œuvre si importante d'une éducation chrétienne.

* * *

Jeudi, 30 Mai, fête de l'Ascension.

Il y a aujourd'hui quinze jours qu'a eu lieu la cérémonie d'inauguration de l'orphelinat. Tout s'organise peu à peu. Nous n'avons encore que quatre enfants. Nous en aurions admis un plus grand nombre dès le début si des parents peu intelligents ne nous avaient posé des conditions inacceptables. Quand on veut se consacrer à une bonne œuvre il faut s'attendre aux difficultés, et se pénétrer de l'esprit de sacrifice en se résignant à laisser de côté plus de bien qu'on en fait.

Parmi nos quatre enfants, l'aînée et la plus jeune sont particulièrement intéressantes. Eugènie, qui a huit ans, se montre naïvement surprise de tout ce qu'elle voit et entend ; elle ne sait pas un mot de français et balbutie timidement quelques phrases en patois. Il faut lui montrer les objets et lui en répéter les noms. Son esprit inculte, mais intelligent, s'initie avec joie à tout ce qui est connaissance ; son cœur est sensible à tout ce qui est affection. On dirait qu'elle commence seulement à vivre. Nous lui avons appris qu'elle a une âme, et nous allons nous efforcer de tourner cette âme vers Dieu.

Rosine a six ans ; c'est une enfant dont l'esprit et le cœur sont doués de qualités exceptionnelles, et qu'on a déjà formée à la piété. Je l'appelle, à part moi, mon petit théologien, car elle dit parfois des choses sublimes, lorsqu'elle se met à parler du bon Dieu avec sa ferveur naïve. L'œil pur de son âme lit clairement dans les mystères de la foi ce que de grands savants n'y découvrent qu'avec peine, après de laborieuses études. « Mon Père, a dit Jésus-Christ, je vous remercie de ce que vous avez caché ces choses aux grands et aux sages, et de ce que vous les avez révélées aux petits et aux simples. » Un jour, Rosine, la chétive et mignonne enfant, s'endormit pendant l'office divin. En sortant de l'église, la Sœur le lui reprocha doucement : « Ah ! répondit-elle, M. le Curé m'aura peut-être vue et il grondera ; mais le bon Dieu ne grondera pas, lui, parce qu'il savait bien que j'avais sommeil, et je n'ai pas fait exprès de dormir... » Dieu savait bien que j'avais sommeil... Quelle profondeur dans le raisonnement de cette enfant !

Aujourd'hui c'est grande fête dans notre chapelle. D'après l'ordre de Monseigneur, le Saint-Sacrement doit rester exposé tout le jour dans les chapelles des Communautés en réparation des outrages que les impies se sont proposé de faire à Notre-Seigneur à l'occasion du centenaire de Voltaire. Nous sommes considérées comme Communauté et nous jouissons de ce précieux privilège. Les enfants et les Sœurs viennent adorer avec nous le Saint-Sacrement et multiplient les amendes honorables. Daigne le Dieu des orphelins se laisser un peu dédommager de l'impiété du monde par ces hommages candides que lui offrent de jeunes âmes dans ce petit coin ignoré de la terre !

J'ai eu, ces jours-ci, une profonde émotion. Ma sainte mère, vraie fondatrice de l'œuvre, traite toutes choses avec un si parfait détachement, qu'elle a voulu me céder vis-à-vis des enfants, le titre maternel qui lui revenait de droit. Elle s'est adressée à Monseigneur et lui a demandé si les orphelines ne pourraient point m'appeler Mère. Monseigneur a approuvé et béni cette idée. Mère ! quel nom sacré ! que j'en suis indigne et que d'obligations il m'impose ! Je le reçois, néanmoins, et il me semble alors que l'âme de chacune de ces enfants est un lien qui m'attache à Jésus-Christ, pour l'amour de qui je veux me dévouer à elles !

* * *

Dimanche, 23 Juin.

C'est aujourd'hui la Fête-Dieu. Ce matin, nous avons conduit à la procession de la paroisse nos quatre petites orphelines.

Ce soir une cinquième enfant nous a été amenée, envoyée par M. le Curé de Lure. Elle se nomme Pauline, elle a huit ans et demi, et elle est fille d'une veuve.

Nous croyons devoir modifier notre dessein primitif, qui était de n'admettre généralement que des orphelines de père et de mère. Celles-ci trouvent un asile dans les hospices du département, tandis que les pauvres petits enfants de veufs ou de veuves sont souvent complètement délaissés. Nous en avons des exemples sous les yeux. Rosine a encore son père, mais auprès de ce père il y a une marâtre, laquelle battait l'enfant, la mettait coucher à l'étable ou la laissait seule dans la forêt. Pauvre ange, on se demande comment une main humaine a pu avoir la cruauté de lui meurtrir les ailes ! Son corps est si frêle qu'on craint de le froisser, même par une caresse !

Eugènie était arrivée à l'âge de huit ans sans connaître autre chose que les arbres et les ronces dont sa hutte était entourée, et sans avoir appris qu'il y a au ciel un seul Dieu, infiniment bon, père des pauvres et des orphelins. Et pourtant sa mère est chrétienne, mais cette femme, depuis la mort de son mari, a été obligée de travailler du matin au soir afin de gagner le pain de sa nombreuse famille ; elle demeure loin de l'école et n'a pas le temps d'apprendre à ses plus jeunes enfants le peu qu'elle sait elle-même. Dernièrement, Eugénie penchée vers une de ses compagnes lui murmurait à l'oreille la prière : « O Marie conçue sans péché, priez pour nous qui avons recours à vous. » Et elle ajoutait : « Voilà la prière que maman m'a apprise. Je devais la réciter quand j'allais seule dans les bois pour garder ma chèvre et faire des fagots. » Ce détail m'a profondément touchée. La pauvre mère, qui ne pouvait elle-même veiller sur son enfant, l'avait donc confiée à la Mère du Ciel ! Et le regard maternel de Marie s'abaissait avec tendresse sur cette pauvre petite, et ce fut un regard efficace aussi bien que tendre, puisque enfin l'orpheline a trouvé un abri.

Je veux noter ici la mort de l'architecte de notre chapelle. Il a fait une fin très chrétienne qu'on n'avait pas osé espérer. Cette construction d'un oratoire a été sa dernière œuvre, et elle a porté bonheur à son âme, laquelle avait grand besoin d'être ramenée dans le sentier de la vérité. Ses rapports nécessaires avec mes parents ont dû lui être très profitables. Que de bonnes semences le zèle prudent de ma pieuse mère n'a-t-il pas jeté dans cette âme !

* * *

Lundi, 15 Juillet.

Nous avons un petit ange de plus à La Saulnaire. C'est une enfant d'Aurières, bien naïve, bien ouverte ; elle a sept ans et elle est fille de veuve. Elle se nomme Augustine C... Les voilà six, toutes dignes d'intérêt, toutes intelligentes. Elles s'aiment comme des sœurs, et la joie répandue sur leurs physionomies nous montre combien elles sont heureuses. Leur application au travail est satisfaisante, et leur entrain au jeu remplit d'animation notre chère solitude. Hier, fête patronale de la chapelle et de l'orphelinat, elles ont eu récréation toute la journée. Nous avons choisi ce jour pour leur donner des scapulaires du Sacré-Cœur de Jésus !

* * *

Samedi, 27 Juillet.

Hier, grande fête à l'orphelinat ! C'était la fête de sainte Anne, Patronne de ma bonne mère. Depuis plusieurs semaines les enfants s'y préparaient avec une joie contenue et mystérieuse. Chacune apprenait une fable ou une petite pièce de vers, toutes redoublaient d'ardeur pour avoir à présenter ce jour là leur premier ouvrage achevé. Deux jours avant la sainte Anne, on parcourait déjà la prairie, pour y faire une moisson de verdure et de fleurs, et quand la joyeuse troupe revenait chargée de ses gerbes champêtres, on entendait parfois, de la fenêtre

de ma mère, une voix fraîche et naïve qui s'écriait :
« Sauvons-nous, Madame nous voit ! »

Le 25, on s'occupa, en classe, d'écrire de belles lettres de fête. Chaque enfant eut la sienne ; on guida la main aux moins habiles, mais ces lignes si simples furent l'expression vraie des sentiments de leurs cœurs.

Les bonnes Sœurs prirent une peine inouïe à orner la salle principale de la maison. Elles décorèrent la cheminée, la couvrirent de fleurs au milieu desquelles fut placé le portrait de ma mère, et elles dressèrent une petite table tout environnée de mousseline et de roses, où l'on déposa quelques paires de bas et quelques mouchoirs, ouvrages des enfants.

A cinq heures du soir on revêtit l'uniforme des dimanches. On mit un modeste petit nœud de ruban bleu dans les cheveux de celle qui devait réciter le compliment, puis on fit entrer à grand'peine dans une paire de gants blancs ses petites mains choisies pour offrir le bouquet. La maison était remplie de chuchotements et de parfums, on craignait à chaque instant que les mystérieux préparatifs fussent découverts, et à mesure que l'heure solennelle approchait, je voyais les pèlerines d'uniforme se soulever par les battements de tous ces petits cœurs. Enfin tout est prêt, on prie ma mère de venir, et elle se trouve au milieu de fraîches guirlandes qui lui donnent aussitôt la clé du mystère charmant dont elle n'avait pu manquer de s'apercevoir depuis quelques jours. Les deux Sœurs, debout et gantées, lui offrent leurs vœux, puis nous font asseoir pour entendre les enfants.

Joséphine, tenant son bouquet avec une gaucherie délicieuse, vient faire sa plus profonde révérence, et récite le compliment d'une manière simple, mais expressive.

La mignonne Rosine dit une jolie pièce de vers intitulée : *Les Lunettes.* Marie, ordinairement turbulente, a été exercée à répéter d'une voix calme, douce et pieuse, une hymne à l'Enfant Jésus. Eugénie, l'enfant des bois, récite une fable avec cet accent encore indécis qui donne à son langage un cachet quelque peu étranger assez sympathique. Pauline, l'enfant de la ville, qui a vu et entendu plus que ses compagnes, expose modestement une petite morale ayant pour but la manière de parler à propos et d'écouter avec fruit. Quant à Augustine, la dernière venue, elle s'avance timidement et récite, elle aussi, une courte poésie en l'honneur du saint Ange Gardien. Quand elle termine par ces mots : « Bon Ange, donnez-moi la main », elle est si candide qu'on aurait peine à la distinguer de son Ange.

Ensuite les six enfants vont à la petite table où se trouve l'humble exposition des ouvrages, chacune en prend une partie et vient, triomphante, l'offrir à celle qui, suivant leur propre et juste expression, leur a tout donné après le bon Dieu. Ces ouvrages doivent servir à leurs modestes trousseaux ; elles les ont confectionnés sous la direction des excellentes Sœurs.

Puis quand elles ont tout dit, tout offert, elles s'arrêtent immobiles et ravies de la solennité de leurs naïfs hommages et attendent.

Elles n'attendirent pas longtemps. Ma bonne mère leur adressa la parole dans un langage à leur portée qui fut éloquent tout autant que simple. Après avoir remercié les Sœurs, elle dit aux enfants : « Écoutez-moi bien, je vais essayer de vous faire comprendre pourquoi vous êtes ici. Un jour, nous avons pensé au bon Dieu et nous nous sommes dit : Oh ! qu'il est bon !... qu'il est grand !... qu'il est beau !... combien il faut l'aimer !... Oui, nous voulons l'aimer, mais pour cela nous avons trop peu de cœurs... chacune un seulement... il nous en faudrait beaucoup, beaucoup !... et alors, mes enfants, nous avons songé à vous et nous nous sommes dit que vos jeunes cœurs nous aideraient à aimer le bon Dieu... et nous les avons appelés tout près des nôtres pour l'aimer ensemble. Me comprenez-vous ?... Donc, si nous vous avons recueillies dans cette maison, c'est non seulement pour soigner vos petits corps, pour vous donner la nourriture et le vêtement, mais c'est encore et surtout pour soigner et élever vos âmes, afin que vous connaissiez le bon Dieu, et que vous l'aimiez et le serviez toute votre vie. N'oubliez jamais, mes enfants, que nous voulons aimer beaucoup le bon Dieu avec vos cœurs !... »

Les physionomies intelligentes et émues des petites filles indiquaient assez qu'elles avaient parfaitement saisi le sens de ces paroles. Ma mère se leva, et avant de les quitter, leur promit un congé pour le lendemain et une grande promenade ayant pour but la statue de sainte Anne qui se trouve au jardin du pensionnat des Sœurs de la divine Providence à Lure. Cette promenade aura lieu dans le courant de l'été. Elle servira de stimulant aux efforts des enfants pendant quelques semaines.

* * *

16 Août.

Un gracieux incident a eu lieu ces jours-ci à l'orphelinat. Les enfants ont recueilli, au pied d'un contrefort de la chapelle, une pauvre petite hirondelle tombée du nid et se sont prises d'affection pour elle. La considérant comme une orpheline, elles la soignaient avec sollicitude ; elles se sentaient fières d'entourer de leur protection un être plus faible qu'elles, et l'on eut dit qu'elles cherchaient à lui rendre un peu du bien qu'on leur fait. A peine sorties de la classe, elles couraient chercher des moucherons et les lui portaient. C'était un tableau qui devenait presque un poème de voir alors cette pauvre hirondelle entourée de six orphelines, battre à leur approche son petit corps meurtri de ses ailes naissantes et recevoir la nourriture de leurs chétives mains.

Puis du poème on entrait dans la méditation, et de la méditation dans la prière ; car auprès de l'hirondelle on apprenait à louer le Dieu des petits et des pauvres ; on plaignait l'oiseau de ne pouvoir offrir son petit cœur au bon Dieu, et on se réjouissait d'avoir un cœur fait tout exprès pour aimer Celui qui l'a créé.

Un jour pourtant, les enfants accoururent à moi toutes bouleversées en disant : « Mère, l'hirondelle est morte ! » En effet ce n'était plus qu'un petit amas de plumes qu'on jeta par une fenêtre. Alors je leur expliquai que si tout était fini pour le pauvre oiseau, il n'en serait pas de même pour nous après notre mort ; je leur parlai du ciel, de la résurrection... je leur donnai rendez-vous là-haut...

Ce sont de jeunes âmes qu'il est très facile de porter à la piété, et qui ont des sentiments généreux envers Notre-Seigneur. Je veux noter ici un trait qui m'a bien touchée. C'était un jour où il faisait très chaud et où elles s'étaient beaucoup agitées à la récréation. En rentrant, l'une d'elles me dit : « Mère, j'ai soif ! » Rien de plus contagieux, parmi les enfants, au mois d'août, que cette exclamation, et les six fillettes eurent bientôt leurs mains tendues vers moi pour s'écrier : « Nous avons soif ! » — « Vous avez trop chaud, mes enfants, leur répondis-je, pour que je puisse vous donner à boire en dehors d'un repas. Dans une heure vous dînerez, vous attendrez bien jusque là. » Mais toutes murmuraient encore : « O mère, nous avons soif ! » Alors, me trounant vers le grand crucifix qui protège l'école, je repris : « Songez-vous, mes petites filles, qu'il y a eu quelqu'un· qui a eu très soif à cause de vous ?... C'est Notre-Seigneur sur la croix... Et on lui a donné du vinaigre... et il a eu encore plus soif après... Et... j'allais continuer, lorsqu'une voix enfantine, mais vibrante d'énergie m'interrompit : « Mère, je n'ai plus soif ! » C'était Marie P... qui avait eu cet élan spontané et généreux, vraiment parti de son âme. Avant de me laisser exposer les conséquences pratiques de la soif de Notre-Seigneur, elle en avait saisi l'application : la grâce avait pénétré son esprit et son cœur d'un trait de lumière, et elle avait été sur le champ docile à la grâce. Ses compagnes répétèrent l'une après l'autre : « Je n'ai plus soif » par ce motif que l'enfant est essentiellement imitateur. Leur ton n'était point empreint de cette ardeur fervente qui avait caractérisé la première exclamation, mais il était sincère, pieux et soumis... on sentait qu'elles avaient toutes compris le bon mouvement de Marie et qu'elles s'y associaient volontiers. Il n'y eut que notre dernière venue, la petite Augustine, qui, les regardant avec de grands yeux étonnés, me dit naïvement : « Mère, moi z'ai encore soif ! » Cet aveu si franc, si naïf, n'était point une note discordante, mais plutôt un harmonieux contraste dans le concert qui s'élevait de ces cœurs purs, vers Jésus crucifié et altéré. Les regards attachés sur le crucifix, elles offraient joyeusement une heure de soif à leur bon Sauveur.

Je ne crois pas qu'elles m'aient procuré, depuis qu'elles sont ici, une plus douce consolation ; cela m'est allé au fond de l'âme !

Dimanche dernier, fête de la sainte Couronne d'épines, je leur ai fait une petite instruction qu'elles ont parfaitement comprise. Je leur ai développé cette pensée que lorsqu'on commet des péchés, on enfonce en quelque sorte des épines dans le front adorable de Jésus. Je leur ai dit : « Si vous vous étiez trouvées là quand on tourmenta Notre-Seigneur, et si l'un des méchants soldats vous avait promis des bonbons pour que vous allassiez cueillir les épines de la couronne, y seriez-vous allées ? » Je leur avais posé cette question afin de provoquer le « Non, mère !... » qu'elles prononcèrent de toutes leurs forces et tout d'une voix. — « Et les bonbons, repris-je en souriant, vous n'en auriez point eu ?... « Mère, répondit finement la petite Rosine, les soldats ne nous en auraient pas donné quand même nous aurions cueilli les épines de la couronne. » Je n'étais point encore satisfaite et j'insistai : « Mais si vous aviez été sûres qu'ils vous en donneraient de très bons, auriez-vous, pour cela, voulu faire mal au bon Dieu en cherchant des épines qu'on devait lui mettre sur la tête ?... » — « Non, mère ! non mère ! nous n'aurions pas voulu les bonbons, nous n'aurions pas fait mal au bon Dieu ! » — « Hélas ! mes pauvres enfants, cela vous arrive pourtant toutes les fois que vous commettez des fautes. Vous le savez, c'est pour nos péchés que Jésus a été couronné d'épines ; donc, quand nous péchons, c'est comme si nous lui disions : « Cela m'est bien égal que vous ayez souffert... vous n'avez pas encore eu assez d'épines dans votre couronne... je vais y en ajouter ». Lorsque vous êtes tentées de désobéir, de mentir, de parler pendant le silence, etc... c'est le diable qui vous offre un bonbon afin que vous alliez cueillir des épines pour la couronne de Notre-Seigneur. Ce bonbon, c'est le plaisir que vous trouvez à désobéir, à mentir ou à causer, mais il y a dans ce bonbon du poison qui rend votre âme malade dès que vous l'avez pris. N'est-il pas vrai que vous avez déjà mangé de ces bonbons que vous apporte l'ange noir ? »

Dès lors je n'eus plus qu'à me taire et à jouir au pied du crucifix de l'impression profonde dont tous ces petits cœurs étaient pénétrés. J'admirais comment le travail de la grâce s'opère dans les âmes par de grossiers instruments... mes paroles, peu éloquentes, n'avaient point été celles d'un apôtre, et cependant elles avaient enflammé cet innocent auditoire. Chacune des enfants faisait, à son insu, une petite confession publique : « Je ne causerai plus au dortoir », disait l'une : « Je ne mentirai plus » disait l'autre. « Je ne m'amuserai plus pendant l'étude », s'écriait une troisième. Puis elles baisèrent avec ardeur une image de Jésus couronné d'épines que je leur avais apportée.

Le même jour, dans l'après-midi, elles reçurent des médailles qui leur ont été envoyées du Carmel de

Fourvières par ma meilleure amie d'enfance, Sœur Pauline de Jésus, en souvenir de sa profession religieuse qu'elle vient de faire. Ces médailles venues d'un cloître produisirent-elles un effet mystérieux sur leurs jeunes cœurs, je l'ignore ; mais le soir, toutes s'élancèrent vers moi en me disant : « Mère, nous voulons être religieuses et vous serez notre Mère ! » Puissent-elles être toutes fidèles au bon Dieu dans les différentes voies où il lui plaira de les appeler !

* * *

Vendredi, 6 Septembre.

Aujourd'hui nos enfants ont fait une grande action : elles se sont confessées pour la première fois. Depuis plusieurs semaines on les y préparait avec soin. La petite Rosine elle-même, laissant échapper un gros soupir de sa poitrine de six ans, m'avait dit : « O Mère, comme je serai contente quand mes péchés seront sortis ! » Un jour je la trouvai fondant en larmes et je lui demandai la cause de son chagrin : « C'est, dit-elle, que j'ai fait mal au bon Dieu ! » La Sœur venait de leur exposer les motifs de la contrition et leur avait parlé des souffrances de Notre-Seigneur sur la croix.

Hier fut un jour de recueillement et de préparation sérieuse à leur grand acte. En arrachant l'herbe dans les allées du jardin, elles se disaient les unes aux autres : « Quand nous nous confesserons, nous ôterons l'herbe du jardin de notre cœur. »

Après avoir assisté à la messe, elles se sont toutes approchées du tribunal de la pénitence avec un saint tremblement et une douce piété. Elles ont été recueillies et bien sages tout le jour, se réjouissant d'avoir l'âme blanche, et craignant d'y faire de nouvelles taches. Elles ont accompli cet acte important le premier vendredi du mois, sous la protection du divin Cœur de Jésus.

* * *

Samedi soir, 14 Septembre.

Je suis bien touchée de la manière dont les enfants viennent de souhaiter la fête à celle qui, tout indigne, porte le titre de leur mère adoptive. Ce sera demain la fête du saint Nom de Marie, et à cette occasion, les bonnes Sœurs avaient préparé une charmante cérémonie, digne pendant de la sainte Anne. La salle de récréation, fermée pour moi depuis plusieurs jours, était ornée de draperies blanches et bleues. Entre les deux fenêtres une table garnie de mousseline et couverte de fleurs supportait un gracieux emblème que je ne pus considérer sans un mélange de confusion et de joie. Deux anges tenaient une couronne de roses blanches au-dessus d'un chiffre de la sainte Vierge, au milieu duquel était placée la photographie de la mère. Du cœur de chaque rose s'échappait un petit billet où était inscrit le nom d'une des enfants. Parmi ces fleurs épanouies, on remarquait un bouton représentant l'avenir, l'augmentation future de cette intéressante famille adoptive. Mon cœur battit bien fort quand j'entrai dans la jolie salle où les fillettes se trouvaient rangées et quand je vis ma mignonne Rosine s'avancer vers moi, un bouquet à la main. Quelque légères que fussent ces fleurs, son petit bras fléchissait sous leur poids. Elle chanta d'une voix encore inexercée un solo qui fut suivi d'un chœur, dont les paroles avaient été choisies pour la circonstance. Ensuite elle me fit les plus tendres promesses, m'exprimant sa reconnaissance et celle de ses compagnes, et me demandant pour toutes, en ce jour, de maternels baisers.

Chacune vint à son tour réciter une pièce de vers. Elles m'offrirent ensuite les ouvrages qu'elles avaient confectionnés pour leurs trousseaux.

Je tâchai de surmonter mon émotion pour remercier les Sœurs et pour adresser quelques mots aux enfants, m'efforçant de tourner vers Notre-Seigneur, la sainte Vierge, leurs petits cœurs qui m'ouvraient si naïvement leurs trésors.

Plus j'avance dans cette voie, plus je me sens confondue et anéantie devant Dieu ! Il me donne tout, et je ne lui donne absolument rien !... Les douceurs de la famille se trouvent étroitement liées pour moi aux jouissances de la charité et de la piété. Ce soir, j'écris dans ma chambre toute voisine de la tribune, je n'ai qu'à ouvrir une porte et je me trouve en face du tabernacle ! Une autre porte fait communiquer ma chambre avec celle de ma mère ! Oh ! quelle position exceptionnelle ! Mon Dieu, éclairez-moi et fortifiez-moi, afin que je connaisse et que j'accomplisse tout ce que vous êtes en droit d'attendre de moi pour de pareilles faveurs !

* * *

Vendredi, 20 Septembre.

Depuis longtemps nous avions promis aux enfants une grande promenade à Lure. Nous devions les y conduire lundi dernier, mais le mauvais temps s'y est opposé ; puis hier, mais un autre obstacle est survenu. La première déception, celle de lundi, mouilla de quelques larmes les yeux de nos enfants peu accoutumées au sacrifice, nous profitâmes de cette occasion pour leur apprendre à supporter sans mauvaise humeur une légère contrariété, à ne jamais compter sur un plaisir et à soumettre toutes leurs satisfactions à la volonté de Dieu. Aussi furent-elles très raisonnables et très gentilles hier, lorsqu'au moment où elles se préparaient pour la seconde fois à sortir, nous leur dîmes qu'elles devaient rester. Dans toutes les conditions il y a des contrariétés à supporter, des sacrifices à faire, et il est très important de s'y accoutumer dès le jeune âge. Rompre leur petite volonté propre, ou plutôt la plier doucement sous le joug de la volonté divine, voilà ce que je m'efforcerai d'inculquer tous les jours à ces jeunes âmes, car je sens que cette vue habituelle du bon plaisir divin à laquelle ma sainte mère m'a accoutumée dès l'enfance est un principe de bonheur inaltérable. Ce principe est surtout nécessaire à nos chères orphelines dont la vie doit être essentiellement dépendante.

Aujourd'hui nous avons donc réalisé la promesse qui depuis longtemps faisait battre de joie leurs petits cœurs. Nous les avons conduites en voiture au pensionnat Sainte-Anne, de Lure, où elles ont passé l'après-midi. Elles se sont bien amusées au jardin, elles y ont admiré la statue représentant la mère de la sainte Vierge et se sont agenouillées devant une jolie grotte de Notre-Dame de Lourdes. Malgré leur joie, vers le soir, un peu avant l'heure du retour, elles réclamaient leur chère Saulnaire et leurs bons petits lits. Elles y dorment maintenant d'un sommeil paisible.

* * *

Samedi, 23 Novembre.

Dimanche dernier a été le jour anniversaire de la bénédiction de notre chapelle. Suivant toutes les apparences, nous devions passer ce jour au milieu de nos enfants, dans notre chère solitude ; mais la Providence en avait disposé autrement, et dimanche dernier, mère et moi, nous nous trouvions bien loin d'ici, au Carmel de Fourvières.

C'était notre première absence depuis la fondation de l'orphelinat. Nos chères enfants nous avaient vu partir avec émotion ; leur souvenir ne nous quitta point. Notre œuvre, d'ailleurs, a un précieux appui devant Dieu dans les prières de Sœur Pauline de Jésus, laquelle nous a promis d'en faire l'un des principaux buts de sa vie de sacrifice et d'oraison.

Ce furent deux journées célestes que nous passâmes à Fourvières, de ces journées où l'on ne vit point par le corps, mais par l'âme ; nous n'eûmes pas même l'idée d'entrer dans Lyon : le cloître et le pèlerinage eurent tous nos instants. Le 18 novembre, à huit heures du matin, la cloche du monastère annonça la cérémonie de Prise de voile de ma chère amie. Son Éminence, Mgr Caverot, vint présider. Ma mère et moi, nous remplaçâmes auprès de la religieuse sa mère et sa sœur, car Dieu avait permis qu'aucun membre de sa famille ne voulut assister à la consommation de son sacrifice et ne se sentît le courage de voir s'étendre le drap mortuaire sur la nouvelle Épouse de Jésus-Christ. Lorsqu'elle se releva, elle semblait investie d'une vie divine, et ce fut avec autant d'autorité que de tendresse qu'elle m'adressa de fraternels encouragements lorsque nous nous fîmes nos solennels adieux. Des liens plus étroits encore uniront désormais nos âmes, quoique nous marchions dans des voies différentes, nous avons le même but qui est de nous dévouer pour Notre-Seigneur. S. Em. Mgr l'Archevêque de Lyon fut présent à nos adieux. Notre chère carmélite lui dit : « Mon Père, voici ma sœur, daignez lui donner une bénédiction toute spéciale, en vous

rappelant l'œuvre à laquelle elle s'est consacrée. »
Alors le visage austère du prélat prit une expression
de douce bonté, il me fit une paternelle et onctueuse
exhortation. Ma mère, Pauline et moi, nous tom-
bâmes à genoux et sa main nous bénit. Ma carmélite
et moi, nous nous jetâmes à travers les grilles un
dernier regard ; le visage de Pauline de Jésus était
radieux sous son voile noir et sa couronne blanche
que je lui avais envoyée pour sa profession.

Nous ne nous reverrons sans doute plus jamais
ici-bas. Il est difficile que deux amies s'aiment
d'une affection plus ancienne et plus profonde que
la nôtre ; aussi quel ne fut point notre bonheur de
nous séparer l'une de l'autre pour l'amour de Jésus-
Christ. Ce bonheur, nous l'exprimâmes en quelques
mots, puis les lourdes portes du cloître se refermè-
rent entre nous. Le lendemain nous étions de retour
et nous serrions dans nos bras nos chères orphelines
qui nous avaient attendues avec impatience.

* * *

Lundi, 16 Décembre.

C'est aujourd'hui la fête de Sœur Adélaïde. Les
enfants que nous y avions préparées depuis quelques
semaines, la lui ont souhaitée hier soir. Après le
chant, notre petite Augustine portant un bouquet
de roses artificielles épanouies dans la mousse, a
récité le compliment, puis chacune de ses compagnes

une pièce de vers. La soirée s'est terminée gaîment et aujourd'hui on a eu de longues récréations et quelques douceurs.

* * *

Mercredi, 25 Décembre.

Cette belle fête de Noël est par excellence la fête des enfants. Nos fillettes l'ont attendue avec une sainte impatience et célébrée avec une joyeuse piété. Depuis une quinzaine de jours, nous les exercions à un chant très simple qu'elles devaient redire pendant la messe de minuit. Elles comptaient les heures qui les séparaient encore de cette bienheureuse nuit et ne pouvaient les voir couler assez vite. Mais leur préparation ne s'est point bornée à se réjouir ; elles se sont préparées d'une manière très fructueuse, s'efforçant d'orner leurs cœurs afin qu'ils fussent moins indignes de recevoir Jésus. La paresse, la désobéissance, la colère ont été fortement combattues comme ennemies du divin Enfant.

Enfin la vigile de Noël est arrivée. On l'a passée dans le recueillement et la sagesse. A cinq heures du soir, mère et moi leur avons servi leur souper, puis nous avons fait la prière avec elles et nous les avons mises dans leurs petits lits qu'elles ont quittés à onze heures et demie. Une bonne tasse de lait chaud attendait chacune d'elles au foyer de la cuisine.

A minuit elles se rendirent à la chapelle. O nuit

céleste, surtout dans notre solitude ! Au dehors, la neige et le silence ; au-dedans, la lumière et les chants. Des guirlandes de roses, d'où s'échappaient des bougies scintillantes, ornaient les murailles du chœur. L'autel illuminé innondait de clarté l'enceinte bénie, et un Enfant Jésus souriant nous tendait les bras. A ses pieds nos six petits anges, nos deux religieuses, mes bons parents, leurs domestiques et leurs ouvriers formaient une réunion que je ne me lassais pas de contempler. Oh ! combien il est vrai que le bonheur ne se trouve qu'aux pieds de Jésus-Christ. Oh ! que nous étions heureux à cette messe ! Ce fut une messe basse pendant laquelle nous chantâmes un *Adeste fideles*, dont le refrain *Venite adoremus* fut redit par les voix fraîches et naïves de nos enfants.

* * *

Mercredi, 8 Janvier 1879.

Nous venons d'entrer dans une nouvelle année. Durant les derniers jours de celle qui vient de s'écouler, nos enfants ont redoublé d'efforts sur elles-mêmes, afin de témoigner au bon Dieu leur reconnaissance pour les biens qu'elles avaient reçus de lui, et leur repentir pour les fautes qu'elles avaient commises depuis un an. Comme je leur expliquais les prières publiques qui se font dans nos églises le dernier dimanche de l'année, je leur demandai : « Parmi les grâces que vous avez reçues du bon Dieu pendant ces douze mois, quelle est celle dont vous devez le plus le remercier ? » Marie s'écria aussitôt : « Nous devons surtout le remercier de ce que nous sommes ici. » L'intelligente réponse de cette enfant m'a prouvé la précision de son jugement et les bonnes dispositions de son cœur. De telles dispositions ne peuvent qu'être développées par l'excellente direction des Sœurs qui profitent des moindres circonstances pour élever leurs sentiments.

L'hiver, d'une rigueur exceptionnelle, nous amène un très grand nombre de pauvres voyageurs, quelquefois des familles entières sans abri et sans pain. Ma charitable mère les soulage de son mieux. Or, la veille du jour de l'an, les religieuses ayant dit aux enfants : « Aujourd'hui vous dînerez pour la dernière fois cette année, nous ne vous préparerons plus à dîner », leurs petites têtes ne saisirent pas le vrai sens de ce jeu de mots, et elles se mirent à en chercher l'explication par mille conjectures, ce qui donna lieu à une causerie charmante.

« Nous n'aurons plus à dîner, dit Pauline, c'est sans doute parce qu'il y a trop de pauvres. Madame ne peut pas leur donner à manger autant qu'elle leur donnerait si nous n'étions pas ici. » — « Quel dommage, soupira Augustine, que ce soit le dîner qu'on supprime !... c'est justement à ce repas que j'ai le plus faim ! » — « Ne nous plaignons pas, interrompit la petite Rosine, quand on a un bon déjeuner comme le nôtre, on peut bien se passer de dîner. » — « Il ne faudra peut-être pas répéter cela à mère, observa mystérieusement Joséphine, parce qu'elle gronderait les Sœurs. » — « Allons donc, répartit Marie en haussant les épaules, est-ce que tu ne vois pas que Madame, mère et les sœurs s'entendent toujours ! » — « Eh bien ! oui, dirent-elles toutes ensemble, nous donnerons notre dîner pour les pauvres et nous raconterons tout à mère ». En effet, elles ne tardèrent pas à me confier toutes leurs impressions, et je leur expliquai les paroles qu'elles avaient mal comprises. Alors elles se mirent à battre des mains et à sauter de joie. Je demandai ensuite à Pauline si elle n'aurait pas préféré céder aux pauvres un autre repas que le dîner. « Non, mère, me répondit-elle, j'aurais mieux aimé leur donner ce qu'il y a de meilleur. »

Un jour, ma bonne mère, n'ayant plus de vêtements à donner, raccommoda l'habillement dégoûtant d'un malheureux à qui elle avait fait l'aumône. Les Sœurs, l'ayant su, citèrent cette action comme exemple aux enfants, lesquelles témoignent facilement leurs petites répugnances. L'une d'elles, craignant de se salir les mains en épluchant des légumes, la Sœur lui dit : « Pense à ce que les mains de Madame ont fait hier ! » Aussitôt la fillette se mit à la besogne avec ardeur. Quelle force que celle de l'exemple !

* * *

22 Janvier.

Depuis quelques jours, grande réjouissance parmi nos fillettes, car nous leur avions annoncé qu'elles allaient avoir une petite sœur. C'est une pauvre enfant de Malbouhans qui vient de perdre sa mère et qui n'a pas encore achevé sa cinquième année. Elle est arrivée aujourd'hui, et ses compagnes l'ont reçue avec un touchant enthousiasme. Marie G... (c'est son nom), n'a jamais reçu, on le voit, la moindre notion d'obéissance, et c'est avec les allures d'une petite rebelle qu'elle a fait son entrée dans la maison, à coup de pied et à coup de poing. Ma bonne mère, les Sœurs et moi, nous l'avons tenue à tour de rôle dans nos bras, où elle a poussé des cris perçants pendant plusieurs heures. L'accablement ayant succédé à cette crise de colère, elle s'est endormie sur mes genoux, et chacune des anciennes est venue tout doucement déposer un baiser sur son front avec une tendresse fraternelle. Elle s'est éveillée en souriant, et nous avons fait avec elle et les autres enfants une grande ronde qui a commencé à l'acclimater. Maintenant elle repose en paix dans le septième lit de notre dortoir : un ange gardien de plus veille désormais sur le sommeil de l'innocence à l'orphelinat de La Saulnaire.

● ● ●

Vendredi, 7 Février.

Aujourd'hui les enfants ont fait leur seconde confession. Une seule d'entre elles, notre petite Marie G... ne s'est point présentée au saint tribunal : sa jeune âme toute neuve n'a point encore contracté de taches. Oui, c'est vraiment une âme neuve qui s'ouvre à la connaissance du bien et du bon. Pauvre petite Marie, si vive, si pétulante ! L'autre jour elle s'est échappée des mains d'une des religieuses qui voulait l'empêcher de courir, elle est tombée sur une pierre aigüe et s'est fait une contusion à la tête. Elle a pleuré et a été bien confuse de ce que son bon ange l'avait abandonnée à cause de sa désobéissance. Une personne étrangère, ayant vu la cicatrice du coup lui demanda : « Que t'est-il donc arrivé, mon enfant ? » — « Ah, répondit-elle, j'ai désobéi ! Quand je me serai confessée, on n'y verra plus rien ! » Mais les eaux de la pénitence n'ont pas été nécessaires, ni pour sa petite âme pure, ni pour son front guéri.

Nous avions cru d'abord que cette enfant serait froide, revêche, insensible et rebelle, et nous nous réjouissions tout bas du mérite que nous pourrions acquérir en lui donnant des soins pénibles et infructueux ; mais c'est tout le contraire qui arrive. L'enfant devient chaque jour plus affectueuse, plus gentille, plus intelligente. Elle prend goût à l'obéissance dont elle ne s'était pas fait la moindre idée jusqu'ici ; elle est pétillante d'espièglerie et nous

montre un très bon cœur. Ma bonne mère a sur elle
un grand ascendant et lui inspire une vive tendresse
depuis le jour où elle lui a infligé, pour une résis-
tance, une sévère correction.

En effet, la sévérité à l'égard des enfants, quand
elle provient d'un réel dévouement, exerce sur leurs
petits cœurs une attraction bien autrement forte
que celle des plus séduisantes gâteries. Les enfants
ont une sorte d'intuition pour reconnaître les personnes qui les aiment d'un amour vrai, lequel se
manifeste mieux encore par les châtiments infligés
à propos que par d'habituelles caresses.

Toutefois ce ne sont pas les caresses qui manquent
à notre dernière venue : son jeune âge les réclame
et nous sentons nous-mêmes le besoin de lui témoigner ainsi l'affection que nous lui avons vouée en
Dieu. Elle vient en courant se jeter dans nos bras
et nous présente son front à baiser. Les deux premiers jours de son installation, elle s'éloignait de
moi d'un air maussade, aussi ai-je éprouvé une douce
surprise la première fois que, se serrant sur mon
cœur, elle m'a dit : « Mère, je vous aime ! »

O mon Dieu, vous le savez, ce n'est pas pour moi
que je veux garder l'amour si pur de tous ces bons
petits cœurs ! Je ne veux user de l'influence que je
pourrai avoir sur eux que pour les tourner vers
Vous ! Oh ! quelle consolation, quel bonheur je
ressens lorsque le matin, penchée sur la couchette
de notre petite Marie, j'épie son réveil pour faire

monter sa première pensée jusqu'à Vous, mon Dieu, et pour guider sa main qui ne sait pas encore bien former le signe de la croix ! Et puis, quand elle dit de sa voix naïve : « Sainte Vierge, ma bonne Mère, donnez-moi votre bénédiction », il me semble voir passer sur les murailles blanches du dortoir, éclairé par la lampe suspendue, l'ombre bénie de la Reine du Ciel !

———

CHAPITRE VII

Développement de l'Œuvre
Épreuves

Quand le nombre de ses enfants s'accrut, Mlle Worm n'eut plus le temps de continuer son journal. Mais les pages que nous venons de citer montrent assez dans quel esprit avait été entreprise et exécutée la fondation de l'orphelinat. Celle qui les a laissées jaillir de sa plume n'a songé qu'à s'effacer ; elle a parlé de ses joies et non de ses sacrifices. On devine sans peine qu'une telle œuvre exigeait un réel dévouement et une abnégation perpétuelle. « Si vous ne faites pas cette œuvre purement et simplement pour le bon Dieu, disait souvent M. Worm à ces dames, ce n'est rien ! »

Peu de temps après l'ouverture de l'orphelinat on décida de renoncer à la verrerie. C'est à regret qu'on vit s'éloigner les ouvriers auxquels on s'était tant intéressé ; mais désormais tous les efforts devaient se concentrer sur l'éducation des enfants.

Mmes Worm s'interdirent alors tout voyage d'agrément, toutes relations non prescrites par la politesse ou l'amitié, et s'astreignirent à un labeur quotidien. Dès six heures du matin, Mlle Marie se trouvait au dortoir des enfants, et, avec l'aide des Sœurs, habillait et peignait les toutes petites et montrait aux autres à faire leurs lits. Elle avait ses heures de classe ou d'instruction religieuse pendant lesquelles son âme s'épanchait dans celles de ses élèves pour les remplir de l'amour de Dieu. Les fêtes liturgiques surtout excitaient son zèle pieux ; elle tenait à en expliquer le sens et les beautés. Les récréations qu'elle surveillait chaque jour lui fournissaient mille occasions d'élever vers Dieu les âmes qu'elle avait adoptées.

Avec quel soin ne les préparait-elle pas à leur première Communion ! Elle avait composé à cette intention des prières à réciter pendant la sainte Messe, prières dont on a gardé le plus délicieux souvenir. Et voici ce qu'elle écrivit au revers d'une image de première Communion : « Ame de ma chère enfant, je t'en conjure, n'oublie jamais ton bonheur et tes promesses d'aujourd'hui ! Plus tard, tu vivras loin de cette maison où tu es élevée, loin de cette chapelle où tu viens de recevoir ton Dieu pour la première fois. Ah ! si le monde veut alors t'entraîner, si le démon cherche à te perdre, jette un regard sur cette image et souviens-toi de Jésus. Ame de mon enfant, je t'en supplie, n'abandonne jamais le Dieu de ta première Communion ! »

Mais elle cherchait à former des âmes viriles autant que pieuses. Tout en enseignant à leurs orphelines les moyens d'améliorer plus tard leur situation, Mmes Worm savaient leur faire aimer leur pauvreté et leur dépendance en mettant sous leurs yeux les exemples de Notre-Seigneur et de la sainte Vierge. Les vers suivants, mis dans la bouche d'une communiante, expriment ces sentiments :

Sous le voile tout blanc, mon heureux front s'incline,
Je crois respirer l'air de la sainte Cité ;
Je reprendrai demain ma robe d'orpheline,
Puisque Dieu m'aime ainsi, vive la pauvreté !

Vive la pauvreté, mais mon cœur t'en supplie,
A pleines mains, Seigneur, rends ce qu'on fait pour moi !
Tu vois mon indigence, ô Richesse infinie,
Ouvre donc tes trésors... mes dettes sont à Toi.

Et ton amour Jésus, ah ! comment te le rendre ?...
Hélas ! quel don t'offrir du fond de mon néant ?...
Si ta gloire, ô mon Dieu, peut jaillir de ma cendre,
D'un seul de tes regards consume ton enfant !

Je suis un vermisseau recueilli dans la fange,
Et tu marques ma place au pied de ton autel !...
Puissé-je désormais y vivre comme un ange
En attendant le jour du festin éternel !

D'après les lois scolaires, il était utile que Mlle Marie prît le titre de directrice de son école ; c'est pourquoi elle ne craignit pas, malgré son âge, de se soumettre à l'épreuve des examens, pour obtenir le diplôme nécessaire, épreuve qu'elle subit d'ailleurs avec succès. Elle sut agrémenter sa composition littéraire d'un quatrain qui lui valut les éloges de l'Académie.

Que de patience il fallut aux chères fondatrices pour former au travail les doigts inhabiles de leurs enfants d'adoption ! Il importait de leur apprendre à gagner leur vie, et l'on accepta des commandes de lingerie. Plus d'une fois, hélas ! ces dames furent obligées de défaire et refaire elles-mêmes coutures ou broderies que des personnes tant soit peu exigeantes auraient refusées. Souvent aussi elles veillaient pour préparer les ouvrages ou raccommoder les vêtements des enfants.

Puis le bon Dieu permit une dure épreuve : la faillite d'un banquier fit perdre à la famille Worm une bonne partie de sa fortune. Ce fut alors qu'éclata son héroïque charité. « Laissons faire le bon Dieu, répétait M. Worm dans les moments les plus pénibles, il s'y entend mieux que nous. »

Et le saint abbé Worm écrivait alors à sa nièce : « Une voie nouvelle s'ouvre devant toi, je veux dire celle où l'on apprend à vivre sous la vraie dépendance du Seigneur. N'est-ce pas la consolation la plus grande d'appeler Dieu son Père ?... En vérité, les gens du siècle, avec leur ombre de fortune, me font compassion. Leur or a semblé tellement méprisable que Notre-Seigneur n'en a point voulu, ni pour Lui-même, ni pour sa Mère immaculée. La conformité à la Volonté divine avec laquelle La Saulnaire a reçu de pénibles épreuves m'a fort édifié. »

Une autre fois : « Pour une seule âme, le divin Enfant n'eût point reculé devant une vie de larmes, de peines, de souffrances. Or, dans ta jeune famille, on ne compte pas moins de dix-sept âmes ; cela vaut bien des sacrifices... Habitue-toi, dans tes prières, à présenter les orphelines au divin Maître : « Elles sont vôtres, avant tout, aidez-moi à les élever. » Tes orphelines sont des prédestinées qui ouvriront le ciel à leurs bienfaiteurs... Inspire à tes jeunes filles l'amour du divin Sacrement ; c'est l'efficace remède pour les guérir de toutes les atteintes du siècle... »

« ...Les épreuves arrivées à ta famille ne sont aucunement un témoignage de déplaisir de l'Hôte divin. Il aime son tabernacle et y tient en réserve les trésors de son amour. Or les épines constituent la part de choix de ses richesses. Elles tombent d'ordinaire plus abondamment sur ceux qui sont plus rapprochés du Seigneur... »

« ...J'approuve ton dessein de n'avoir avec le dehors que des relations de pure charité ou nécessité. C'est l'efficace moyen de rendre plus intime le commerce avec l'Hôte eucharistique. Lui seul est l'Ami par excellence ; sa conversation n'engendre ni ennui, ni tristesse, ni désenchantement... Mais les soucis ne s'en vont pas tout seuls, lors de la

prière, et comme par ordre réglé. Il faut les jeter
pêle-mêle au sein de la divine Bonté : « *Jette ton
soin au Seigneur et il te nourrira.* »

Pour ne pas diminuer le nombre de leurs proté-
gées, Mmes Worm s'imposèrent de nouvelles privations. Elles renvoyèrent leur jardinier fleuriste,
se mirent à confectionner elles-mêmes leurs robes et
leurs chapeaux, et redoublèrent de diligence dans
les travaux à l'aiguille. « Nous connûmes alors de
vrais beaux jours au point de vue spirituel, écrit
Mlle Marie ; travailler et compter pour que nos chères
petites ne manquassent de rien, cela ne valait-il
pas cent fois mieux que de leur donner notre superflu ? » L'amour maternel qui remplissait **son cœur**
lui fournissait mille expédients pour ajouter au
nécessaire quelques douceurs. Quel plaisir ne pre-
nait-elle pas à décorer des œufs de Pâques, peindre
des images, habiller des poupées pour réjouir ou
récompenser ses chères enfants !

La Providence vint aussi en aide aux courageuses
fondatrices en suggérant à quelques dames amies,
de contribuer à leur bonne œuvre par de modestes
pensions accordées aux enfants qu'elles plaçaient
à l'orphelinat.

A mesure que les jeunes filles grandissaient, on les
formait aux travaux du ménage et de la campagne,
les préparant à devenir des servantes fidèles et
dévouées, et, si telle était la volonté de Dieu, de
bonnes mères de famille. La Congrégation des
Enfants de Marie fut érigée afin de mettre pour

toujours ces jeunes âmes sous la protection de la sainte Vierge. Mlle Marie aimait à réunir les Congréganistes, à leur faire des instructions capables de les fortifier contre les dangers futurs. Et quand ses chères enfants, une fois placées dans le monde, commençaient à goûter les déceptions et les difficultés de la vie, elle soutenait leur courage par ses maternels avis.

« Fais usage de tes ailes, écrit-elle à l'une d'elles récemment sortie du « Nid » pour aller promptement au devoir, et replie-les avec soumission pour prier et pour obéir... Ton cœur, je le connais, a un besoin irrésistible de s'attacher ; attache-le par dévouement à ta bonne maîtresse, après l'avoir fixé en l'amour de Dieu. Ne fais pas l'essai de l'amour des créatures. Je te prédis que l'essai serait fatal pour toi. »

Un peu plus tard, elle écrit à la même enfant qui se désolait de son éloignement. « Conserve de La Saulnaire tous les principes solides et chrétiens que tu y as reçus ; mais ne garde pas ce sentiment de regret pénible qui te dégoûterait de ta position actuelle si tu t'y arrêtais trop tendrement. On surmonte sans peine les difficultés en imagination ; tu t'imagines maintenant que tout serait facile pour toi à l'orphelinat. C'est parce que tu n'y es plus que tu as cette illusion. Il faut vivre dans le moment présent, ma fille, le passé et l'avenir ne nous appartiennent pas... Je crois, mon enfant, à la sincérité de tes promesses. Oui, je le sais, tu veux faire honneur à l'éducation chrétienne que tu as reçue, et ne jamais t'écarter des bons principes qu'on a tâché de t'inculquer ici. Eh bien, chère petite, mets-toi immédiatement à l'œuvre, et commence par prouver que tu es une fille courageuse, pas trop tendre sur toi-même ; fais des efforts énergiques pour dominer l'envie de pleurer, le serrement de cœur qui s'appelle le mal du pays. »

« ...Je voudrais qu'aucune de mes filles ne regrettât quelque chose, si ce n'est d'avoir offensé Dieu ; car il y a ordinairement un piège du démon dans le regret des grâces qu'on n'a plus. D'autres grâces les ont remplacées, et c'est à la grâce du moment et de l'état actuel qu'il faut correspondre. Ah ! se dit-on, si j'étais dans ma situation d'autrefois, comme je me sanctifierais ! C'est une illusion. Le mieux, le vrai, est de se déterminer à faire son salut par les moyens que Dieu donne dans l'état présent. »

Les chères bienfaitrices de La Saulnaire reçurent-elles en ce monde toute la reconnaissance qu'elles étaient en droit d'attendre ? Hélas! bien des amertumes vinrent récompenser leur dévouement. Il y eut des natures ingrates et rebelles à toute formation, pour lesquelles elles se dépensèrent sans succès apparent. Mais elles travaillaient pour Dieu, aussi rien ne leur fit-il perdre courage. Un jour, une élève, croyant faire plaisir à sa mère adoptive, lui montra sur un feuillet des Paillettes d'Or cette pensée : « *Le bienfaiteur aime à ce qu'on lui rappelle ses bienfaits.* » — Oh ! non, répondit-elle énergiquement.

Quand on veut faire le bien, il faut d'avance faire le sacrifice de la reconnaissance. »

Néanmoins la plupart des orphelines eurent à cœur de répondre aux grâces reçues dans leur saint asile. Quelques-unes se dévouèrent avec bonheur à l'instruction de leurs jeunes compagnes ou à l'entretien de leur vestiaire, et rendirent ainsi la tâche moins lourde à leurs charitables bienfaitrices.

Au milieu de ses labeurs, Mlle Marie ne négligeait pas la vie intérieure. Levée à cinq heures du matin, elle se rendait à la chapelle, quelque froid qu'il fît, pour y vaquer à l'oraison ; puis elle préparait l'autel pour la sainte Messe à laquelle elle faisait toujours la sainte Communion. Elle était fidèle aussi à réciter le petit office de la sainte Vierge, à visiter le Saint Sacrement, à faire sa retraite annuelle. En l'une d'elles elle écrit avec une profonde humilité : « Je manque souvent de patience et de douceur au milieu de nos enfants. Je m'indigne trop facilement de leurs défauts : c'est la poutre qui se dresse contre la paille ! Je promets au bon Dieu de m'appliquer à être toujours douce et calme en même temps que sévère. Quand il y aura un reproche plus grave que les autres à adresser à mes élèves, je ferai d'abord la communion spirituelle, pour que Jésus soit dans mon cœur pendant que je serai obligée de gronder. Alors mes paroles ne seront en rien contraires à son Esprit qui est un Esprit de douceur et de force. J'ai pris aussi la résolution de mieux aimer celles de nos enfants qui sont plus désagréables, et en particulier une que nous avons reçue afin de pratiquer l'amour des ennemis, ses parents nous ayant fait beaucoup de tort.

En avançant en âge, on se rapproche de l'éternité, on n'a plus que des instants très courts pour croître dans l'amour de son Dieu. Il faut donc que cet amour devienne chaque jour plus fort, plus fervent. A mesure que l'on se dégage de l'amour des créatures et de soi-même, et de tout ce qu'il pouvait y avoir de sensible dans la piété de la jeune fille, il faut que le feu de la charité tende à monter toujours plus haut et plus droit, et qu'il ait plus d'action consumante en nous... »

« ...J'ai résolu, il y a bien des années, de correspondre à ma vocation en menant autant que possible la vie religieuse dans ma famille. Il faut que je vive dans un détachement beaucoup plus grand que si je n'étais pas consacrée à Notre-Seigneur... Je continuerai à m'appliquer aux vertus de douceur et de patience au milieu de quelques peines qui me sont fort sensibles, mais surtout je m'élèverai plus haut que ces peines pour chercher Jésus, le remercier des petites épreuves qu'il m'envoie, et baiser sa croix avec amour. »

En octobre 1891 elle écrit : « A la fin d'une année qui a été pleine de soucis et surchargée de travaux extérieurs, mon âme soupire après quelques jours de recueillement. En attendant, je dois redoubler de bonne volonté et correspondre aux intentions miséricordieuses de Jésus-Christ sur moi. Il me fait sentir, chaque jour davantage, que je ne suis plus à moi, mais à Lui. Il veut que je puise en Lui toutes mes pensées, tous mes moyens d'action, comme la branche puise la sève dans l'arbre. Il veut que je tienne de Lui tout ce qu'il y a de bon en moi.

Pourvu que le bon Dieu soit content ! Voilà ce qui doit être mon unique préoccupation. Oh ! quelle joie, quand on est au ciel, de savoir que sûrement le bon Dieu est content de vous ! Il me semble que cette assurance éternelle constitue la plus grande partie de la félicité des élus ! »

C'est à l'ombre d'une longue et douloureuse croix que Mlle Marie trouvera le contentement du Bien-Aimé : Dieu allait frapper, sans les prévenir, des cœurs toujours prêts à recevoir l'épreuve.

Le 1er novembre 1891, au moment où elle se rendait à l'harmonium pour accompagner les chants de la sainte Messe, Mme Worm sentit un malaise inaccoutumé. Elle eut encore le temps d'appeler elle-même sa fille qui se préparait à la sainte Communion, puis devinant qu'elle allait avoir une attaque d'apoplexie, elle lui dit : « J'ai une attaque, ma pauvre enfant, que vas-tu devenir ! » et elle perdit connaissance.

Le sacrement des malades lui fut administré le même jour, sans qu'elle s'en rendît compte, puis il plut au Seigneur d'écarter l'imminence du danger, tout en laissant sur son passage l'angoisse et la souffrance. La chère malade ne recouvra d'abord qu'une demi-connaissance ; ses idées confuses et

son agitation faisaient craindre qu'elle eût perdu
pour toujours sa belle intelligence. Quelle douleur
pour le cœur filial de Mlle Marie quand elle se voyait
rudement repoussée par celle qu'elle aimait tant !
Au bout de quelques semaines cependant, le calme
revint peu à peu, et Mme Worm recouvra ses facultés
mentales pour accepter consciemment l'épreuve de
l'infirmité : elle était entièrement paralysée du
côté gauche.

Cette femme forte s'inclina sous l'action divine
et donna pendant trois ans l'exemple d'une patience
et d'un courage digne de son passé. Sa pauvre main
gauche étant inerte, sa fille joignait la sienne avec
la main droite de la malade pour mieux accueillir
Jésus, en union de sacrifice, quand Il daignait la
visiter sur son lit de douleur. Aidée de ses plus
anciennes enfants, Mlle Marie se constitua garde-
malade assidue, toujours prête à répondre, la nuit
comme le jour, au premier appel de sa mère. Dieu
seul a connu ses fatigues, ses insomnies, ses solli-
citudes pour son œuvre dont toutes les responsabilités pesaient alors sur ses épaules.

M. l'abbé Worm s'était empressé de venir consoler
sa famille éprouvée. Quelques semaines après, il
tombait lui-même mortellement atteint d'une
fluxion de poitrine qui l'emporta en quelques jours.
Il ne laissa pas de dire sa Messe jusqu'à l'avant-veille
de son décès. Et quand il ne lui fut plus possible de
se lever, il soupirait après la sainte Communion :
« Que le tabernacle s'ouvre, disait-il, et que Jésus

vienne à moi! Oh! que je l'aime! qu'Il vienne! Je veux aller à Lui! » Bientôt sa famille et son Institut, en baisant avec soumission la croix de la séparation, pouvaient compter au ciel un protecteur de plus.

Tous les remèdes furent employés pour la guérison de Mme Worm, mais sans succès. On ne put que lui adoucir la souffrance et l'inaction en l'entourant des attentions les plus délicates. Son neveu, M. l'abbé Metz, venait souvent la visiter et lui dire une Messe tardive afin de lui donner la consolation d'y assister. On la conduisait au jardin dans une petite voiture de malade ; elle faisait même quelques sorties chez des amies quand son état le permettait. Elle s'intéressait toujours à sa chère œuvre, et ce fut avec une vive émotion qu'elle s'entendit un jour réciter par une de ses orphelines la poésie suivante composée par sa chère fille.

Le Secret de la main gauche

Vous nous aimez, Madame, avec un cœur de mère,
Et toujours vos deux mains furent dignes de lui.
Hélas ! pour vos enfants ; quelle douleur amère :
La plus proche du cœur semble faible aujourd'hui !

En voyant vos bienfaits, chacune de nous pense
Que le bonheur devrait s'attacher à vos pas.
Quoi cette dure épreuve est votre récompense !
O Dieu des orphelins, nous ne comprenons pas !...

Mais qu'entends-je soudain ?... la divine parole
De votre lourde croix nous révèle le prix.
C'est la voix du bon Maître ; elle enseigne et console.
Jésus dit toujours vrai ; vous nous l'avez appris.

Voici le mot sacré du Maître qu'on adore :
« Quand ton bras charitable a répandu le bien,
« Ce que ta droite a fait, que ta gauche l'ignore ;
« Ton Père dans les cieux le voit et le sait bien. »

« *Que ta gauche l'ignore !* » Et cet ordre vous lie
Vos deux mains devant Dieu sont pleines de vertus,
La droite est généreuse et la gauche l'oublie :
C'est coutume des Saints de prendre au mot Jésus.

Seigneur, rendez-là nous, il faut qu'elle revive !
Souvent, contre le ciel, les pauvres sont vainqueurs :
Nous voulons délivrer cette chère captive
Et payer sa rançon la dette de nos cœurs.

Nous l'espérons, Madame et chère Bienfaitrice,
Dieu sera tant prié qu'Il voudra comme nous.
Il faut qu'elle travaille, il faut qu'elle bénisse ;
A gauche comme à droite on a besoin de vous.

Les instantes prières des orphelines furent impuissantes à retenir ici-bas celle dont Dieu voulait prématurément couronner l'existence. A la suite de plusieurs attaques successives et la nouvelle réception des derniers sacrements, Mme Worm s'éteignait doucement le 27 septembre 1894. Le dernier mot qu'on l'entendit prononcer lentement, fut celui d'Orphelinat. Oui, pour elle l'orphelinat était bien le vestibule du ciel. Quel accueil dut lui être fait par Celui qu'elle avait logé, nourri, vêtu, en la personne de ses membres pauvres et faibles !

Mlle Marie appliqua ses lèvres tremblantes contre celles de sa mère pour recevoir son dernier soupir. Elle aurait voulu faire revivre en son âme celle qu'elle avait aimée au delà de tout ce qu'on peut dire. Elle conservait du moins son esprit de fermeté inébranlable au pied de la croix.

D'ailleurs son calice était loin d'être épuisé. M. Worm, quoique très chrétiennement résigné à la volonté divine, sentait ses forces diminuer. Une maladie de cœur le minait. Au printemps de l'année suivante, le lundi saint, une crise d'étouffement indiqua une subite aggravation. Le malade demanda aussitôt les derniers sacrements. Il vécut encore huit jours dans d'admirables dispositions, son confesseur et pasteur disait n'avoir jamais vu l'abondance de telles grâces inonder l'âme d'un mourant. « Il me semble, écrivait ensuite sa fille, avoir passé avec lui ces quelques jours d'agonie à la porte entr'ouverte du Paradis. Nous ne parlions ensemble que des choses éternelles, et nous nous exhortions mutuellement à nous séparer par amour pour Notre-Seigneur dont mon cher père ne cessait de baiser l'image en prononçant l'invocation : « *O Crux ave, spes unica!* » Quand, après ses crises de suffocation, il aurait pu goûter un peu de repos, il luttait contre l'assoupissement, déclarant qu'il voulait être éveillé quand le souverain Maître viendrait le chercher. » Il vint, au soir du 16 avril 1895, lui dire sans doute la parole de l'Évangile : « *Courage, bon et fidèle serviteur ; parce que tu as été fidèle en peu de choses, je t'établirai sur beaucoup ; entre dans la joie de ton Seigneur.* »

Ce double deuil plongea l'âme de Mlle Marie dans un profond chagrin. « Ma vie est brisée, écrivait-elle, mais c'est du vase brisé de Madeleine qu'un parfum exquis s'est répandu sur les pieds du Sauveur. Je puis, je dois le glorifier dans ma douleur. »

Les plus tendres sympathies se pressèrent alors spontanément autour d'elle. Ses parentes de Malbouhans, Mmes B..., ses fidèles amies de Ronchamp, Mlles S... qui avaient si souvent visité ses chers malades, se mirent à sa disposition pour lui épargner les démarches pénibles et adoucir son isolement. La population tout entière de la paroisse et des environs témoigna par ses regrets la haute estime et la vive reconnaissance dont les âmes débordaient à l'endroit des bienfaiteurs disparus, et l'on peut dire, qu'aujourd'hui encore, *leur mémoire est bénie.*

CHAPITRE VIII

Adieux à la Saulnaire

Il restait à Mlle Marie une lourde tâche à accomplir. Son père et sa mère ne lui avaient tracé aucune ligne de conduite pour assurer l'avenir de son œuvre, tout devant être subordonné aux événements. Elle savait pouvoir compter sur le dévouement de ses bons serviteurs et de ses plus anciennes enfants, mais elle se sentait si exténuée, si fragile, qu'elle croyait ne pas survivre longtemps à ses parents. De plus elle n'avait rien perdu de son attrait pour le cloître.

Elle consulta Mgr Petit, archevêque de Besançon, qui voulut bien se charger de sa direction et s'intéresser tout paternellement à son œuvre. Il leur sembla à tous deux qu'une Communauté religieuse qui aurait toute liberté d'action à La Saulnaire pourrait y continuer et même y développer le bien commencé. Offres furent faites aux Supérieurs des Sœurs de la divine Providence. Mais ils ne purent accepter, et se virent même contraints de retirer

les deux religieuses qu'ils avaient laissées jusque là
à l'orphelinat. On les vit s'en éloigner avec un **vif**
regret : depuis dix-sept ans elles s'y étaient dévouées
sans calculer leurs peines ni leurs sacrifices.

La Révérende Mère Marie de Sainte-Colombe,
Supérieure du Couvent du Bon-Pasteur de Moulins
sur-Allier, envoya provisoirement à sa cousine
deux sujets précieux pour la direction de l'ouvroir,
et proposa de fonder avec elle l'orphelinat, au nom
de son Institut, avec garanties pour l'avenir ; et
lorsque, par autorité supérieure, ses avances furent
refusées, elle fit preuve d'un admirable désintéres-
sement, aidant néanmoins Mlle Marie jusqu'au bout
avec une fraternelle amitié. Ce fut elle qui lui fit
connaître la bonne Mère Marie de Sales Chappuis et
sa confiante aspiration : « Seigneur, je me fie à
Vous. »

Après divers essais, Mlle Worm, poursuivant son
projet de disparaître à l'ombre du cloître, fut dirigée
vers la Visitation d'Ornans pour une retraite de
quelques jours. Notre vénérée Mère Jeanne Salésie
Tyrode et sa digne Sœur la Déposée Marie Dosithée
Pobelle, comprirent bien vite la valeur du trésor
que Dieu leur envoyait. Néanmoins elles n'influen-
cèrent aucunement l'aspirante, laissant à Notre-
Seigneur le soin de lui parler au cœur. Elles lui firent
connaître la Congrégation des Oblates de saint
François de Sales comme très propres à recueillir
son héritage de charité, et, avec l'approbation de

Mgr Petit, Mlle Worm fit de ce côté des démarches couronnées de succès. Quant à sa voie personnelle, elle l'avait aussi trouvée parmi les religieuses de la Visitation, comprenant que les grandes austérités du Carmel auxquelles elle renoncerait y seraient compensées par d'autres sacrifices sans limites.

Les derniers mois passés dans le monde devaient être un vrai martyre pour le cœur sensible de la future visitandine qui se mit à faire ses préparatifs de départ dans le plus grand secret. Il fallait prendre de graves déterminations pour lesquelles les avis étaient souvent partagés, régler des questions sérieuses entre deux autorités également respectables et de sentiments opposés ; parfois Mlle Marie se voyait seule en présence d'un obstacle qui lui paraissait insurmontable. Elle avoua elle-même s'être vue réduite à la détresse. Néanmoins sa confiance en Dieu ne faiblit point. « Si les responsabilités de l'avenir m'effraient, écrit-elle, vous ferez, ô mon Dieu, ce que je ne puis ou ne sais pas faire ; si les créatures m'abandonnent et me font défaut au moment où il me semble en avoir le plus besoin, qu'importe, vous me restez, ô mon Dieu. »

Ce fut au prix d'un labeur écrasant que Mlle Worm arriva à terminer ses affaires. Il lui fallut un secours extraordinaire du ciel pour ne pas succomber à de telles fatigues : levée avant cinq heures du matin, elle ne se couchait souvent qu'à onze heures du soir, gardant pour Jésus seul le secret de ses angoisses.

Et comme si elle eût voulu d'avance s'habituer aux dépouillements du cloître, elle se privait sans pitié de soulagements bien nécessaires.

Sa future Maîtresse du noviciat lui avait écrit : « Après ces luttes, vous nous arriverez brisée, anéantie... » — « Peut-être, répondit la courageuse prétendante, mais avez-vous déjà vu au jardin de ces petits vermisseaux coupés en quatre ou cinq parties ?... Eh bien, chaque petit débris a l'air de vivre et cela fait encore un vermisseau. J'ai la confiance que le même phénomène se produira pour moi, et que Notre-Seigneur me donnera vie pour travailler, souffrir, prier, quand même j'aurai été bien meurtrie auparavant...

En remettant mes orphelines entre des mains bien plus sûres que les miennes, je sens une souffrance très vive de la pauvre nature. Si je ne m'élevais plus haut que le sentiment, je serais triste et jalouse jusqu'au bout de leur affection. Mais je réagis contre cette reprise de moi-même, et je les pousse dans les bras des Oblates en me retirant peu à peu. La séparation se prépare ainsi tout doucement. »

Une consolation fut cependant ménagée à Mlle Mario, celle d'accompagner à Troyes une de ses amies intimes, Mlle Geneviève Carrau qui allait entrer au noviciat des Oblates de Saint François de Sales, et devait fournir en quelques années une carrière riche de mérites.

Quelque temps après, le R. P. Brisson, Fondateur

des Pères Oblats et des Religieuses Oblates de saint François de Sales, vint lui-même à La Saulnaire pour y prévoir et organiser l'installation de ses Filles. Il trouva à l'infirmerie une jeune orpheline atteinte d'une maladie grave que le médecin déclarait ne pouvoir guérir. Il la bénit et lui conseilla une neuvaine en l'honneur de la bonne Mère Marie de Sales. Le dernier jour de la neuvaine, la malade soulagée pouvait se rendre à la chapelle et y communier ; peu après, remise entièrement, elle se rangeait à son tour parmi les Filles du R. P. Brisson.

Cette guérison fut la dernière joie de Mlle Marie à La Saulnaire. Au commencement d'octobre 1896, elle annonça à ses orphelines qu'elle irait à Moulins, rendre visite à sa cousine du Bon-Pasteur à qui elle l'avait promis depuis longtemps. Les personnes qui l'entouraient de près soupçonnaient bien ses mystérieux projets, mais ne voulant pas compliquer ses difficultés, elles gardaient un respectueux silence. Enfin le 12 octobre, l'héroïque Mère alla faire une dernière visite à ses enfants, leur dit adieu comme pour un voyage de quelques semaines, puis, les quittant brusquement, prit le chemin de la gare sans regarder en arrière.

Le lendemain, une lettre écrite de Vesoul venait annoncer à tout le personnel de La Saulnaire la triste réalité. Ce ne furent que larmes et sanglots, tant parmi les enfants que parmi les dévoués serviteurs de Mlle Marie qui s'étaient d'autant plus attachés à elle qu'ils l'avaient vue plus éprouvée.

Mais le plus amer du calice était sans contredit la part de la vaillante fugitive. « Mes chères enfants d'alors, écrira-t-elle plus tard, ne sauront jamais avec quel déchirement je m'arrachai des lieux qui m'ont vue naître, où je les avais tant aimées, et où j'avais tant souffert. Qu'elles restent du moins bien assurées du motif de mon départ : c'est le désir de leur plus grand bien qui, avec l'amour de Notre-Seigneur, m'a soutenue dans ce suprême adieu. »

De Besançon, elle écrivait à notre très honorée Mère : « Mon départ de La Saulnaire s'est fait, non sans déchirement, mais avec une grâce qui m'a vraiment enveloppée, emmaillottée comme une pauvre petite enfant toute faible, n'ayant force et appui qu'en l'amour maternel de Notre-Seigneur. Ce divin Maître continue à me fermer les yeux sur tout le créé, sur tout le *laissé,* pour ne les attacher que sur mon cher but : le dépouillement de tout ce qui n'est pas Lui ! »

Annonçant sa détermination à son respectable parent, M. l'abbé Ballay, elle lui dit : « Mon départ n'est pas une désertion. J'ai quitté deux tombes chéries, un tabernacle, des âmes, mais pour m'en rapprocher par l'abandon total de moi-même à Dieu. »

Son voyage à Moulins devait être l'occasion d'un pèlerinage à Paray-le-Monial. « Combien je me réjouis, disait-elle en s'y rendant, de pouvoir bientôt appeler Marguerite-Marie « *notre Bienheureuse Sœur !* » Dans son sanctuaire béni, elle confia au

L'Eglise de Malbouhans.

divin Cœur de Jésus sa vie religieuse et la vocation de la jeune orpheline qui l'accompagnait. Celle-ci, qui devait bientôt la rejoindre à la Visitation, ne se croyait pas alors appelée au cloître, Notre-Seigneur ayant sans doute voulu laisser à ces deux âmes si intimement unies le mérite de la séparation.

L'entrevue de Mlle Marie avec sa pieuse cousine fut un entretien tout céleste ; elles se félicitèrent mutuellement des sacrifices qu'elles avaient à offrir au divin Maître, et se donnèrent rendez-vous dans la sainte Cité que la Révérende Mère Marie de Sainte-Colombe n'était pas loin d'atteindre, après une vie de charité et d'abnégation.

Si Mlle Worm n'avait pas fait d'autres visites d'adieu, elle avait néanmoins songé à tous ses parents et amis, ainsi qu'à ses domestiques, leur destinant à chacun quelque souvenir de sa famille.

Elle fit la part des Séminaires et autres œuvres diocésaines. Il était juste que sa chère paroisse de Malbouhans fût spécialement gratifiée. Sa pauvre église menaçait ruine ; Mlle Marie laissa une somme importante pour la construction d'un nouveau sanctuaire : c'est là que furent transportés les restes vénérés des familles Grézely et Worm tandis que leur dernier rejeton s'ensevelissait à l'ombre du cloître pour y entendre cette parole : « Vous êtes morte au monde et à vous-même, pour ne plus vivre qu'à Dieu. »

CHAPITRE IX

Vie religieuse

———

Ce fut le 27 octobre 1896 que notre généreuse postulante franchit définitivement le seuil de notre monastère. La réputation de sa vertu l'y avait précédée. Nos Sœurs s'étaient rappelé qu'en l'année 1895 la *Semaine religieuse* du diocèse de Besançon avait donné le récit de la première visite de Mgr Petit à l'orphelinat de La Saulnaire. Et ce récit laissait transparaître la bienveillance du Prélat pour cette œuvre et sa haute estime pour celle qui pouvait en être appelée la fondatrice. C'était donc avec une joie bien motivée qu'on accueillit ici la nouvelle venue.

Les espérances qu'elle inspirait ne furent point trompées. Sans perdre de temps, Sœur Marie se remit comme une enfant entre les mains de ses Supérieures. On eût dit qu'elle n'avait jamais fait qu'obéir ou servir. La pauvreté de sa cellule la ravissait, ainsi que les humbles travaux du ménage dont elle prenait joyeusement sa part. Loin de demander des dispenses qu'auraient excusé son âge et ses habitudes précédentes, elle désirait comme une faveur les saintes veilles et les jeûnes, et ses Supérieures, craignant de résister au vouloir divin, se virent souvent contraintes de les accorder à ses instantes prières.

Ce qui lui semblait plus difficile était la multitude des petits détails et cérémonies que sa mémoire fatiguée ne pouvait retenir. Mais quelle bonne aubaine pour son humilité quand ses oublis lui occasionnaient quelques observations ! Toujours prête à se donner tort, elle s'empressait alors de s'accuser à genoux. Notre très honorée Mère et sa digne Maîtresse du noviciat en étaient si édifiées qu'elles se disaient l'une à l'autre : « Cette postulante commence par où nous serions heureuses de finir. »

Le 25 mars 1897, elle recevait le saint Habit des mains de Monseigneur notre Archevêque, en gardant ses noms d'Anne-Marie, chers à sa famille et à notre Institut. Elle prenait en même temps la généreuse résolution de faire si joyeuse mine aux mortifications, que Notre-Seigneur fût incliné à lui en préparer sans cesse de nouvelles.

Quelques semaines plus tard, son Guide vénéré lui écrivait : « J'ai le pressentiment que le divin Maître a agréé votre offre, et qu'Il vous conduira par le chemin qu'Il a suivi Lui-même : le Calvaire ! souffrance physique ou souffrance morale. Soyez prête, soyez généreuse, soyez vaillante. Le temps de la souffrance est court, le bonheur a l'éternité pour lui. Et souffrir avec Notre-Seigneur, c'est encore une austère, mais très intime jouissance. »

Notre chère Sœur Anne-Marie devait expérimenter le double martyre prévu par son saint directeur. Une violente sciatique la retenait alors à l'infirmerie, et n'était que le prélude des douleurs qui l'attendaient.

Elle eut cependant la consolation de se dévouer pour sa chère Communauté. Peu après sa prise d'Habit, on lui confia une classe en notre pensionnat et quelques leçons de piano. On aurait pu croire que, grâce à son amour pour l'enfance, elle ne trouverait qu'agrément auprès de nos élèves, mais il n'en fut rien. Elle qui avait joui sur ses orphelines d'une entière liberté d'action et d'un ascendant non contesté, se voyait obligée à une humble déférence envers les autres maîtresses, le règlement et les coutumes. Sa vertu n'en fut que plus manifeste. « Je n'avais que huit ans et demi quand je la connus, écrit une de ses anciennes élèves, et bien qu'à cet âge on soit sans pitié et disposé, non à l'indulgence, mais à la plus terrible rigueur pour la moindre défaillance, je n'ai jamais pu surprendre en Sœur Anne-Marie l'ombre d'une imperfection. Quelle tenue au chœur ! Immobile, jamais appuyée, je la comparais à la statue de sainte Marguerite-Marie au pied du Sacré-Cœur. D'ailleurs cette tenue impeccable la caractérisait partout, ainsi que son tact et sa douceur. Je n'oublierai jamais non plus l'humilité admirable que je l'ai vue pratiquer en plusieurs occasions pénibles. »

Dans une de ces circonstances inévitables, une autre élève observatrice disait les larmes aux yeux : « Sœur Anne-Marie est une sainte ! »

L'édifice de sa sainteté s'élevait sur le fondement du mépris d'elle-même. Pendant sa retraite de Profession, avril 1898, elle eut une vue subite, claire et persistante, de tous les défauts de sa vie. « J'en ai été frappée de stupeur, dit-elle, et plongée dans l'anéantissement en présence du bon Dieu. Ce tourment a duré plusieurs jours avec une intensité qui m'a fait passer par une sorte de purgatoire. Je me serais découragée si mon cher Maître n'avait triomphé de mon ennemi... La résolution de ma retraite est donc une résolution de pure, ferme et confiante humilité. Je ne suis rien, Jésus m'est tout ! N'eussé-je été créée que pour faire un seul acte de vraie humilité, cela suffirait comme but de mon existence, parce que l'humilité glorifie Dieu. »

Un peu plus tard, elle écrivait : « Oh ! l'humiliation, comme Jésus me la demande ! Comme je vois clairement qu'elle fait partie intégrante de la croix à laquelle j'ai voué ma vie !... Oui, je veux m'appliquer spécialement à l'aimer, je ne passerai pas un seul jour sans m'imposer ou sans accepter quelques pratiques du mépris de moi-même. »

Notre-Seigneur ne lui en ménageait pas les occa-

sions, et notre chère Sœur savait encore les faire
surgir, tellement était vif son désir d'abjection.
Comme à sa Sainte de prédilection, Marguerite
Marie, il lui survenait mille petits accidents ou
malentendus, sans qu'elle en témoignât jamais la
moindre mauvaise humeur. « Que je suis mala-
droite ! » disait-elle avec une sincère conviction.

Il n'est pas étonnant que le divin Maître se plût
à combler de ses grâces une âme aussi humble et
mortifiée. Il daignait la favoriser de lumières particulières sur les mystères de la foi et la pratique
des vertus, l'attirant à une union toujours plus
intime avec Lui. Aussi aimait-elle à se représenter
notre chœur comme un tabernacle appuyé contre
celui de Jésus, et cachant, comme le sien, des hos-
ties d'holocauste. Les paroles de l'Écriture Sainte,
renfermées dans les psaumes de notre Office ou
dans la liturgie, étaient souvent pour elle des traits
enflammés qui blessaient son cœur d'amour et
dont le souvenir la soutenait longtemps. Les notes
qu'elle nous a laissées, quoique rendant imparfai-
tement compte de ces grâces inexprimables, sont
si nombreuses qu'on en pourrait faire un recueil
spécial des plus édifiants.

Elle en soumettait l'appréciation à son vénéré
Père, Mgr Petit. Celui-ci lui écrivit : « Acceptez avec
respect, confiance et amour, cette compénétration
et cet enseignement par le dedans. Qu'il soit intra-
duisible, peu importe. Il suffit que l'âme sache,

comprenne et goûte. Oui, c'est une grâce, une vraie grâce d'ordre intime que Notre-Seigneur vous fait. »

Une autre fois, il lui disait encore : « Votre attrait surnaturel pour la souffrance est la meilleure garantie de la présence en vous et de l'action de la grâce. Car ce mouvement ne saurait venir de la nature. »

L'âme de notre chère Sœur Anne-Marie était toujours prête à déverser sur d'autres les dons qu'elle recevait. Heureuses celles de ses enfants dont la confiance filiale sut franchir nos grilles ! Elles puisèrent force et conseil à une source de plus en plus pure et abondante. Le respect avec lequel elles ont conservé ses lettres montre combien elles estimaient ses maternels avis.

A l'une d'elles qui avait la franchise de lui avouer ses inégalités de caractère, la chère bienfaitrice répondait : « Je compatis doucement à la difficulté naturelle que tu éprouves pour le bien. Je comprends que, telle que je te connais, tu as beaucoup d'efforts à faire, mais je ne doute pas que tu ne les fasses une bonne fois... Ne te donne pas une tâche de deux mois à la fois, cela effraierait ta nature ; propose-toi seulement une journée, ou demi-journée, ou même deux ou trois heures de sagesse, mais tiens fermement parole...

« Ne vouloir faire que ce qui plaît est une disposition qui produit nécessairement l'ennui ou le dégoût. C'est une nourriture sans sel qui affadit l'âme et le caractère. « *Ma nourriture*, a dit Jésus-

Christ, *est de faire la volonté de Celui qui m'a envoyé.* »
Si tu es chrétienne, ma chère enfant, tu dois te nourrir de la volonté de Dieu manifestée par tes devoirs
d'état, autrement l'anémie spirituelle te perdra. »

Pour soutenir cette âme plus efficacement encore,
notre chère Sœur lui écrit une autre fois : « Je t'envoie un petit chapelet qu'on m'a donné aujourd'hui
à la Visitation. Porte-le sur toi, et quand tu seras
tentée de te laisser aller à la mauvaise humeur,
regarde-le, touche-le en invoquant la sainte Vierge.
Je vais prendre un filial arrangement avec cette
divine Mère, afin qu'au moment même où tu tou-
cheras le chapelet, ayant besoin de secours, elle
veuille bien m'imposer quelque sacrifice pour toi.
C'est entendu. »

Maintenir les âmes dans le surnaturel et l'esprit
de sacrifice, tel était le but de ses constants efforts.
« Ne perdons pas de vue deux vérités, écrit-elle. La
première, c'est que le secours divin est absolument
nécessaire pour la direction de la vie ; la seconde,
c'est que les meilleures situations ont toujours
quelque côté pénible auquel il faut se résigner avec
douceur et patience, offrant sa peine au bon Dieu,
et lui demandant de la faire fructifier pour l'éternité. »

« Ma chère enfant, dit-elle encore, je remercie
le bon Dieu de ce qu'Il te ménage une croix au
milieu de beaucoup de jouissances fort agréables.
Impossible d'aller au ciel sans porter la croix, tu le
sais bien. Et quand cela serait possible, nous ne le

voudrions pas... ce serait trop égoïste, trop ingrat,
de nous refuser à suivre notre bon Sauveur dans le
chemin du Calvaire, et d'aller nous amuser dans un
autre. Un bonheur naturel sans mélange est très
dangereux pour le salut. »

« Ne te plonge pas dans le plaisir permis, de
crainte que tu ne t'habitues graduellement aux
plaisirs défendus. Quand tu te sens *très bien*, pense
à Notre-Seigneur et à la sainte Vierge qui ont été
très mal pour notre salut et pour notre amour. Prive-
toi volontairement chaque jour d'un regard, d'une
parole, d'une petite satisfaction, par esprit de pénitence chrétienne et par amour pour notre divin
Sauveur. La Providence te sert en ce moment un
beau grand *gâteau* en te donnant une situation
agréable. Eh bien, reste fidèle à la vieille coutume de
prélever la *part à Dieu* sur le gâteau des Rois !... »

« Le contentement du cœur ne résulte pas d'un
ensemble de choses qui font plaisir. Te voilà entourée
de tous les avantages désirables, dans une situation
où un grand nombre de jouissances permises facili-
tent le devoir. Et cependant il y a des moments où
l'ennui cherche à t'assaillir. Réagis contre cette
impression qui t'ôterait de l'ardeur au travail et de
l'amabilité envers le prochain. On porte toujours ses
défauts de caractère avec soi. Il n'est donc pas
étonnant, que même au milieu d'une vie fort agréable, tu sois tentée de te créer des sujets de mécon-
tentement. Voici les remèdes. D'abord, je te le répète
il faut que chaque jour il y ait dans ta vie une morti-

fication, un sacrifice. Autrement tu risquerais
d'amollir ton âme dans le luxe et le bien-être, et
tu deviendrais, sans t'en douter, d'une certaine
exigence pour le plaisir. La nature n'en a jamais
assez et finit, comme on dit, par se blaser ; alors les
plus beaux spectacles ennuient ou du moins ne suf-
fisent plus. Si le bon Dieu veut bien prendre lui-
même le soin de te procurer journellement une occasion de te mortifier, cours avec ardeur au-devant
de cette occasion, saisis-là aux cheveux, profites-en
dans toute son étendue. C'est une heure de salut
que celle où tu peux faire un acte de renoncement
chrétien. »

Comme une vraie mère, elle savait aussi donner à
ses enfants les plus sages conseils au moment de leur
mariage. L'une d'elles, avant de prendre une décision avait exigé que son prétendant allât demander
le consentement de sa mère adoptive. « Il me semble,
lui écrit celle-ci, que tu as imposé une démarche un
peu coûteuse à M. X..., mais il ne pourra que louer
la délicatesse de ta filiale exigence. Retiens néanmoins un principe en cette grave affaire : un père,
une mère ne donnent que leur assentiment, c'est
à la future épouse que revient le droit du consentement. Tu portes le *Oui* dans ton cœur, dans ton
âme, dans ta volonté, et tu dois le prononcer en
parfaite liberté, après les considérations requises
et sous le regard de Dieu, avec l'Église pour témoin...

« Si le mariage était toujours considéré au point
de vue divin, il ne se contracterait jamais avec la

liberté qu'y apportent trop souvent les jeunes personnes. En lui-même, c'est une belle et grande institution établie par Dieu. Saint François de Sales avait un tel respect pour le septième des sacrements, qu'il s'assujettissait, lui Évêque, à entourer d'égards un gentilhomme inconnu pour la seule raison que ce gentilhomme avait dû recevoir le sacrement de mariage. Mais il ne suffit pas, ma chère enfant, de voir toutes ces grandes choses de *haut*, il faut encore se sentir de l'aptitude à remplir les devoirs pratiques, parfois bien difficiles, qui en résultent. Mesure donc ton courage, non à tes propres forces, mais à l'assistance divine. La grâce capitale qu'on nomme grâce d'état ne manque jamais, et peut élever un caractère, même très faible jusqu'à une héroïque énergie. Seulement, il faut être assurés que Dieu nous veut dans l'état auquel correspond cette grâce. »

A une jeune femme elle adresse les lignes suivantes : « Rappelle-toi bien, ma chère enfant, que le bonheur d'un ménage chrétien dépend surtout des vertus de l'épouse. Tu as donc la belle mission de le maintenir et de l'accroître chaque jour par ton affection et par ton dévouement envers celui auquel des liens indissolubles t'unissent, et envers tous les membres si chers de son honorable famille devenue la tienne. J'ai appris avec grand plaisir que tu fais un apprentissage d'art culinaire sous la direction maternelle de la bonne Mme X... (belle-mère). Il faut, ma grande fille, que ton cœur aille jusqu'au bout de tes doigts pour remplir les devoirs de la ménagère, suivant le modèle de la *femme forte*, telle que l'Esprit-Saint la décrit. Tu auras donc, j'en suis sûre, beaucoup d'ardeur et de délicatesse à décharger ta si bonne mère des fatigues et des soucis, ne lui laissant que le plaisir et l'honneur de te diriger par son expérience...

Si tu pouvais voir maintenant notre monastère, tu le trouverais reluisant de propreté. Nous l'avons nettoyé à tour de bras. Les voiles noirs, pas plus que les blancs, ne sont des voiles de dames : nous sommes toutes les petites servantes du Seigneur. Mais lors même qu'on est *une dame*, c'est un devoir, un honneur, une satisfaction de mettre la main au travail... Je prêche une convertie, ou plutôt une bonne ouvrière qui n'a pas besoin de conversion. Si je te parle ainsi, ma grande fille, c'est par un intérêt tout affectueux et vraiment maternel pour ton bonheur et pour ton ménage. »

Racontant à une autre de ses enfants avec quel plaisir elle a reçu sa photographie et celle de son mari, elle ajoute : « Ce petit tableau te montre quelque chose de la bonté de Dieu : Il ne permet pas que la privation volontaire des joies du monde nous dessèche le cœur ; au contraire, la piété religieuse et l'esprit de sacrifice doivent nous inspirer des sentiments plus chauds et plus délicats. »

Et comme une jeune maman lui annonçait qu'après avoir donné le nom de Jacques à son fils, elle réservait celui d'Anne-Marie pour sa première fille, elle lui répond, à elle et à sa sœur, avec une humilité touchante : « Que vous êtes donc délicates, mes deux grandes filles, envers le peu qui vous reste ici-bas de notre pauvre chère Saulnaire ! Merci ! le bon Dieu vous bénira, car il ne laisse jamais sans récompense la piété filiale, surtout quand elle n'a pour objet qu'une pauvre vieille mère adoptive, incapable, comme je le suis, de me dévouer à votre bonheur sinon par la prière et le sacrifice. »

Nous voudrions pouvoir reproduire toutes les fortes pensées dont cette grande âme soutenait le courage d'une jeune veuve, après l'avoir aidée de ses prières et de ses conseils pendant la maladie de son mari. « Tout est consommé, lui écrit-elle. Le sacrifice vient d'immoler deux victimes, mais ce sont des victimes sanctifiées par la douleur chrétienne et très agréables au Dieu de toute consolation. Quand on se sépare au bord d'une tombe, dans la vigueur de la jeunesse, après s'être aimés comme vous vous aimiez, on peut avoir un mérite comparable à celui des martyrs, si l'on accepte le coup de la mort *parce que c'est la volonté de Dieu*. Tâche d'élever ton cœur brisé jusque là, ma pauvre enfant, tu y trouveras la force et l'espérance dont il a si grand besoin...

...Efforce-toi, mon enfant, de bien correspondre à la grâce en considérant toujours ton malheur au point de vue surnaturel. Il semble au monde que

ton union avec cet homme loyal et bon soit brisée
à jamais, et que vous ayez commencé ensemble
un bonheur qui ne pouvait durer. En un mot, tout
paraît manqué et fini... Mais non, la Providence ne
fait pas des choses aussi sacrées que l'était votre
union pour les détruire. Dieu a eu ses desseins. Vous
étiez vraiment destinés l'un à l'autre, tu as rempli
une belle mission d'épouse, et lui t'a donné un bel
exemple de vertu jusqu'à son dernier soupir. Il y
a de l'éternel là dedans, et je comprends que vos
deux âmes restent en communication. »

Notre chère Sœur Anne-Marie prenait souvent
sur son repos pour consoler ainsi le cher prochain
ou lui rendre quelques services, car ses loisirs
étaient rares, vu les assujettissements de notre
sainte Règle. Son dévouement pour sa Communauté était entier : après lui avoir fait part de
nombreux bienfaits, elle lui avait donné, sans les
reprendre jamais, sa personne et sa vie. Aussi pou-
vait-on recourir à son obligeance en toute occasion
où il s'agissait d'exprimer vœux et sentiments.
Ses pensées gracieuses, son style élégant se prê-
taient à chaque sujet avec une aisance qui n'avait
d'égale que sa cordialité.

Après le départ de nos élèves, ses compositions
littéraires contribuèrent à nous créer de modestes
ressources, tout en exerçant un apostolat caché sur
les âmes en leur offrant de saines et salutaires réflexions. Elle avait aussi un don spécial pour diriger

les exercices des dames retraitantes et leur faire un bien réel dont la plupart ont gardé un impérissable souvenir.

Quand plus tard notre chère Sœur fut nommée Assistante de la Communauté, nos Mères étaient certaines de trouver en sa Charité un vrai Cyrénéen, toujours prêt à partager leurs peines et à les adoucir par les plus filiales prévenances.

Elle n'aurait pas reculé devant le sacrifice de sa vie, témoins les lignes suivantes : « Les épreuves de la sainte Église et de notre Communauté m'avaient donné le désir d'offrir à Dieu ma pauvre petite vie dans le but de jeter un grain de sable sur l'un des plateaux de la balance divine ; je projetais de soumettre mon désir à l'obéissance. Mais j'ai voulu attendre pour cela que j'eusse fait l'oraison et la sainte Communion. Or, à la Communion, Notre-Seigneur m'a très bien fait comprendre que la chose ne lui agréait point ; d'abord parce que mon offrande serait de minime valeur, puis parce qu'elle serait en quelque sorte contraire à l'état d'abandon sans choix où il me veut envers Lui, et enfin parce que notre vie mourante, notre mort vivante, bien comprise et bien pratiquée, est de beaucoup préférable à l'acte auquel j'avais pensé. Cette réponse intérieure de mon cher Maître m'a bien consolée et fortifiée. Il m'a montré que ce que je voulais faire est déjà fait par nos vœux et par la disposition continuelle d'abandon. »

Cette disposition d'abandon, cette mort mystique

de la religieuse, notre Sœur Anne-Marie nous les
dépeint dans l'allégorie que voici :

JÉSUS ET L'ÉPI DE BLÉ

Transportons-nous en Palestine,
Au temps où vécut le Sauveur :
Voilà qu'un épi mûr s'incline
En attendant le moissonneur.

Soudain Jésus paraît, la foule se rassemble ;
A tous les malheureux ses deux bras sont ouverts.
Le long du champ de blé, le sol frémit et tremble
Sous les pas de Celui qui créa l'univers.

Il sème à pleines mains les dons et les miracles :
L'aveugle est délivré de sa profonde nuit ;
Le sourd prête l'oreille à ses divins oracles ;
Il commande au perclus qui se lève et le suit.

L'épi d'or ployant sur sa tige,
A reconnu son Créateur.
« Mon Dieu, dit-il, fais un prodige
Pour m'accorder une faveur. »

— « Parle-moi, frêle créature,
Répond le Christ avec bonté.
Que manque-t-il à ta parure ?
Que manque-t-il à ta beauté ?...

Souviens-toi que tu fus naguère
Un pauvre petit grain pourri ;
Et la puissance de mon Père
A fait de toi ce bel épi. »

— « Je le vois bien, ô divin Maître,
Vivre au soleil, c'est mon bonheur !
Mais il faudra, demain peut-être,
Tomber aux pieds du moissonneur.

Tous les épis de ma famille
En font la demande avec moi :
Délivre-nous de la faucille
Et nous ne vivrons que pour Toi ! »

Le Maître se recueille, il verse quelques larmes ;
Son regard inspiré contemple l'avenir.
Va-t-il de l'épi d'or apaiser les alarmes,
En s'inclinant pour le bénir ?...

Écoute, lui dit-il, un ravissant mystère :
Je m'en vais à la mort, mais je veux cependant
Avec mes bien-aimés demeurer sur la terre :
Ils mangeront mon corps ! Je suis le Pain vivant !

Le froment deviendra ma substance divine,
Mais il faut que d'abord il se couche en ce lieu,
Qu'il soit broyé, moulu, pure et blanche farine,
Qu'il se laisse pétrir et qu'on l'expose au feu. »

Un doux frémissement agita l'humble plante,
Et dès lors l'épi bienheureux
Réclama la faucille et la meule écrasante
De tous ses vœux.

. . . .

Dix mois sont écoulés, entrons dans le cénacle ;
De l'aimable Jésus voici le dernier jour ;
Le petit grain de blé qui voulait un miracle
Repose entre ses mains pour son œuvre d'amour.

> Grain moulu, quel honneur suprême
> Est ton partage désormais !
> L'Homme-Dieu te change en Lui-même,
> C'est le Pain qui vit à jamais !

Ainsi l'âme vaillante, avec paix, avec joie,
Reçoit les coups sanglants qui frappent les élus,
Et s'offre sans gémir à la meule qui broie
> Pour ne plus vivre qu'en Jésus !

Nous verrons dans le chapitre suivant comment notre chère Sœur fut broyée sous la meule du divin Bon Plaisir, afin de devenir, comme elle le souhaitait, la petite hostie du Maître adoré.

CHAPITRE X

Sur l'autel du sacrifice

En 1904, notre Sœur Anne-Marie fut désignée par sa Supérieure pour accompagner notre très honorée Sœur Jeanne-Salésie, alors Déposée, qui se rendait en Belgique afin de nous trouver un abri en cas d'expulsion. Ce voyage lui procura l'immense avantage de faire connaissance avec nos chères Communautés de Nancy, Metz, Bruxelles, Les Abys. Elle fut particulièrement touchée de ses entretiens intimes avec les vénérées Mères Marie Chantal Lepoire et Marie-Séraphine Dedenon. « Depuis mon passage à la petite infirmerie où expira notre bonne et sainte Sœur Marie-Catherine Putigny, écrivit-elle, le besoin de recueillement s'est beaucoup développé en moi. Et même en voyage, Notre-Seigneur me tenait comme en solitude avec Lui ; les choses extérieures, les personnes du monde étaient comme des ombres devant mes yeux. La vie réelle, c'est dans mon intérieur que je la vivais. Merci, mon Dieu, de m'avoir ainsi retirée en Vous et fait connaître le chemin par lequel je dois m'éloigner de tout le créé, surtout de moi-même. »

Notre très honorée Mère Marie-Dosithée avait organisé le voyage de nos chères Sœurs de telle sorte qu'elles devaient à leur retour visiter La Saulnaire ; puis elle s'était vue obligée de leur transmettre un contre-ordre auquel notre vertueuse Sœur Anne-Marie était loin de s'attendre et répondit ainsi : « Ne voyez-vous pas, ma mère, la main du bon Jésus sur le cœur de votre fille pour le dépouiller de tout ce qui n'est point Lui ? Merci donc de la généreuse et délicate bonté avec laquelle votre charité a voulu m'envoyer à La Saulnaire. Merci à Notre-Seigneur du sacrifice qu'il m'impose par l'obstacle annoncé aujourd'hui. Vous sentez tout si délicatement, bonne Mère, que vous devinez sans doute mon impression. Renoncer à y aller par un sacrifice libre et spontané de ma volonté, cela m'eût peu coûté, c'était une sorte d'honneur et de mérite où mon amour-propre eût trouvé son petit bénéfice, mais m'entendre dire de loin « N'y allez pas » ! c'est là où il y va du bon. Votre charité a été inspirée d'agir ainsi pour que le divin Maître agisse à son tour... Merci à Lui et à vous, Mère bien-aimée. »

Le voyage à La Saulnaire eut lieu cependant, mais que de tristesse il dût apporter au cœur de l'ancienne fondatrice ! Ce gracieux séjour dont Mgr Petit écrivait en 1901 : « C'est à cette heure le plus charmant petit nid que l'on puisse souhaiter : fraîcheur, soleil, fleurs et verdure, âmes épanouies d'enfants et de jeunes filles, rien n'y manque » ce pauvre nid avait été violemment secoué par la tempête de la persécution, et l'orage grondait autour de lui toujours plus menaçant. Après avoir connu une ère de prospérité, les dignes religieuses à qui il avait été confié se voyaient poursuivies par la haine des sectaires; elles multipliaient les sacrifices pour le défendre, et pendant sept années sou tinrent contre le fisc un onéreux procès. La bienfaitrice elle-même revendiqua ses droits, et quoi qu'ils fussent reconnus par les tribunaux, on prétexta la négligence d'une formalité insignifiante pour lui refuser toute justice.

En juillet 1912, le personnel de La Saulnaire reçut l'ordre brutal de quitter la chère demeure sous peine d'être expulsé par la force ; on n'eut pas la moindre pitié pour les larmes des orphelines et les protestations des personnes qui s'étaient vouées à leur éducation ; le pauvre mobilier des indigents fut vendu aux enchères, le 25 août ! Odieuse iniquité, renouvelée, hélas ! sur bien des points de notre pauvre France, pour son malheur !

Quels douloureux échos retentissaient alors dans l'âme de notre chère Sœur Anne-Marie ! Combien il lui fut pénible de voir anéantir l'œuvre de ses parents ! « Ce qui m'est le plus amer, écrit-elle, c'est, avec la dispersion des orphelines, le départ de Notre-Seigneur qui, depuis plus d'un demi-siècle, résidait au milieu de nos bois, dans son tabernacle entouré et aimé d'âmes vraiment toutes siennes ! »

Mais aussi quel héroïsme dans l'épreuve ! S'efforçant de soutenir le courage d'une de ses anciennes enfants restée jusqu'au bout dans le cher nid, elle lui écrit, le premier vendredi du mois d'août : « Ma bonne et chère enfant, je détache un instant mes lèvres de la plaie du Sacré-Cœur de Jésus pour vous donner le baiser de paix et de dilection que les martyrs ont coutume d'échanger en allant au supplice. Ils ne sont alors ni tristes ni abattus. Leur sang coule dans nos veines, pourquoi n'aurions-nous pas les mêmes grâces, la même générosité ?... Je vois que vous n'avez pas oublié la joyeuse déclaration de saint Delle : « *Rien ne peut altérer mon bonheur, parce que rien ne peut m'enlever mon Dieu.* » Eh bien, oui, chère enfant, restons en paix, restons en joie, quoi qu'il arrive. Si la terre sanctifiée par trente-quatre ans de vie toute surnaturelle doit passer aux ennemis de notre doux Sauveur, ne nous troublons point, adorons le mystère impénétrable de ses desseins... Il n'a pas besoin de ce bien terrestre qui est un atome à ses yeux, mais il a besoin de notre amour, de notre résignation, de notre abandon... J'embrasse avec vous notre Croix... »

« ...Laissons agir sur nous cette main divine qui sait atteindre jusqu'à la moëlle de nos plus intimes affections... Imitons du plus près possible la sainte Vierge telle qu'elle était après la Passion de son Fils... Le Calvaire était aux ennemis du Sauveur... aucune relique de la vraie Croix et des vêtements si précieux de Jésus n'était entre les mains de Marie...

Et cependant quelle union entre l'adorable Victime et celle qu'on a pu nommer la Corédemptrice du genre humain ! Prions pour nos persécuteurs, tâchons de gagner des âmes d'enfants et de jeunes filles par nos prières et nos souffrances, pour compenser le bien que nous ne pouvons plus faire au Nid des Bois. »

« …Tâchons l'une et l'autre d'ajuster nos pensées à celles que l'on a en Paradis, où, même pour les biens qui paraissent tout spirituels, on juge autrement que nous autres, pauvres aveugles de la terre. Nos Saints de La Saulnaire feraient certainement quelque chose en faveur de notre ardent désir si c'était opportun pour la gloire de Dieu. »

« …Souvenez-vous de ce que nous vous disions autrefois, qu'il fallait penser et agir de telle sorte ici-bas que nous n'ayons pas à changer d'idées ni de sentiments dans l'éternité. L'éternité nous prouvera clairement et sans fin la véracité des paroles de Jésus-Christ : « *Bienheureux ceux qui pleurent : Bienheureux ceux qui souffrent persécution pour la justice !* »

A M. l'abbé Ballay, notre chère Sœur écrivait : « L'œuvre est détruite sans espérance humaine. J'adore les desseins mystérieux du ciel ; je n'ai plus qu'à imiter sainte Madeleine, qui brisa son vase de parfums après avoir répandu ceux-ci sur les pieds du Sauveur. Quelques parfums spirituels se sont échappés de l'Orphelinat qui périt après trente-trois ans d'existence, âge de Notre-Seigneur mourant, et maintenant il n'y a plus que des débris devant Lui... et même ce sont des mains hostiles qui les recueillent, comme autrefois on partagea ses vêtements et on mit sa robe au sort sur le Calvaire !

Une consolation dans ma douleur est de savoir que M. le Curé de Malbouhans a fait preuve, dans la circonstance, du plus généreux et du plus actif dévouement ; la population et la société des environs se sont montrées bien sympathiques. »

Notre chère Sœur Anne-Marie n'avait plus, à cette époque, le secours sensible des précieux avis de son vénéré Père, Mgr Petit. Sa Grandeur avait partagé ses anxiétés lui disant : « Je souffrirai de tout ce qui vous fera souffrir, je serai heureux de tout ce qui vous sera une consolation. Nous sommes entre les mains de Dieu. L'injustice peut nous dépouiller ; mais aucune puissance ne nous ôtera son amour et ne nous privera de ses récompenses... J'ai le cœur bien triste des ruines qui s'accumulent dans mon diocèse et je ne puis que répéter « *Sursum corda !* »

Le saint Prélat fut presque subitement rappelé à Dieu le 6 décembre 1909. Dans sa dernière lettre à notre chère Sœur, il lui avait tracé une ligne de conduite définitive à propos d'un vœu ainsi formulé : « Vous maintenir vouée à l'amour crucifié et rigoureux de Notre-Seigneur, de façon à ce qu'Il ne vous épargne point. » Ce vœu doit être une intention, une tendance, un effort de bon vouloir, et non une réalisation effective. Monseigneur termine cette lettre par quelques paroles des adieux de Notre-Seigneur après la Cène.

La mort du vénéré Pontife fut un coup bien dur pour l'âme de notre Sœur Anne-Marie, mais son esprit surnaturel le lui fit accepter avec une humble soumission. « La principale consolation que j'éprouve en ma douleur, écrit-elle, c'est de pouvoir livrer à Dieu, sans la moindre plainte ni réserve, une vie qui m'était beaucoup plus précieuse que la mienne, de laisser mon Jésus me prendre ce que j'avais de meilleur, ce que je croyais le plus nécessaire pour continuer de m'unir à Lui. *Fiat !*

Les délicatesses de mon Époux ont été infinies pour me disposer à ce sacrifice et pour m'y soutenir... Le 30 novembre, fête de saint André, une grâce spéciale me fit adorer et baiser d'avance, les yeux fermés, chacune des croix que Dieu me préparait, y compris celle de la mort, de manière à pouvoir m'écrier quand elle se présenterait : « O bonne Croix ! » Le billet zélateur de la Garde d'Honneur m'avait exhortée à faire dans le courant du mois un grand sacrifice... J'eus aussitôt en vue la perte de Monseigneur. Le billet de l'Apostolat de la Prière m'avait donné pour Patron du mois saint Nicolas, fêté le 6 décembre. Ce jour-là, sans me douter de rien, je ne pus avoir d'autre sujet d'oraison que les paroles : « *Euge, serve bone et fidelis, intra in gaudium Domini tui.* » Ces paroles intérieures n'étaient-elles point un écho de celles qui, vers trois heures et demie du soir de ce même jour, devaient être dites à mon auguste Père lorsque *inclinato capite emisit spiritum.*

Dieu me fait la grâce d'une douleur absolument surnaturelle accompagnée de lumière et de force. » Ainsi que le lui écrivait sa sainte Amie du Carmel, Jésus allait se faire « le Guide, l'Appui, le Tout de son âme ; les créatures disparaissaient pour laisser parler le Créateur qui opère des merveilles quand on sait le laisser faire. »

Après tous ces dépouillements, notre chère Sœur Anne-Marie se croyait presque arrivée au terme de sa vie, mais bientôt elle eut lieu de se réjouir surnaturellement en la voyant se prolonger. « Quel bonheur, quelle grâce vous m'accordez, Seigneur, s'écriet-elle en août 1914. Qui aurait pu se douter il y a un mois que nous allions avoir... la guerre et la famine ! Il y a là une promesse de martyre pour tout cœur patriotique et chrétien, à plus forte raison pour toute âme consacrée dont l'état est un état de victime. Mon Dieu, je vous remercie de m'avoir prolongé l'existence afin que j'aie l'honneur et la grâce d'être une petite victime unie à tant d'autres bien plus dignes et bien plus généreuses ! J'exulte dans la partie supérieure de mon âme à la vue de toute la gloire qui va résulter pour vous de tant de souffrances et d'immolations qui expieront les plaisirs coupables des pécheurs et les sensualités des justes !...

O bonne Croix de l'angoisse, de la faim, de l'abandon, de la perte de tous les biens, ô Croix de la mort violente si le bon Dieu le permet ! je vous salue et je vous aime !

Ma disposition en cette occurrence si grave, doit être celle d'une *sécheresse fervente*. Je n'ai plus, comme autrefois, le goût délicieux de la souffrance, mais, Dieu aidant, mes actes de volonté transformeront le bois sec de mes sentiments en un bûcher ardent où tout mon être sera consumé par l'amour. »

Notre généreuse Sœur ne se contentait pas de saluer la croix avec transport, elle l'embrassait de toutes ses forces. Pendant ces rudes années de disette, elle se serait retranché le strict nécessaire si ses Supérieures n'y avaient veillé de près. Et cependant son état devenait celui d'une infirme.

« La souffrance continuelle que j'ai désirée et poursuivie, écrit-elle, m'est enfin accordée. Je n'avais ni prévu, ni demandé la forme sous laquelle Dieu me la présente, mais j'avais répété des milliers de fois cette aspiration que mon vénéré Père, Mgr Petit, avait enrichie pour sa pauvre enfant d'une indulgence de cent jours : *O Seigneur, souffrir et être méprisée pour Vous !* Eh bien ! l'humiliation se joint à la douleur dans mon état physique et moral. Je ne suis plus qu'un petit être faible et courbé comme un vieil arbre que le moindre coup de vent fera tomber. Chaque mouvement, chaque pas se fait avec effort et souffrance. Voilà pour le dehors. Au dedans, c'est la privation des consolations sensibles, la nudité de l'âme, le risque habituel de tomber en quelque faute, de déplaire au bon Dieu

par un manque de générosité dans l'acceptation
perpétuelle de la souffrance... Je dois éviter la recherche des soulagements et la manifestation de ce
que je souffre lorsque ce n'est pas nécessaire de le
faire connaître... La souffrance, comme l'innocence,
est portée dans un vase fragile ; la moindre fissure
du vase peut en laisser perdre le précieux contenu. »

Cet état d'infirmité devait s'aggraver sans cesse
pendant plus de dix ans. Notre chère Sœur se
réjouissait de voir peu à peu s'écrouler la ruine
de son corps, car c'était la prison de son âme qui
s'écroulait.

Aussi son union à Dieu croissait-elle chaque jour,
ainsi que son influence sur les âmes. De son fauteuil
ou de sa chaise longue, parfois même de son lit,
elle savait les atteindre, les toucher, les consoler
par des paroles imprégnées d'amour et de foi.

A une mère dont les fils combattaient pour la
patrie, elle écrivait : « Ah ! c'est maintenant que les
cœurs des mères donnent la mesure de leur courage,
de leur endurance à supporter les plus étranges
épreuves. Elles ont élevé leurs fils avec les soins les
plus délicats, les mille précautions que leur inspirait
la prudence unie à la tendresse. Et voilà que leurs
docteurs, leurs jeunes magistrats, les héritiers de
leurs domaines sont devenus les uns terrassiers, les
autres camionneurs etc... car tous ces métiers sont
autant de formes d'héroïsme !... Bon gré, mal gré,
la souffrance et le sacrifice prennent large part dans
toutes les vies. C'est là un dessein miséricordieux

de la Providence qui veut nous sauver à tout prix. Et il n'y a point de salut hors de la croix. Regardons-là, cette croix sainte, au-dessus du Cœur de Jésus qui la porte si généreusement pour expier les crimes du monde et pour consoler ses amis !... »

« ...Que de fois nous avons entendu dire, depuis le début de la guerre : « *Il faut tenir !* » Mais ce n'est pas seulement au front et dans les tranchées qu'il faut tenir... Et vous tenez depuis longtemps contre l'assaut prolongé de l'angoisse ou de la douleur ! »

Notre chère Sœur était éloquente surtout quand elle exaltait la croix. « Le *Credo* à la Croix, écrit-elle, est le plus difficile et le plus méritoire. Je crois fermement que la souffrance m'est bonne, qu'elle m'est un gage de l'amour de mon Dieu, qu'elle sera récompensée par une éternelle béatitude, et par conséquent je reste ferme comme le roc battu par les flots. Voilà des actes de foi, de confiance et d'amour qui haussent l'âme éprouvée jusqu'au trône de Dieu. »

« ...Nous fêtons aujourd'hui saint François d'Assise. On s'extasie à la vue des stigmates du patriarche séraphique, et il y a lieu, certes, d'admirer en lui l'opération divine. Mais tous ceux et celles qui souffrent pour le bon Dieu portent aussi les stigmates du Sauveur, c'est-à-dire la ressemblance à sa Passion. Que ce nous soit un encouragement dans nos épreuves. Grand honneur pour les âmes crucifiées de continuer l'œuvre rédemptrice de leur divin Maître ! »

« ...C'est un axiome devenu presque banal de dire : « Dieu éprouve ceux qu'Il aime. » Et les âmes vulgaires ajoutent : « Nous voudrions être moins aimées puisqu'Il fait tant souffrir ses amis. » Ah ! l'on ne sait pas de quel bien on se prive quand on repousse l'épreuve, la croix ! Au contraire, quand on l'accepte et l'embrasse, on devient un objet d'admiration pour Dieu lui-même. « *As-tu vu mon serviteur Job ?* » disait-il avec complaisance à l'ennemi du genre humain, lorsque ce généreux serviteur était près de succomber sous le poids de multiples tribulations. Dieu était fier de Job, comme Il l'est maintenant encore de la foi des justes qu'Il afflige. Accroître la gloire et le contentement de Dieu autant que cela nous est possible, voilà donc le premier fruit de nos douleurs. Que c'est beau ! que c'est grand ! Et puis, voyez, chère M..., comme la perte temporelle des êtres que nous aimons nous fait vivre par avance dans l'éternité. Vous souhaitez d'avoir la foi qui voit, ou du moins qui peut voir, mais n'a-t-elle pas un plus grand mérite lorsqu'elle est aveugle ? Le regard de Dieu devient son regard, elle se fie à sa parole, à son amour. « Mon Père, disait Jésus-Christ peu de jours avant sa Passion, *mon Père vous m'exaucez toujours.* » Et néanmoins lorsqu'il demanda à ce même Père d'éloigner le calice d'amertume, il ne fut point exaucé selon le désir de sa nature humaine. Ce fut alors qu'il prononça les sublimes paroles : *Que votre volonté s'accomplisse et non la mienne,* qui ont consolé et qui consoleront à jamais tous les chrétiens au plus fort de leurs adversités. Et Jésus s'est tenu pour exaucé, puisque son Père lui a donné plus et mieux que la nature humaine ne demandait. Nous ne comprendrons complètement ces choses qu'au ciel, où tous les mystères nous seront dévoilés. »

« Vous avez été appelée de longue date, chère enfant, écrivait-elle encore à une autre personne, vous avez été appelée à suivre de près les pas de Notre-Seigneur, surtout dans la voie royale de la croix. Ranimez votre ardeur à mesure que vous avancez vers des sommets plus âpres. Soyez constante dans le sacrifice. Serrez cette croix qui est votre aéroplane. Jésus y monte avec vous, il n'y a pas de chute à redouter...

Vous savez bien que les artistes, les médecins, les ouvriers même s'appliquent à une spécialité pour mieux réussir dans leur art ou dans leur travail. Et nous aussi, ayons notre spécialité spirituelle choisie par le bon Dieu, sanctionnée ou désignée par l'obéissance... Il me semble que la vôtre doit être l'abandon. »

« Vous sentez le poids bien lourd de la Croix de notre adorable Jésus. Mais tant mieux ! tant mieux ! Quand on porte avec un cœur aimant un fardeau à deux, on est bien aise de le trouver pesant car on se dit : C'est autant de moins pour l'autre qui le porte avec moi. Et quand l'autre est un Dieu, quel honneur, quelles délices, de pouvoir diminuer sa charge ! »

« De quoi oserait-on se plaindre dans le cours d'une journée qu'on a commencée très réellement au Calvaire, dans une union très intime avec le Sauveur !... union qui se continue toute la journée, toute la nuit, si l'on veut, sans interruption. Oh ! si vous saviez combien je goûte la dévotion à la *Messe perpétuelle !* Il n'y a aucune illusion dans cette sainte pratique. La messe se dit continuellement, nuit et jour, et il n'y a pas une seconde où nous ne puissions unir nos sacrifices petits ou grands à cette immolation de notre Jésus.

Notre courageuse infirme était la première à pratiquer ce qu'elle enseignait si bien, et quand le sacrifice se présentait sous la forme d'un acte de fidélité à notre sainte Règle, ce lui était un double motif de s'y porter.

« Chère Madame, écrivait-elle à une digne amie, j'avais pris le grand format, celui de l'intimité, pour vous en dire plus long, mais voilà qu'il me faut laisser la dernière page presque blanche, car j'entends sonner une horloge qui nous annonce l'approche d'un exercice de Règle, la lecture spirituelle. Remplaçons donc avantageusement la causerie par le sacrifice. Il est écrit dans l'Évangile que lorsque Jésus appela ses futurs apôtres, les pêcheurs du lac, ils laissèrent aussitôt leurs filets... Je laisse donc la plume, et courant à ce divin Maître, je vous entraîne doucement pour partager avec vous les grâces encloses dans la ponctuelle fidélité au devoir. »

On lira encore avec plaisir la gracieuse comparaison suivante : « Le Sauveur fait, quand il lui plaît, son tour de jardin, et il y cueille des fleurs et des fruits à son gré. Remplaçons-lui le figuier qui n'a su lui donner aucune figue lorsqu'il a eu faim, le mardi avant sa Passion. A quelque jour, à quelque heure qu'il se présente, ayons toujours une petite figue à lui laisser cueillir sur l'arbre de notre vie : une action faite avec pureté d'intention, une prière, un acte de charité, un sacrifice... »

Malgré ses souffrances, notre chère Sœur Anne-Marie demeura un modèle d'observance tel, qu'on put lui laisser jusqu'au bout sa charge d'Assistante de la Communauté. Elle s'appelait humblement *Sœur assistée*, mais n'en était pas moins le soutien moral de ses Supérieures qui la savaient toujours disposée à entrer dans leurs intentions. Elle vit même à plusieurs reprises la charge retomber entièrement sur elle, quand la maladie les retenait à l'infirmerie. Elle eut la douleur de fermer les yeux à notre vénérée Mère Marie-Dosithée qui avait eu toute sa confiance et l'avait encouragée à suivre fidèlement la voie du saint abandon.

Quelques années plus tard, c'était notre précieuse Mère Jeanne-Salésie qui nous quittait prématurément pour le ciel. Pendant sa longue et douloureuse maladie, notre chère Sœur Assistante s'employa de toutes ses forces à soutenir le courage de la Communauté. Puis elle eut la douce mission d'accueillir nos chères Sœurs fondatrices de Gex, exilées et rapa-

triées, à qui notre bonne Mère avait cordialement
offert l'hospitalité que nous leur devions à plus
d'un titre. Elle s'acquitta de sa tâche avec le tact
et la délicatesse qui la caractérisaient.

Et quand le bon Dieu eut rappelé à Lui notre Mère
bien-aimée, il lui plut de mettre en sa place une des
anciennes élèves de notre chère Sœur Assistante,
afin de mieux faire ressortir sa vertu. « Vous ne
sauriez vous imaginer, écrit-elle, le bonheur surnaturel et délicieux avec lequel je lui obéis !... Mon
Dieu, que les choses de la grâce sont belles et touchantes ! » Et en effet son esprit de foi, son humble
déférence envers celle qu'elle avait autrefois appelée son enfant ne se démentirent jamais.

Notre nouvelle Mère eût voulu soulager sa chère
Assistante, mais elle se vit au contraire obligée
d'ajouter momentanément à sa charge celle de
Directrice. Au point de vue spirituel, c'était une
consolation pour notre Sœur Anne-Marie d'avoir
à s'occuper des âmes. Avec quel respect, quelle
maternelle tendresse ne les traitait-elle pas ! Elle
savait néanmoins leur faire délicatement les observations méritées et les former à l'esprit de sacrifice.
Un jour qu'une nouvelle venue lui confiait sa peine
de l'éloignement de sa famille et l'appréhension
qu'elle avait d'en tomber malade, la chère Maîtresse
répondit vivement : « Tant mieux ! tant mieux ! si
vous mourez pour Notre-Seigneur ! » et sa ferveur
dissipa les craintes de la postulante. Son cœur
débordant de l'amour du divin Maître se déversait

avec complaisance dans ceux qui l'entouraient et les échauffait à sa flamme. « Plus une besogne est impossible, disait-elle, plus on la doit entreprendre hardiment et sans hésitation lorsque Jésus la présente. Rien n'est impossible à Dieu, et c'est Dieu même qui agit par les âmes dévouées et confiantes. »

Cependant ses infirmités allaient toujours croissant. Notre pauvre Sœur ne marchait qu'avec une peine extrême, appuyée sur un bâton, ses os semblaient disloqués et ses mouvements occasionnaient des craquements douloureux ; sa taille s'affaissait et ses côtes comprimaient le cœur et les poumons. Il fallut la retirer du noviciat, puis l'exempter de plusieurs exercices de Communauté. C'était lui imposer de réelles privations. Combien de fois n'a-t-elle pas supplié, à mains jointes, ses Supérieures de la laisser pratiquer sa règle au risque d'être trouvée morte dans quelque coin du monastère !

Ses souffrances habituelles ne lui enlevaient rien de sa sérénité. « Je suis courbée vers la terre, disait-elle, mais je souris au ciel ! » ou bien : « Je ne suis qu'une vieille ruine dans laquelle on ne voit plus briller qu'un petit ver luisant. » Sa main droite elle-même se refusait souvent à tenir la plume ou l'aiguille. Si j'avais le choix, disait-elle alors en plaisantant, j'aimerais mieux être manchote de la main gauche que de la main droite. Mais puisque l'une et l'autre sont au bon Dieu, je n'ai pas à choisir. Je dois dire un *fiat* mieux que résigné, un fiat joyeux. Lorsque je pique une aiguille de la

main droite, il me faut la retirer de la main gauche…
c'est très expéditif et gracieux, n'est-ce pas ?
Qu'importe la célérité perdue, quand le bon Dieu
est le premier servi ! »

Si notre Sœur portait gaîment ses infirmités,
quelle compassion n'avait-elle pas pour celles des
autres ! Chaque matin, elle s'enquérait de l'état
de ses compagnes, leur disant quelques bonnes
paroles. Quelle reconnaissance aussi pour ses infirmières, et quelle attention à ne pas les surcharger !
Tout ce qu'on lui servait lui semblait trop bon pour
elle, alors même qu'un dégoût insurmontable lui
rendait l'alimentation fort pénible. Les linges et
vêtements les plus usés, les places les plus incom-
modes avaient ses préférences, en un mot sa mortification était de tous les instants.

Le 21 avril 1923 ramenait le vingt-cinquième
anniversaire de sa Profession. Bien qu'il ne fût pas
dans nos usages de solenniser des noces d'argent,
notre Communauté tenait à donner à notre chère
Sœur Assistante un témoignage de gratitude et de
religieuse estime. Une petite fête de famille fut
donc organisée en son honneur. Après une courte et
fervente allocution de M. notre Confesseur, la
courageuse infirme renouvela ses vœux à la grille
du chœur, puis reçut en Communauté nos fraternels hommages.

Un chemin de croix artistique fut ensuite érigé
en souvenir de ce jour dans notre tribune des
infirmes, comme celui de notre chapelle extérieure

l'avait été vingt-cinq ans auparavant. Tous deux étaient dus à la libéralité de notre généreuse jubilaire.

Dans son humilité, notre chère Sœur se croyait indigne de tout honneur et protestait qu'elle seule était redevable à la Communauté si charitable en son endroit. Voici les vers qu'elle composa en cette circonstance, tant pour nous récréer que pour nous exprimer ses sentiments :

MERCI !...

Défunt poète aimé dans ce doux lieu claustral
Nous a charmées jadis avec sa rime en al.
Le pauvre troubadour qui se présente ici
Voudrait briser sa voix en répétant merci ;
Ce qu'il faut à son cœur, c'est donc la rime en i.

Le troubadour c'est moi, Sœur Anne au front vieilli.
Ah ! mon cœur est bien chaud et vraiment rajeuni
Pour célébrer un jour que le ciel a béni.

C'est d'abord au bon Dieu que je chante merci,
Puis à vous, chères Sœurs, dont le pieux souci
Vous inspira l'idée de me fêter ainsi.

Je ne suis devant Dieu que chétive fourmi,
Mais j'ose et je peux tout par le divin Ami
Qui m'ouvre les trésors d'un amour infini.

Mon petit magasin pour vous est bien garni ;
Personne devant moi ne vous dira nenni,

Mon amour fraternel n'est jamais endormi
Et je ne saurais point vous aimer à demi.

Comblée de vos bienfaits, j'ai besoin d'un appui,
Car sous leur poids si doux je succombe aujourd'hui.
Mais quand je prie pour vous, quel bonheur inouï !
A tous mes vœux ardents le bon Dieu répond oui.

Hélas ! je dois souvent vous causer de l'ennui,
O charitables Sœurs, images de Celui
Qui dirige nos pas sous un ciel obscurci
Et qui nous tend la main en disant : Me voici !

Ah ! que Jésus vous garde, en un vaisseau rempli,
Le bien qu'à mon égard vous avez accompli !

Je veux sur mon clavier, depuis do jusqu'à si
Faire entendre le son du plus vibrant merci.

Tiens ! l's court après moi... je l'accepte, tant pis !
Mon i sera toujours premier sur le tapis.
Mais pourquoi m'attarder à glaner des épis,
A revoir au lointain quelques sentiers fleuris
Où nous pourrions cueillir des souvenirs chéris ?...
Je m'arrête soudain, car vous l'avez compris,
Mon âme est toute à vous dans ce corps en débris.

> Lorsqu'à la mort j'aurai souri
> Sautant de joie comme un cabri,
> Ou volant comme un colibri
> Sous le porche du *Paradi*
> J'achèverai ma rime en i
> Par ce joyeux et dernier cri :
> Merci !...

Le joyeux entrain de notre chère Sœur Anne-Marie était le fruit d'une rare abnégation, et non une disposition passagère sujette aux variations d'humeur. Tant qu'elle put venir à nos récréations, elle les anima par ses récits plaisants et son aimable conversation.

Puis vint l'heure d'une solitude plus complète. Bientôt la chère malade ne put que rarement quitter l'infirmerie. Mais avec quelle joie n'accueillait-elle pas la visite de ses Sœurs ! Le sourire sur les lèvres, les deux mains tendues vers elles, elle leur exprimait son contentement de les voir, s'informait de tout ce qui pouvait les intéresser, et prenait ensuite des notes afin d'être mieux à même d'écrire encore des lettres de Communauté. Puis elle s'unissait à tous les exercices de piété avec une ponctuelle exactitude.

Sa retraite de 1924 est marquée d'un progrès sensible dans la vertu d'abandon telle que saint François de Sales la désire de ses filles. « Les lumières de notre pieux Confesseur et celles de notre très honorée Mère ont éclairé ma voie d'une façon très nette, dit-elle. Il faut m'amender sur le point de l'obéissance, et n'apporter aucun raisonnement, aucune instance, pour faire plus qu'on ne me permet. J'ai en ce cas le prétexte spécieux de mon devoir d'Assistante, mais ce n'est qu'un prétexte. J'accepterai désormais l'humiliation d'être une Assistante incomplète, je sacrifierai mon désir d'être déchargée de mes fonctions, je ferai avec zèle ce que je pourrai ; je m'abstiendrai de dire en Communauté combien je souffre de mes impuissances, je ferai même comme si je ne m'en apercevais plus, ce sera une bonne pratique d'humilité et d'oubli de ma pauvre petite personne, étant bien aise qu'on se lasse de moi, et me tenant prête, sans empressement, à être démise quand on voudra.

Mon obéissance, pour être aveugle, doit non seulement s'abstenir de demander le *Pourquoi* des ordres, mais ne jamais désirer le *Parce que* au bout d'une décision. C'est parce que *Dieu le veut.* »

La grande consolation de notre chère Sœur dans les derniers mois de sa vie, celle qu'elle nommait joie intense, inestimable, était la proximité de l'oratoire des infirmes, et par conséquent de Jésus-Hostie. « Je n'ose pas vous dire tout bas que je trouve la mort trop lente à venir, écrit-elle à une de ses anciennes enfants ; ce serait une trop grosse imperfection, car il me reste encore beaucoup à expier... et puis ce serait aussi une ingratitude impardonnable envers Notre-Seigneur et tout mon entourage... Je suis comblée de tant de bienfaits, supportée avec une patience si affectueuse !... Mes pas sont mesurés au centimètre par ordre du médecin, mais on me laisse libre accès à la chère tribune que vous connaissez... Quel beau vestibule du Paradis ! »

« ...L'habitude de voisiner avec le ciel est une source de force et de consolation, écrit-elle à une autre personne, lorsqu'on avance vers le terme de la vie terrestre. Il nous est utile de prendre contact à l'avance avec les âmes que nous espérons rejoindre bientôt, d'autant plus que ce n'est pas une connaissance à faire... on se connaît déjà par le meilleur côté. Et ce ne sont pas seulement les âmes du ciel ou du purgatoire qui entrent en communication avec nous par l'effet de la communion des Saints, nous voisinons avec Jésus Lui-même qui nous attend au Paradis en même temps qu'il nous soutient par toutes les grâces de l'Autel et du Tabernacle... »

La fête de Pâques 1925 lui inspire les réflexions suivantes : « Les plaies glorieuses de notre bon Sauveur doivent nous consoler dans toutes nos passagères souffrances. Ne nous suffit-il pas qu'il ne souffre plus !... On ne reconnaît pas, il est vrai, dans le monde, que toute puissance lui a été donnée au ciel et sur la terre, mais il reste vivant et triomphant dans tout l'univers pour l'éternité. Nous prendrons part à son triomphe quand nous aurons bu la dernière goutte de son calice d'amertume. »

Puis, donnant de ses nouvelles, elle ajoute : « On m'oblige à garder le lit pendant la moitié de la journée, parce que mon cœur usé n'en peut supporter davantage. Il est usé pour battre, mais non pour aimer et souffrir. A Jésus, à nos chères Sœurs, à nos chères enfants de La Saulnaire tout ce qu'il y a de meilleur dedans, c'est-à-dire l'âme qui ne s'use pas. »

Quelques jours après avoir tracé ces lignes, notre

chère Sœur Anne-Marie recevait le sacrement des malades, 25 avril 1925. Ses sentiments se trouvent reproduits dans une lettre qu'elle écrivait au mois de juillet suivant à une religieuse qui avait eu la même grâce, quoique beaucoup plus jeune. « J'ai la consolation de pouvoir répondre à votre bonne lettre. C'est plus que de la consolation, c'est de la joie, car nous sommes l'une et l'autre sur le chemin qui mène au but du revoir éternel. Ah ! mon enfant, ma Sœur bien-aimée, tendons-nous aujourd'hui mutuellement la main, nous y trouverons les traces de l'Huile sainte laissées par l'Extrême-Onction. Ce sacrement fortifie nos derniers gestes, nos derniers pas. Pour vous, il y aura sans doute bien des jours d'activité, d'efforts et de dévouement avant de franchir le seuil de l'éternité. Mais tout ce qui nous achemine ensemble vers le but passera vite... courage... Ma sainte mère me disait qu'elle était singulièrement frappée de ce texte d'une épître de saint Paul. *La figure de ce monde passe.* Que de choses nous avons vues passer depuis que le bon Dieu a uni pour toujours nos deux existences. Lui ne passera pas, les âmes passent en Lui et s'y retrouvent dans une dilection et un bonheur sans fin. A bientôt donc... Vous savez que les Parisiens ont coutume de répondre à ceux qui leur demandent l'indication d'une rue quelconque : « *C'est tout à côté.* » Parfois c'est à plusieurs kilomètres, mais ils tiennent la distance pour peu de chose... elle est si vite parcourue !... Eh bien, disons aussi de notre Paradis : C'est tout à côté... car nous y serons à bref délai quoi qu'il en soit... Ma confiance en la divine miséricorde me tient en paix dans l'attente du signal du départ. »

Quelque temps auparavant, apprenant la mort d'une de ses anciennes élèves, elle avait dit : « Lorsque ce sera mon tour, je rencontrerai plusieurs de mes enfants qui tireront saint Pierre par la manche pour qu'il me laisse entrer. »

Une autre âme, bien unie à la sienne, devait aussi l'attirer vers les régions éternelles. Sa chère Amie du Carmel, la Révérende Mère Pauline de Jésus, fondatrice et prieure des monastères de Domrémy et de Saint-Mihiel, avait pris son vol vers la Patrie le 9 juillet. « La douleur que m'a causée son départ pour une vie meilleure, écrit notre chère Sœur, est accompagnée d'une grâce très consolante. Ce n'est pas une séparation, c'est un rapprochement qui se produit entre nous, il est sensible pour moi. Le désir et l'espérance de la rejoindre bientôt répandent la paix et la joie dans mon cœur. L'adieu, ou plutôt l'au revoir de ma sainte Amie s'est manifesté à moi par un sentiment plus continuel de la présence de Dieu dans mon âme. »

Notre chère Sœur semblait être déjà dans le vestibule du ciel. D'une main tremblante, elle essaie de traduire encore ses brûlantes affections. « Depuis une quinzaine de jours, écrit-elle, le bon Dieu se manifeste à mon âme par sa présence intime et continuelle... O mon Dieu, pourquoi ne vous ai-je pas connu plus tôt tel que vous vous révélez maintenant dans le centre de mon âme ! » Elle commence ensuite de décrire ce qu'est pour elle l'infinie Bonté, puis s'arrête. « ...Je n'aurais pas dû prendre la plume... Je croyais pouvoir dire ce que j'éprouve... impossible !... »

Puis vint sa dernière retraite : « Ma solitude s'est faite dans une paix profonde, écrit-elle, avec le sentiment de l'infinie miséricorde de notre bon Dieu et Sauveur. Résolutions : Abandon au Bon Plaisir divin pour la mort ou pour la vie selon qu'il le règlera ; adhésion joyeuse à toutes les incommodités, à toutes les souffrances qu'il m'enverra ; fidélité à ne pas divulguer mes souffrances, mais à en garder le secret et le parfum pour mon Jésus crucifié. »

Le vendredi, 13 novembre, elle écrit pour la dernière fois dans son pauvre petit cahier : « Ce matin, j'ai reçu secrètement la grâce intérieure de devenir *l'Épouse du Crucifix*, c'est-à-dire du divin Crucifié inséparable de sa Croix. C'est une grâce qui se mentionne, qui s'expérimente, mais qui ne s'explique pas, ou du moins que mon incapacité et mon ignorance expliqueraient très difficilement et incomplètement. Effet de cette touche intérieure : la résolution d'être, dans ma vie pratique, un crucifix vivant, inséparable de Jésus et de sa Croix. »

Tel était bien l'état de notre chère malade. Les angoisses de son pauvre cœur oppressé ne lui laissaient guère de répit ; ses forces étaient réduites à néant. Elle se levait néanmoins encore chaque matin pour aller, soutenue par ses dévouées Sœurs infirmières, recevoir la sainte Communion à quelques pas de son lit, jusqu'au 10 décembre où elle avoua n'en pouvoir plus. Le lendemain le médecin constatait une congestion pulmonaire sans nous laisser aucun espoir de guérison. La malade comprit que sa dernière heure approchait et en témoigna sa joie. « Ma Mère, s'écria-t-elle, dites à nos Sœurs que je suis heureuse, heureuse de mourir ! »

Dans l'après-midi du samedi 12, elle désira voir autour d'elle la Communauté, lui demander pardon de toutes les fautes qu'elle croyait avoir commises, et entendre réciter les belles prières des agonisants. Le dimanche se passa dans une attente que la chère mourante trouvait parfois bien longue ; mais quand son mal redoublait, elle disait avec énergie : « Tant plus de souffrances, tant mieux ! »

La nuit suivante, vers onze heures, une forte crise de suffocation étant survenue, notre très honorée Mère fit appeler M. notre Confesseur à qui la vénérée malade avait demandé qu'il l'aidât à mourir dans un acte de parfaite humilité. La crise s'étant un peu calmée, il allait se retirer ; à minuit, notre chère Sœur demanda : « Ne pourrais-je pas communier ? » Notre dévoué Confesseur alla aussitôt chercher le

saint Viatique, et laissa la mourante émue de reconnaissance. « Quelle grâce ! quelle grâce ! » redisait-
elle.

Les dernières heures furent très pénibles pour la
chère agonisante, mais rien ne semblait troubler la
paix de son âme. « O mon Jésus, avait-elle écrit,
s'il vous est agréable d'accroître les souffrances de
mon agonie, je vous demande très librement de le
faire, vous suppliant d'appliquer ce faible surplus
de mes pauvres mérites à toutes les intentions et à
toutes les âmes qui me sont les plus chères. Vous
lisez dans mon cœur celles que j'ai en vue. »

Toute la Communauté demeura en prière à l'infirmerie, hors le temps des offices, jusqu'à dix
heures et demie du matin. L'Époux se faisait
attendre. M. notre Confesseur dit alors à la mourante qui paraissait avoir encore sa connaissance :
« La cloche appelle la Communauté à un exercice
de règle ; faites, vous aussi, un dernier acte d'obéissance, et allez au banquet éternel ! » Quelques minutes après, cette sainte âme s'envolait dans le sein
de Celui qu'elle avait tant aimé et désiré ici-bas.
C'était le 14 décembre 1925, fête de la vierge sainte
Odile, protectrice de l'Alsace et de la Franche-Comté.
Elle répondait au *Veni sponsa Christi* que venait de
chanter la sainte Église.

Les larmes de la reconnaissance arrosèrent sa
dépouille mortelle. Ses anciennes élèves de la Visitation, plusieurs de ses chères enfants de La Saul-

naire, son Prêtre surtout, représentaient la phalange d'âmes dont les vœux l'accompagnaient au delà du tombeau, et qui formeront un jour son cortège d'honneur au royaume des cieux.

Notre Communauté remercie Dieu de l'avoir gratifiée d'un si beau modèle de vertu, et se promet d'en garder un impérissable souvenir. *La mémoire du Juste demeure éternellement.*

CONCLUSION

Nous voudrions pouvoir terminer ce modeste ouvrage par un dernier chapitre intitulé *Résurrection.*

Après avoir lu l'histoire de l'Orphelinat de La Saulnaire et des sacrifices qu'il a coûtés, qui ne se prend à regretter vivement sa destruction, et à désirer de voir revivre une œuvre de bienfaisance chrétienne en ce domaine consacré depuis près d'un siècle au Sacré-Cœur de Jésus !

Tel a toujours été l'espoir de notre chère Sœur Anne-Marie, depuis surtout qu'en janvier 1921, avec la bienveillante approbation de Mgr Humbrecht, archevêque de Besançon, La Saulnaire a été rachetée par un généreux chrétien qui n'aspire qu'à lui voir reprendre sa première destination.

La jeunesse trouverait là le grand air, le grand soleil et les frais ombrages ; tout ce que la solitude a de calme et de reposant ; elle retrouverait les traces des saintes âmes qui l'ont autrefois habitée ; surtout, elle trouverait une gracieuse chapelle heureuse d'accueillir à nouveau l'Hôte divin du Tabernacle.

Pourquoi ne ferions-nous pas nôtre la poétique
prière d'un pieux Ami de l'œuvre disparue.

J'ai vu le couvent solitaire
Sans oser en franchir le seuil.
C'était l'automne : La Saulnaire
Semblait porter un double deuil.

On n'entendait dans la ramure
Plus gazouiller les gais pinsons
Les bois n'avaient plus leur parure
Les nids n'avaient plus leurs chansons.

Il semblait que le grand portique
Si majestueux autrefois
Avait un air mélancolique :
L'herbe poussait sur ses parois.

Des Filles de François de Sales
On ne voyait plus le profil,
L'on n'entendait plus dans les salles
Des enfants le joyeux babil.

Seigneur, de cette maison sainte,
Vous qui preniez un soin jaloux,
Écoutez, comme à notre plainte
Un écho répond près de Vous[1] !

Vous ne voudrez pas laisser vide
Un beau nid comme celui-là
Parce que la rage stupide
Des méchants aura passé là.

1. Allusion à Sœur Anne-Marie.

Mais vous qui des hivers moroses
Tirez les frais et doux printemps
Vous qui faites fleurir les roses
Sur les rosiers récalcitrants,

Vous repeuplerez La Saulnaire
Vous lui rendrez ses gais pinsons
Après l'épreuve passagère
Le nid reprendra ses chansons.

E. M.

Puissions-nous voir se réaliser la parole de nos Livres saints, gravée sur le marbre du tombeau de la famille Grézely-Worm : *L'œuvre du Juste est un arbre de vie.* (Proverbes).

Dieu soit béni !

___

TABLE DES MATIÈRES

BESANÇON. — IMPRIMERIE DE L'EST. — 1927